Sabine Nugel

Biologie und Gesundheitserziehung

für die sozialpädagogische Ausbildung

4. Auflage

Bestellnummer 7177

Bildungsverlag EINS

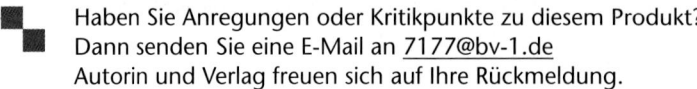

Haben Sie Anregungen oder Kritikpunkte zu diesem Produkt?
Dann senden Sie eine E-Mail an 7177@bv-1.de
Autorin und Verlag freuen sich auf Ihre Rückmeldung.

www.bildungsverlag1.de

Bildungsverlag EINS GmbH
Sieglarer Straße 2, 53842 Troisdorf

ISBN 978-3-8237-**7177**-7

Inhalt

Wegweiser

Das sollten Sie wissen

„Nichtstun ermüdet sehr, denn man kann sich nicht davon ausruhen." Deshalb ist dieses Buch als aktives Handlungskonzept zu verstehen!

Die hier verwendeten Maskulina schließen die jeweilige weibliche Form mit ein.

Die Handlungsaufträge am Ende eines jeden Kapitels sind als Anregung zu verstehen. Sie lassen kreative Variationen jederzeit zu.

Dieses Buch verfolgt einen fächerübergreifenden Ansatz. Dadurch und aufgrund der Handlungsorientierung ist ein Einsatz in vielen sozialpädagogischen Ausbildungen möglich, der den teamorientierten, nach Lernbereichen oder Lernmodulen ausgerichteten Unterricht unterstützt.

Ökologie

Angst vor großer Flutwelle wächst; die große Flut wird immer wahrscheinlicher. Behalten die Meteorologen Recht, dann müssen sich Hunderttausende Flussanlieger in den nächsten Tagen auf katastrophale Hochwasser einrichten.

Erste Tornados sorgen in deutschen Mittelgebirgen für starke Verwüstungen

Menschen stehen fassungslos vor neuer Flut – an Mosel und Nahe versanken zahlreiche Ortschaften in den Wassermassen.

Gefährlicher Feinstaub: Pläne werden dringend gefordert – erste Überschreitungen von EU-Grenzwerten

Der Wald stirbt langsam, aber sicher, vor sich hin. Unseren Bäumen geht es so schlecht wie nie, 72% der Laub- und Nadelbäume sind beschädigt.

Heißer Wirrwarr um Ozongesetz

Mit den Ozonwerten wächst die Verwirrung darüber, für welche „Stinker" das vom Bundesrat beschlossene Fahrverbot bei Sommersmog gilt.

Ozongesetz: Jetzt droht Fahrverbot

Jedes Land straft bei Ozon-Alarm anders; so bleibt es jedem Bundesland überlassen, welches Bußgeld erhoben wird.

Und jedes Jahr steigt die Zahl der Schreckensmeldungen, die anzeigen, wie die Natur sich wehrt.

Drücken Sie Ihre Gedanken hierzu auf einem vorbereiteten Material (Folie, Tapete) bildlich oder sprachlich aus.

1

1.1 Naturkatastrophen: Ursprung und Auswirkung

Um zu verstehen, warum die Katastrophen vor deutschen Grenzen nicht Halt machen und in ihrer Intensität zunehmen, ist es notwendig, sich ökologische Grundkenntnisse anzueignen. Die folgende Abbildung zeigt Umweltschäden, die durch den Menschen verursacht worden sind. Hier liegen die Gründe für die Entstehung massiver Naturkatastrophen.

1. *Welche gravierenden Veränderungen haben stattgefunden?*

2. *Überlegen Sie, welche Umweltreaktionen bereits eingetreten sind.*

3. *Welche weiteren Umweltreaktionen könnten langfristig zu erwarten sein?*

4. *Wo liegen die Entstehungsgründe von Hochwasser-Katastrophen? Nutzen Sie auch die weiterführende Fachliteratur.*

5. *Was kann in sozialpädagogischen Einrichtungen gegen Umweltreaktionen prophylaktisch getan werden?*

Ausgehend von einer dargestellten Naturlandschaft zeigt die CD Ihnen die Möglichkeit auf, sich mit den Veränderungen einer Stadtlandschaft auseinanderzusetzen.

Unser Klima ist in einem dramatischen Wandel begriffen. Zu Beginn des Jahrtausends galt der Klimawandel bei einigen Leuten als strittige These, doch jetzt liegen neue Forschungsergebnisse vor, die unsere Wissenslücken füllen und auch die letzten Argumente der Zweifler widerlegen.

Mit dieser zunehmenden Gewissheit wächst aber auch die Erkenntnis, dass die Folgen der Klimaveränderung möglicherweise schon heute zu spüren sind. So gibt es einer Schätzung der Weltgesundheitsorganisation zufolge bereits Tausende klimabedingte Todesfälle pro Jahr.

Bei steigenden globalen Temperaturen müssen wir uns auf eine Zunahme von Wetterextremen gefasst machen. Die Erfahrungen der letzten Jahre in Europa – die schweren Überflutungen 2002 und die Hitzewelle 2003 – haben gezeigt, welche humanen und wirtschaftlichen Kosten Extremwetterereignisse verursachen können. Ab 2040, so die Prognose der Klimaforscher, werden heiße Sommer wie der von 2003 den Wärmedurchschnitt bilden.

Die CD enthält die neuesten Kenntnisse des Klimawandels. Diskurtieren Sie auf der Basis dieser Informationen, welchen spürbaren Beitrag jeder Einzelne leisten kann, um den Klimawandel zu stoppen.

1.2   Stoffkreisläufe

Die Natur erfährt durch die in ihr lebenden Organismen einen Kreislauf der Stoffe. Dabei stellen die Pflanzen als Produzenten im Rahmen der Fotosynthese aus Licht, Wasser, Kohlendioxid und Blattgrün (Chlorophyll) Zucker, Sauerstoff und Wasser her. Damit gelten sie als Grundpfeiler der Nahrungsketten. Die Pflanzen als autotrophe Organismen stellen die organischen Substanzen her, auf die Tiere als heterotrophe Arten angewiesen sind. Diese Primärkonsumenten sind demnach Pflanzenfresser (z. B. der Regenwurm). Sie sind wiederum Bestandteil in der weiteren Nahrungskette für räuberische Arten, die Sekundärkonsumenten genannt werden (z. B. der Igel).

Alle Konsumenten gleichen im Rahmen des Stoffwechsels die aufgenommenen Stoffe an den jeweiligen Organismus an. Diesen Vorgang bezeichnet man als Angleichung oder Assimilation.

Damit sich der Kreislauf der Stoffe wieder schließen kann, müssen die Ausscheidungsprodukte der Organismen (CO_2 und Schlackenstoffe) und die tote organische Substanz von Bakterien mineralisiert, d. h. in einfache anorganische Bestandteile zerlegt werden. Diese Bestandteile stellen wiederum die Nährstoffe für die Pflanzen dar. Somit haben die Bakterien als so genannte Zersetzer oder Destruenten den ständig wiederkehrenden Kreislauf geschlossen.

1

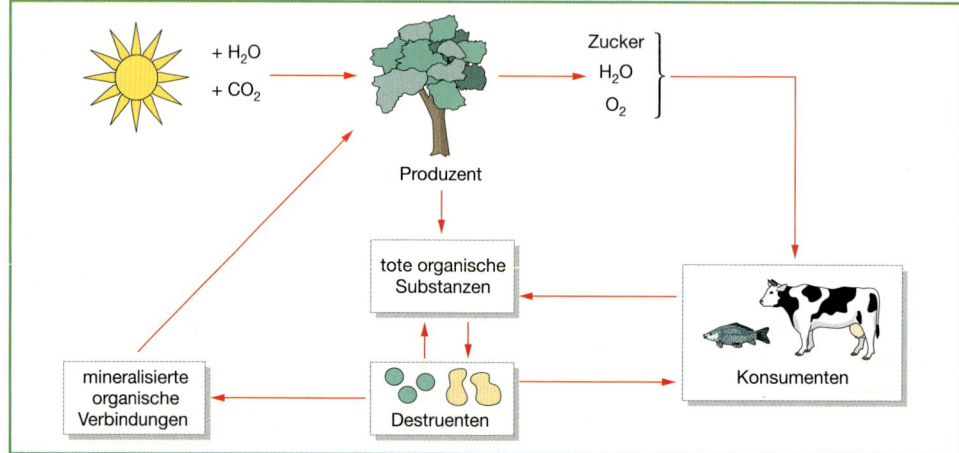

Wiederkehrender Stofffluss im Ökosystem

HA 1　1.　*Erklären Sie diese Skizze unter Berücksichtigung der Pfeilrichtung.*

2.　*Unterscheiden Sie schriftlich die autotrophe von der heterotrophen Lebensweise. Nutzen Sie dazu auch weiterführende Literatur.*

 Die CD stellt Ihnen hierzu die entsprechenden Inhalte aus dem Waldzustandsbericht 2006 der Bundesregierung zur Verfügung.

■ **Produzenten** ■ **autotroph** ■ **Konsumenten** ■ **heterotroph** ■ **Assimilation**
■ **Destruenten/Zersetzer**

1.3　Ökologische Grundbegriffe

Die Ökologie ist diejenige Teildisziplin der Biologie, die sich mit den Wechselbeziehungen zwischen den Organismen und ihrer Umwelt beschäftigt.

Alle Organismen haben bestimmte Lebensansprüche, die sie in ihrem Verbreitungsgebiet vorfinden müssen. Diese ökologischen Faktoren bestimmen somit Vorkommen und Verbreitung von Pflanzen und Tieren auf unserer Erde. So wächst z. B. der Oleander in Südeuropa das ganze Jahr über im Freien, während er in unseren Gegenden wegen seiner Frostempfindlichkeit im Winter entsprechend geschützt werden muss.

Jeder Organismus bevorzugt einen bestimmten Lebensraum (Biotop). In diesem sind die Umweltverhältnisse als relativ gut gekennzeichnet. Typische Biotope sind: Mischwälder, Tümpel, Moore, Sandstrand, Wiese usw. In jedem Biotop lebt eine mehr oder weniger große Zahl an Lebewesen zusammen. Sie bilden eine Lebensgemeinschaft (Biozönose). Die Wechselbeziehungen, in der die Mitglieder leben, regulieren die Biozönose, was in der Fachsprache Selbstregulierung genannt wird. Dies kann auf unterschiedliche Art und Weise geschehen. Das Räuber-Beute-Verhältnis als eine mögliche Beziehungsart kann nur in einem funktionierenden Biotop zur Selbstregulierung führen. Ansonsten droht der Untergang.

Arten, die in einer Biozönose die gleichen ökologischen Ansprüche haben, können nicht zusammenleben. Hier kann nur dann ein stabiles Gleichgewicht erreicht werden, wenn der Lebensraum unterschiedlich genutzt wird. So kann z. B. eine Blüte Nahrungsquelle, Schutz und

1

Schlafplatz sein. Nur wenn sich jede Art ihre eigene ökologische Nische bildet, ist ein Miteinander in einer derartigen Populationsdichte möglich. Die ökologische Nische darf somit nicht auf den Ort, an dem das Lebewesen lebt, reduziert werden, sondern bedeutet vielmehr die Auseinandersetzung einer Art mit den Umweltfaktoren ihres Biotops.

Auf die Mitglieder einer Biozönose wirken schließlich auch Umweltfaktoren aus der unbelebten (abiotischen) und der belebten (biotischen) Natur ein. Faktoren der abiotischen Umwelt sind alle chemischen und physikalischen Elemente wie Lichtverhältnisse, Wasser, Sturm, ph-Wert des Bodens, Kohlendioxid/Sauerstoff usw. Zu den biotischen Faktoren gehören alle Lebewesen, die direkt oder indirekt auf eine Organismenart einwirken.

---

1. *Erklären Sie am Beispiel des Biotops Wiese die folgenden Begriffe: Biozönose, Selbstregulierung,*   HA 2/3
   ökologische Nische, biotische und abiotische Umweltfaktoren.

2. *Kleingruppenarbeit: Schreiben Sie möglichst viele Fachbegriffe aus dem Text auf Karten und mischen Sie diese gut. Ziehen Sie so viele Karten aus dem Stapel, bis keine mehr übrig sind. Legen Sie diese gemeinsam in einen sinnvollen Zusammenhang. Vergleichen Sie im Anschluss Ihr Ergebnis mit dem Originaltext.*

■ **Biotop** ■ **Biozönose** ■ **Selbstregulierung** ■ **ökologische Nische** ■ **abiotisch**
■ **biotisch**

1.4   Mensch und Umwelt

Auch der Mensch steht als Lebewesen in einer Wechselbeziehung zur Umwelt. Er ist ihr ebenfalls ausgesetzt und stellt bestimmte Anforderungen an sie. Im Gegensatz zu den Pflanzen und Tieren, die sich im Verlauf der Evolution an die vorhandenen Bedingungen angepasst haben, geht der Mensch mit Hilfe der Technik den umgekehrten Weg. Er passt die Umwelt seinen Lebensbedürfnissen an: Er rodet Wäl-

der, begradigt Flüsse, pflanzt Monokulturen, baut Häuser, legt Sümpfe trocken usw. Dadurch ist seine Population extrem angestiegen. Der Mensch nimmt die Nahrung für sich und die Energie für seine Maschinen aus der Natur, gibt die Endprodukte wieder an die Umwelt ab, allerdings beides in einer Intensität, mit der die Natur nicht (mehr) Schritt halten kann. Langfristig stört dies zwangsläufig die Selbstregulierung.

Erläutern Sie, welche Eingriffe der Mensch hier vorgenommen hat. Schildern Sie moglichst genau,   HA 4
welche Eindrücke das Bild bei Ihnen auslöst.

1

Klimaschäden

Länder, die 2006 am stärksten von Naturkatastrophen wie Stürmen, Überschwemmungen und Dürren betroffen waren:

(In die Berechnung der Rangfolge fließen außerdem die Zahl der Toten pro 100 000 Einwohner und die absolute Höhe der Schäden ein.)

		Todesopfer	Schäden in Prozent des BIP
1.	Philippinen	1 267	0,96
2.	Nordkorea	549	1,67
3.	Indonesien	1 297	0,27
4.	Vietnam	296	2,39
5.	Äthiopien	1 080	0,19
6.	Indien	1 437	0,74
7.	China	1 692	0,24
8.	Afghanistan	308	0,22
9.	USA	422	0,14
10.	Rumänien	100	0,09

Quelle: Germanwatch, Münchener Rück

dpa·Grafik 4646

Auf der CD können Sie tabellarisch erproben, wie Ursprung, Auswirkung und Maßnahmen den Naturkatastrophen zugeordnet werden können. Nicht jede Naturkatastrophe ist letztlich von Menschen verursacht worden. Trotzdem können auch hier die Ursachen verheerend sein. Die nebenstehende Grafik zeigt das Ausmaß von Klimaschäden und Naturkatastrophen.

1. Grenzen Sie vom Menschen direkt oder indirekt verursachte Naturkatastrophen von anderen Naturereignissen ab.

2. Ergründen Sie die Ursache für die regionale Häufigkeit von Seebeben.

3. Klären Sie in diesem Zusammenhang auftretende Fachbegriffe wie z. B. Epizentrum, Tsunamie, Magma.

■ Lebensbedürfnisse ■ Population ■ Intensität ■ Zerstörung der Selbstregulierung

1.5 Mensch und Tier – „Apocalypse Cow"

Untergang oder Neuanfang?

Fakten, die für sich sprechen: In Europa werden Tiere in Massenhaltungen gezüchtet.
310 Millionen Tiere werden jedes Jahr quer durch Europa transportiert, so dass keiner mehr sagen kann, welches Tier sich wo mit welchem Erreger angesteckt hat. Der Herkunftsnachweis muss oft über viele verschiedene Stationen zurückverfolgt werden – Fehlerquellen sind hier vorprogrammiert.

1

Es gibt bestimmte Krankheiten bei Tieren in der Landwirtschaft, die dem Seuchenschutzgesetz unterliegen. Erkranken Tiere, so muss dies gemeldet werden. Besondere Schutzmaßnahmen werden eingeleitet. So wurden ca. 500 000 Rinder und ebenso viele Schafe allein in England getötet (= gekeult) und dann verbrannt. Das Schlachten ganzer Tierbestände bei einem Krankheitsfall in der Herde ist bei BSE und Maul- und Klauenseuche (MKS) immer noch das Mittel der Wahl. Eine weitere Möglichkeit der erweiterten Kohortenlösung (= (in-)direkt blutsverwandte und gleichaltrige Tiere des Stalles werden gekeult), wie man es in der Schweiz praktiziert, stellt sich zurzeit nicht mehr als Alternative, da der Seuchenhöhepunkt überschritten ist.

HA 5

Dabei sind BSE und MKS Antworten auf Verhältnisse, die wir selbst geschaffen haben:

- Rinder, die sich von Natur aus vegetarisch ernähren, wurden durch Tiermehlverfütterung zu Kannibalen gemacht.

- 1991 verbot die EU Impfungen gegen MKS, da Keulen billiger ist.

Doch wie entwickelten sich die jetzigen Epidemien?
BSE ist die Abkürzung für „Bovine Spongiforme Enzephalopathie". Diese „schwammartige Hirnerkrankung des Rindes" zeigt bereits im Namen, dass die Erreger (= winzige Eiweißteilchen, die normalerweise im Gehirn vorkommen = Prione), in der krank machenden Variante nach und nach alle Nervenzellen absterben lassen, so dass regelrechte Löcher im Gehirn entstehen (= schwammartig). Ausfallerscheinungen, motorische Störungen, Lähmungen und Krampfanfälle sind die Folgen. Dieser schleichende Prozess endet im Koma und im Tod.

Als Hauptursache der Verbreitung gilt, dass der BSE-Erreger, der bei Schafen die Krankheit „Scrapie" verursacht, über Tiermehl (hergestellt aus Kadavern erkrankter Schafe) an Rinder verfüttert wurde. Dadurch gelang dem Erreger der Sprung vom Schaf auf das Rind. Über den Verzehr von infiziertem Rindfleisch bzw. Rindprodukten erreichten diese Prionen dann auch den Menschen. Vielfach wird angenommen, dass sich daraus eine Variante der sehr seltenen Krankheit Creuzfeldt-Jakob entwickelte, die mit ähnlichen Symptomen verläuft, wie sie bei den BSE-Erkrankungen beobachtet wurden. Unklar ist, welche weiteren Übertragungswege existieren. Weiterhin ist offen, wie viele Menschen sich tatsächlich infiziert haben, da noch nicht bekannt ist, wie lange die Inkubationszeit dauert. Seit dem 01. 10.2000 müssen bei Schlachtungen alle Risikomaterialien (Schädel, Gehirn, Rückenmark) entfernt und alle Tiere, die älter als 24 Monate sind, durch einen Test geprüft werden. Im Zeitraum von 2000 bis 2007 wurden über 16 Millionen Rinder auf BSE untersucht. Innerhalt dieses Zeitraumes wurden knapp 400 BSE-Fälle bestätigt (2001:125, 2003:54, 2007:4). Die vorgenommenen Maßnahmen zeigen Wirkung die Epidemie BSE einzudämmen (vgl. Bundesministerium für Ernährung, Landwirtschaft und Verbraucherschutz, 20.05.2008).

Maul- und Klauenseuche ist eine höchstansteckende Viruserkrankung, die alle Klauentiere befallen kann: Rind, Schwein, Ziege, Schaf, Büffel, Antilopen, Kamele. Damit erweitert sich der Kreis von landwirtschaftlichen Nutztieren auch auf Zirkus- und Zootiere. Für den Menschen ist diese Seuche harmlos, aber er kann die Erreger genauso wie die Tiere übertragen. Der Virus haftet an Fell, Kleidung, Haut, Schuhen, Geräten, Fahrzeugen, wird durch die Luft transportiert und letztlich nur durch Erhitzen abgetötet.

HA 6

Die Inkubationszeit beträgt ca. zwölf Tage. Danach treten Symptome (Bläschen, Schuppenbildung) an den Schleimhäuten und unbehaarten Teilen der Haut auf, verbunden mit Appetitlosigkeit, Fieber und Lahmheit. Die Sterblichkeitsrate ist gering und liegt bei 2–5 %. Fehlende

1

Impfungen und Massentierhaltungen haben das Entstehen der Seuche begünstigt. Ob in gefährdeten Gebieten geimpft werden darf, wird fallweise entschieden (vgl. gesellschaftspolitische Lernmodule, Lernfelder).

Was wir hier machen, ist doch eigentlich Blödsinn!

1. *Nehmen Sie fachlich Stellung zu dieser provozierenden Bildaussage.*

2. *Ziehen Sie Querverbindungen: Welche ethischen Probleme erkennen Sie aufgrund der Massenschlachtungen? Diskutieren Sie dies untereinander.*

■ **BSE** ■ **MKS** ■ **Keulen** ■ **Kohortenlösung** ■ **Tiermehl** ■ **Impfung**

1.6 Ozonproblematik

Auch die Belastung der Luft basiert auf einer Wechselwirkung zwischen Mensch und Umwelt. Neben Staub, Stick- und Schwefeloxiden der Kraftwerke spielen Gase wie Ammoniak, Kohlenmonoxid, Kohlendioxid, Methan u. a. eine Rolle. Durch Vorgänge in der Atmosphäre können weitere Stoffe wie Ozon (O_3) und Stickstoffdioxide entstehen.

Ozon entsteht, wenn Sauerstoffmoleküle durch UV-Strahlung in zwei Sauerstoffatome ($O_2 \rightarrow O^{\cdot} + O^{\cdot}$) zerlegt werden, die mit anderen Sauerstoffmolekülen zu Ozon reagieren ($O_2 \rightarrow O^{\cdot} + O_3$).

Ebenso kann sich Ozon mit einem Sauerstoffatom zu zwei Sauerstoffmolekülen umsetzen ($O_3 + O^{\cdot} \rightarrow 2\,O_2$). Normalerweise befindet sich der Auf- und Abbau des Ozons im Gleichgewicht. Durch die zunehmende UV-Strahlung entsteht aber immer mehr Ozon.

In der Stratosphäre in 10–40 km Höhe befindet sich ein schützender Ozongürtel, der das UV-Licht abschirmt. Vor allem Fluorkohlenwasserstoffe (FKW), in Treibgasen und als Kühlmittel

1

verwendet, werden für den Abbau der Ozonschicht verantwortlich gemacht. Je dünner diese schützende Decke ist, desto mehr UV-Licht dringt auf die Erde und desto mehr Ozon wird in der Luft frei. Damit wächst die Gefahr, dass das UV-Licht zu DNA-Schäden in den Hautzellen führt. Bei wiederholter Einwirkung und somit Überforderung der zelleigenen Reparaturmechanismen kann es zu Hautkrebs kommen.

Stellen Sie in Partnerarbeit die Zusammenhänge der Ozonproblematik grafisch dar. Verwenden Sie die im Text enthaltenen Fachbegriffe.

- **Sauerstoffmoleküle** ■ **UV-Strahlung** ■ **Sauerstoffatome** ■ **schützender Ozongürtel**
- **Abbau** ■ **DNA-Schäden der Hautzellen** ■ **zelleigene Reparaturmechanismen**
- **Hautkrebs**

1.7 Feinstaubproblematik

Erläutern Sie, welche Aussage in der Karikatur zum Ausdruck kommt.

Feinstaub ist in der Luft unsichtbar. Die einzelnen Teilchen sind im Durchschnitt kleiner als zehn Mikrometer. Das ist weniger als ein Zehntel des Durchmessers eines menschlichen Haares. Die einzelnen Partikel bestehen u. a. aus Dieselrußpartikeln, Industrie-Emissionen, Straßenstaub/ sonstigen Stäuben und Autoreifenabrieb. Deshalb tritt Feinstaub vor allem in Ballungszentren, an verkehrsreichen Straßen und in der Umgebung von Industrieanlagen auf. Vor allem Ruß-Emissionen aus Diesel-Pkw und -Lkw sind aufgrund ihrer Gefährlichkeit im Zentrum der gegenwärtigen Kontrolle. In Deutschland liegt der Anteil an Neuzulassungen von Dieselfahrzeugen bei 40 %.

Medizinischen Studien zufolge kann Feinstaub Atemwegserkrankungen, Herz-Kreislauf-Versagen und Lungenkrebs auslösen. Er gilt als besonders gesundheitsgefährdend, da er sich in den Verästelungen der Lunge und über die Blutbahn auch in anderen Organen festsetzt. Die winzigen Teilchen finden über Atemwege und Blut ihren Weg direkt in viele Organe des Körpers, auch ins Herz.

1

Nach Untersuchungen der Weltgesundheitsorganisation (WHO) verursacht der Feinstaub das Ansteigen der Sterblichkeitsrate aufgrund von Herz-Kreislauf-Erkrankungen und Lungenkrebs. So wurde im Jahr 2000 durch Feinstaubpartikel die durchschnittliche Lebenszeit in der Europäischen Union (EU) um 8,6 Monate und in Deutschland um 10,2 Monate verkürzt.

Die Feinstaubrichtlinie der EU, die seit 1. Januar 2005 in der gesamten EU gilt, wurde bereits 1999 verabschiedet und 2002 in Deutschland Gesetz. Danach darf der Wert von 50 Mikrogramm Feinstaub pro Kubikmeter Luft an maximal 35 Tagen im Jahr überschritten werden (im Vergleich: Die WHO betrachte bereits eine Überschreitung an 14 Tagen/Jahr als gesundheitlich kritisch). Zuständig für die Umsetzung der Vorgaben der Feinstaubrichtlinie sind die Länder. Dazu gehört die Erfassung von Gebieten und Ballungsräumen, in denen die zulässigen Schadstoffwerte überschritten werden. Um die Luftbelastung zu verringern, sind neben dem Einbau von Rußfiltern in Dieselfahrzeuge sowie dem Einsatz erdgasbetriebener Busse auch Einschränkungen für den Schwerlastverkehr bis hin zu Streckensperrungen für alle Kraftfahrzeuge ebenso wie eine City-Maut in der aktuellen Diskussion. Da moderne Filtertechnik in Dieselfahrzeugen über 99 % der gesundheitsschädlichen Rußpartikel zurückhält, wird dem Einbau von Rußpartikelfiltern unter allen diskutierten Maßnahmen eine entscheidende Bedeutung zukommen.

HA 7, 8

---

1. *Bringen Sie sich und Ihr Team auf den aktuellen Stand, wie die gefährdeten Großstädte, z. B. Düsseldorf, Mainz, Stuttgart und München, mit der aufgezeigten Problematik aktuell umgehen. Nutzen Sie dazu das Internet bzw. informieren Sie sich direkt bei den jeweiligen Stadtverwaltungen.*

2. *Fahrverbote an bestimmten Wochentagen werden kontrovers diskutiert. Beziehen Sie eine begründete Position und hinterfragen Sie dabei auch Ihr eigenes Fahrverhalten.*

■ **Feinstaub** ■ **Emission** ■ **Dieselrußpartikel** ■ **Ballungsräume** ■ **Feinstaubrichtlinie**

1.8   Abfallproblematik

Eine weitere Wechselwirkung zwischen Mensch und Umwelt wird in der Abfallproblematik deutlich. Abwässer, Abgase und Müll gelangen in extremen Mengen in die Umwelt.

Im Mittelpunkt unserer Betrachtung soll hier die Müllbekämpfung/-beseitigung stehen, die in den letzten Jahren durch Sortieren, Kompostieren und Recycling einen ersten Bearbeitungsansatz erlebte.

Bringen Sie sich auf einen aktuellen „Müllstand" in Ihrem Umfeld. Dokumentieren Sie die Ergebnisse in einer Wandzeitung.

1. *Informieren Sie sich bei Ihrem örtlichen Abfallberater über die Müllprobleme der Gemeinde/ der Stadt. Nutzen Sie auch Informationen aus anderen Lernfeldern/Lernmodulen.*

2. *Wie werden die Müllentsorgung und -vermeidung in Ihrer Schule bzw. Einrichtung geregelt? Welche Verbesserungen wären hier wünschenswert?*

3. *Welche Vorkehrungen treffen Sie in Klasse/Team/Lerngruppe/Schule? Begründen Sie Ihre Ideen und Taten.*

Handlungsauftrag 1

a **Stellen Sie selbst einen Kreislauf her. Dazu benötigen Sie folgende Materialien:**
Ein sauberes Glas (mind. 3 l Fassungsvermögen), vier bis fünf Holzkohlestückchen, Erde, ein Pflänzchen Ihrer Wahl, destilliertes Wasser, Plastikfolie, ein Gummiband. Gegen Schimmelbefall wird der Boden des Glases mit Holzkohle bedeckt. Füllen Sie ein Viertel des Glases mit Erde auf. Setzen Sie die Pflanze ein und gießen Sie sie mit destilliertem Wasser. Spannen Sie nun die Plastikfolie über die Öffnung und befestigen Sie sie mit dem Gummi. Das kleine Ökosystem braucht jetzt einen hellen, aber nicht sonnigen Standort. Notieren Sie Ihre Beobachtungen in den nächsten Tagen.

b Planen und dokumentieren Sie dieses praktische Beispiel als Angebot für eine von Ihnen festgelegte Zielgruppe in einer sozialpädagogischen Einrichtung.

Handlungsauftrag 2

Das Biotopspiel:
Teilen Sie sich in Kleingruppen zu vier bis fünf Spielern auf. Wählen Sie sich in Ihrer Gruppe ein Biotop aus und stellen Sie es den anderen Spielern pantomimisch dar. Je spontaner gespielt wird, desto besser! Nach dem Erraten ist die nächste Gruppe an der Reihe.

Variation: Einer Kleingruppe wird ein Biotop zur Darstellung vorgegeben. Sie soll es sofort, ohne Absprachen pantomimisch darstellen. Der erste Spieler, der eine Idee hat, beginnt, die anderen fügen sich nach und nach ein.

Handlungsauftrag 3

Die Natur birgt viele Überraschungen in sich. Suchen Sie draußen in Kleingruppen (max. vier Teilnehmer) mit Hilfe der Suchliste die genannten Dinge:
Tauschen Sie Ihre Überraschungen untereinander aus. Viel Spaß!

Suchliste

Sammeln Sie nur das, was Sie ohne Beschädigung erreichen können:

1. etwas Lebendiges

2. etwas Weiches

3. einen Samen, der fliegen kann

4. ein glückliches Lächeln

5. etwas, das für die Natur wichtig ist

6. ein Blatt und eine Frucht/einen Samen von: Ahorn, Birke und Rosskastanie

7. etwas ganz Rundes

8. etwas vom Menschen Hinterlassenes

Handlungsauftrag 4

a **Der Apfel/Birnen/Laub-Erlebnis-Test:**
Jeder Teilnehmer wählt sich einen Apfel (oder ein sonstiges Material) aus einer Kiste aus. Suchen Sie sich mit Ihrem Objekt einen bequemen Platz im Raum. Halten Sie Ihr Teil mit beiden Händen

fest. Stellen Sie sich nochmals vor, wie Sie es sich geholt haben, mit welcher Hand Sie es gegriffen haben, warum Sie sich gerade dieses Objekt gewählt haben, wie Ihr Körper reagierte (Speichel, Appetit), wie es riecht, wie es sich anfühlt, wie es wohl schmecken wird (süß, sauer). Beißen Sie nun ganz bewusst in das Obst (Alternative bei nicht essbaren Teilen: Riechen, Fühlen, Hören), kauen Sie langsam und schlucken Sie. Warten Sie noch einen Augenblick, bevor Sie die Augen wieder öffnen. Ermöglichen Sie sich einen Austausch des Erlebnisses mit anderen Teilnehmern. (Es sind auch andere Materialien möglich. Bei der Auswahl sollte man sich aber auf ein Material beschränken.)

a **Lesen Sie danach das folgende Zitat:**
„Ich schütze nur, was ich liebe. Ich liebe nur, was ich kenne.
Ich kenne nur, was ich wahrnehme.
Ich nehme nur wahr, was für mich eine Bedeutung hat,
... und diese Bedeutung vermitteln Erwachsene den Kindern."
(Quelle: Knauer, Brandt, 1995, S. 7)
Bringen Sie Ihre Erfahrungen aus dem Erlebnis-Test mit dem Zitat in einen sinnvollen Zusammenhang. Beachten Sie dabei auch Ihr zukünftiges Arbeitsfeld.

Handlungsauftrag 5
Ermitteln Sie im Internet Pro- und Contra-Argumente bezüglich des Keulens und der Kohortenlösung. Stellen Sie Ihre Ergebnisse gegenüber und bilden Sie sich ein Urteil.

Handlungsauftrag 6
Ermitteln Sie im Internet die Vor- und Nachteile einer Impfung gegen MKS. NRW hat als erstes Bundesland bei der EU die Genehmigung für Impfungen in einem begrenzten Gebiet beantragt. Was spricht nach Ihren Recherchen dafür, was dagegen?

Handlungsauftrag 7
Gerade in der Jugendarbeit bedeutet die rechtzeitige Sensibilisierung für die Feinstaubproblematik eine wichtige Grundlage für eine kritische Auseinandersetzung mit dem eigenen Verhalten. Entwickeln Sie ein Projekt zu dieser Thematik für die offene Jugendarbeit.

Handlungsauftrag 8
Bringen Sie das Thema „Feinstaub" auf eine Erklärungsebene, die Kinder verstehen. Nutzen Sie dabei auch Informationen des Fernsehens (z. B. www.logo.tivi.de, Stand: August 2005).

Literatur

Bachmann, Rainer:	Ökologische Außengestaltung in Kindergärten, FIPP-Verlag, Berlin, 1994
Baranzke, Heike (Hrsg.):	Leben – Töten – Essen, Anthropologische Dimensionen, Hirzel, Stuttgart, 2000
Blessing, Karin/Mäurer, Silke:	Natur, Ökologie und Nachhaltigkeit im Kindergarten, Hirzel, Stuttgart, 2002
Hafner, Lutz/Philipp, Eckhard:	Ökologie, Schroedel, Hannover, 1998
Ischmann, Ralf:	Natur als Vorbild, Metropolis, Marburg, 2003
Knauer, Raingard/Stamer-Brandt, Petra:	Ich schütze nur, was ich liebe. Konzept einer ganzheitlichen Umweltpädagogik, Herder, Freiburg u. a., 1995

Kleinert, Rainer:	Biologie, Ökologie Oberstufe, Mentor Verlag, München, 1998
Naturschutzzentrum NRW (Hrsg.):	Natur-Kinder-Garten, Materialheft für Kinder, Recklinghausen 1993/4
	Naturspielräume für Kinder, Arbeitshilfe zur Gestaltung naturnaher Spielräume, Recklinghausen 1994/5
Rhodes, Richard:	Tödliche Mahlzeit, Eine schleichende Epidemie bedroht die Menschheit, übersetzt von Sebastian Vogel, Goldmann, München, 2000
Sauerborn, Petra:	Natur- und Umweltkatastrophen – Menschengemacht?, Verlag an der Ruhr, Mülheim an der Ruhr, 2005
Schweisfurth, Karl Ludwig:	Wenn's um die Wurst geht, Gedanken über die Würde von Mensch und Tier, Riemann, München, 1999
Sohr, Sven:	Ökologisches Gewissen, Nomos Verlag, Baden-Baden, 2000
Wittig, Rüdiger:	Ökologie, G. Fischer, Stuttgart, 2004

Links

| www.verbraucherministerium.de | (Waldbericht 2006) |
| www.umweltbundesamt.at | (z. B. zum Thema Feinstaub) |

Anschlussthemen

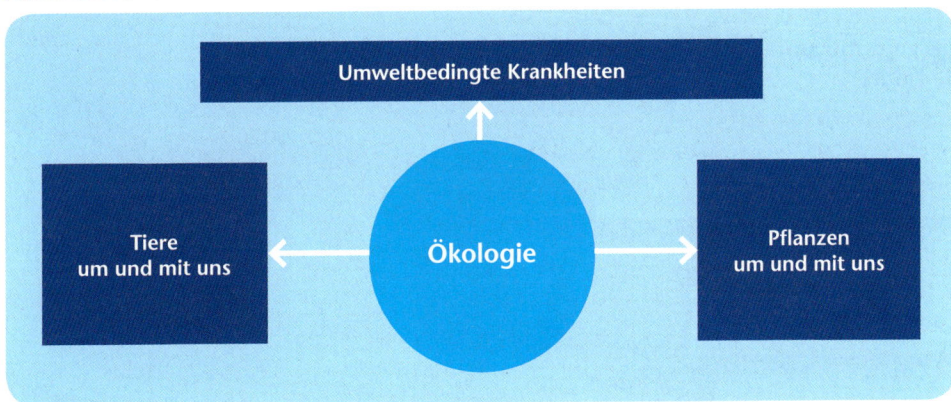

Wenn ich nur nicht diese Kopfschmerzen hätte!

Das schlägt mir auf den Magen!

Wie geht es Ihnen?

Ich fühle mich wohl!

Sie wirken gestresst!

Mir geht's gar nicht gut!

Sie sehen gut aus!

Ich habe eine Grippe in mir!

Das geht mir unter die Haut!

Wie geht's, wie steht's?

Das tut mir jetzt richtig gut!

Diesen oder ähnlichen Formulierungen begegnen wir häufig in unserem Alltag.

Erzählen Sie Ihrem Nachbarn möglichst genau, wie es Ihnen augenblicklich geht. Vermeiden Sie dabei die Begriffe gut/schlecht und Erklärungen, warum es Ihnen so geht.

Die persönliche Gesundheit und ihre Abhängigkeiten

Selbst

Bereich des Selbst
z. B. Erfahrungen

persönliche
Lebensgeschichte   Meinungen

Veranlagungen   Gewohnheiten

Sinngebung, Glaube

transzendente Bezüge

seelische Faktoren

körperliche
Faktoren

Mitwelt

**Bereich der
sozialen Bezüge**
z. B. Freunde   Familie

soziale Verwirklichung

Arbeit   Freizeit   Wohnen

ärztliche Versorgung

                    Normen
        Gesetze
                    Verein
        Gemeinde

        Überwachung

            Lärm

**persönliche Gesundheit
„Wohlbefinden"**

**Bereich der
Umweltbedingungen**
                Wasser
z. B. Ernährung   Abwasser

    gesunde Luft   Krankheitskeime

Jeder Faktor kann
einen positiven oder
negativen Einfluss auf
die persönliche Gesundheit
haben.

    Wohnraum   Arbeitsplatz

            Wetter

Umwelt

---

1. Diskutieren Sie untereinander, welche Bedeutung die drei Einflussbereiche auf die Gesundheit der Bevölkerung allgemein und auf Ihre persönliche Gesundheit haben.

2. Definieren Sie im Anschluss daran die Begriffe „Gesundheit" und „Krankheit". Nutzen Sie dafür die Abbildung auf Seite 19 und verschiedene Lexika. Vergleichen Sie Ihre Ergebnisse untereinander und mit der Definition der WHO (CD).

Die CD informiert Sie über die Begriffsdefinition der WHO und ermöglicht Ihnen eine kritische Auseinandersetzung.

2.1   Krankheitsursachen

Ursachen für Krankheiten sind äußerst vielfältiger Natur. Sie können äußere (= exogene) und innere (= endogene) Gründe haben.
Exogene Ursachen stammen aus der Umwelt und wirken von außen auf den Menschen ein. Dabei können es Mikroorganismen sein, die Infektions- und andere Krankheiten verursachen, oder falsche Ernährung, die die Ursache für viele Zivilisationskrankheiten darstellt. Physikalische Faktoren als Verursacher von Krankheiten werden z. B. durch Unfälle, thermische und klimatische Einflüsse (z. B. Nässe), UV- und radioaktive Strahlen vertreten. Dem Lärm als gefährlichem „Luftverschmutzer" kommt eine immer größere Bedeutung zu (Verkehrslärm, Discopower). Chemische Stoffe gelangen mit der Nahrung, dem Trinkwasser, der Luft in unseren Körper und bedeuten genauso wie Drogen und Genussmittel eine erhebliche Gesundheitsgefährdung.

Die endogenen Ursachen entstehen im Organismus und tragen in hohem Maß zur Entstehung von Krankheiten bei. Dazu gehören genetische Defekte, wie z. B. bei Morbus Down (= Chromosomenstörung) oder bei der Mukoviszidose (= Genstörung). Bei vielen Krankheiten, wie

2

Diabetes mellitus, Asthma oder Allergien, spielen erbliche Anlagen eine Rolle. Das heißt, dass z. B. eine Allergie nur dann zum Ausbruch kommt, wenn noch andere Ursachen hinzukommen (vgl. dazu Kap. 2.4.2). Eine weitere endogene Ursache stellt die Krankheitsbereitschaft des Organismus (= Disposition) dar. Hier ist die Abwehrfähigkeit gegenüber Krankheiten geschwächt und man ist anfälliger.

Entstehung von Krankheiten	
Innere Faktoren	Angeborene Anlagen (Erbfaktoren)
	Persönliche Krankheitsbereitschaft (Disposition)
Äußere Faktoren Chemische Einwirkungen	Gifte: in Lebensmitteln: Schimmel, Pflanzenschutzmittel, Schwermetalle im Trinkwasser: Nitrite, Nitrate, andere Schadstoffe in der Luft: Kohlenstoffmonoxid, chemische Schadstoffe Drogen: Alkohol, Tabak, Rauschgifte
Physikalische Faktoren	Kälte, Nässe, Hitze, Strahlen, Lärm, Unfälle
Mikroorganismen	Bakterien, Viren, Pilze, Protozoen falsche
Ernährung	zu viel Kochsalz, Fette, Energie zu wenig Ballaststoffe, Mineralien, Vitamine einseitige Ernährung

Ebenso ist der Zusammenhang zwischen dem Verursacher „Stress" und einer steigenden Krankheitsbereitschaft des gestressten Organismus immer häufiger zu beobachten. Schon bestehende Krankheiten können schließlich ebenfalls als endogene Ursachen den Boden für weitere Erkrankungen ebnen: Hoher Blutdruck bedeutet eine Gefährdung für das Herz-Kreislauf-System (= Disposition).

---

1. a) Bearbeiten Sie (schriftlich) in Einzelarbeit, welche möglichen prophylaktischen (= vorbeugenden) Maßnahmen zur Vermeidung von Krankheiten Sie für sich ableiten.

   b) Was möchten Sie davon im Sinne Ihrer Vorbildfunktion an Kinder/Jugendliche weitergeben? Begründen Sie Ihre Auswahl.

2. Daniela M. (4) ist Ihnen im Kindergarten dadurch aufgefallen, dass sie häufig krank ist. Sie kommen mit Danielas Mutter ins Gespräch. Sie bemerken die Ratlosigkeit von Frau Müller in diesem Zusammenhang und ergründen mit der Mutter gemeinsam die möglichen Ursachen für Danielas Erkrankungen. Arbeiten Sie hierzu in Kleingruppen und halten Sie Ihre Ergebnisse schriftlich fest. Präsentieren Sie diese in Form eines Rollenspiels (Frau Müller, ein Erzieher).

endogene/exogene Ursachen ■ **Disposition** ■ **genetische Defekte** ■ **physikalischchemische Faktoren** ■ **Mikroorganismen** ■ **Ernährungsfehler** ■ **Stress**

2

2.2 Infektionskrankheiten

Darunter sind Krankheiten zu verstehen, bei denen lebende Organismen in den Körper eindringen und sich vermehren.

2.2.1 Ansteckung durch die Erreger

Die Erreger der Infektionskrankheiten sind Mikroorganismen, also Kleinstlebewesen wie Bakterien, Viren, Pilze oder Protozoen. Sie sind in der Lage, sich als Schmarotzer (= Parasiten) in unserem Körper einzunisten, sich dort zu vermehren und sich dabei von ihm zu ernähren. Zur Vertiefung dieser Inhalte muss auf die Fachliteratur verwiesen werden.

HA 1

Es ist für die Mikroorganismen gar nicht so einfach, in den Makroorganismus (hier: den Menschen) einzudringen. Zwar stellen alle Körperöffnungen mögliche Eintrittspforten dar, sie sind aber auf unterschiedlichste Weise geschützt.

HA 2

Mögliche Eintrittspforten für die Mikroorganismen:

– Ohren, Augen

– Nase und Mund: Von hier aus können die Mikroorganismen in Bronchien und Lunge oder in den Magen-Darm-Trakt gelangen

– Haut, Schleimhaut: über Verletzungen bzw. Wunden

– Geschlechtsorgane

Je nach Erregerart gibt es unterschiedliche Übertragungsmöglichkeiten.

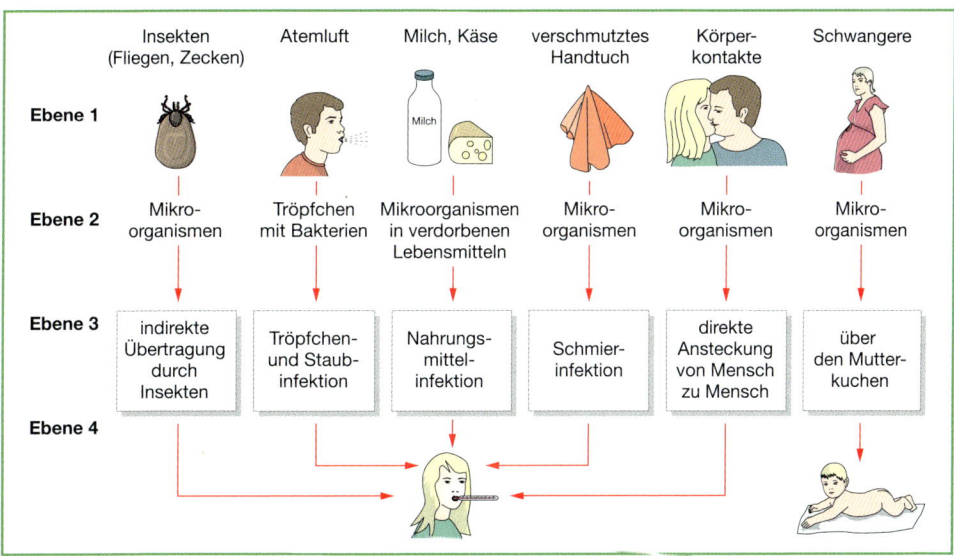

Auf der CD sind die speziellen Gefahren einer Infektion durch Zeckenstiche aufgezeigt.

2

1. *Finden Sie jeweils einen Oberbegriff zu den Ebenen 1 bis 4.*

2. *Geben Sie zu jeder Übertragungsmöglichkeit (z. B. Wasser) die jeweils mögliche(n) Eintrittspforte(n) (z. B. Mund) an.*

3. *Erklären Sie die Fachbegriffe Schmierinfektion und Tröpfchen- bzw. Staubinfektion. Leiten Sie Ihre Erklärung aus der Abbildung ab.*

■ **Erreger** ■ **Mikroorganismen** ■ **Parasit** ■ **Makroorganismus** ■ **Körperöffnungen** ■ **Eintrittspforten** ■ **direkte/indirekte Übertragungsmöglichkeiten** ■ **Schmier-, Tröpfchen-, Staubinfektion**

2.2.2   Infektabwehr

Mikroorganismen befinden sich überall, in der Luft, im Essen, im Trinkwasser, auf Möbeln, auf der Haut usw. Trotzdem erkranken wir nicht ständig. Einmal liegt es daran, dass nicht alle Mikroorganismen pathogen (= krank machend) sind. Viele schaden uns nicht, ja wir brauchen sie sogar, z. B. für die Verdauung … (Vergleichen Sie die Beispiele auf der CD.)

Zum anderen funktioniert in unserem Organismus ein (fast) perfekt organisiertes Abwehrsystem. Dieses System arbeitet mit verschiedenen Strategien, die nacheinander einsetzen. Wenn sie versagen, kommt es zum Ausbruch einer Infektionskrankheit.

1. Strategie: Schutzschranken an den Eintrittspforten wehren Eindringlinge ab (s. o.).
2. Strategie: Diese Abwehr wird von den weißen Blutkörperchen (= Leukozyten) organisiert.

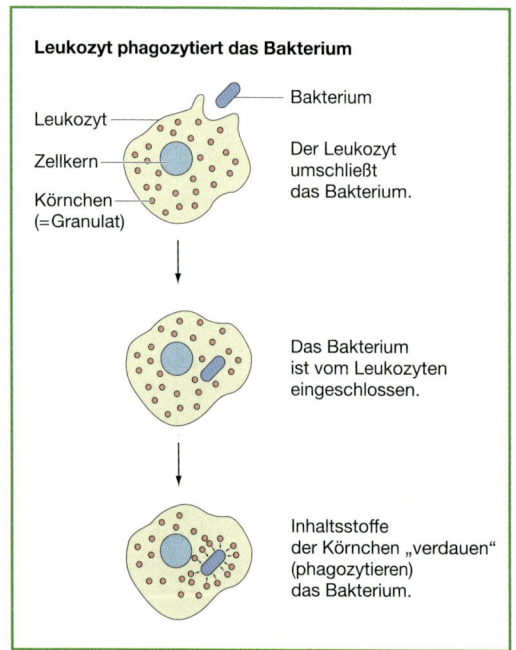

Leukozyt phagozytiert das Bakterium

Leukozyt
Zellkern
Körnchen (= Granulat)

Bakterium

Der Leukozyt umschließt das Bakterium.

Das Bakterium ist vom Leukozyten eingeschlossen.

Inhaltsstoffe der Körnchen „verdauen" (phagozytieren) das Bakterium.

Da unser Immunsystem (= Abwehrsystem) kompliziert und stark verzweigt gebaut ist, soll hier eine vereinfachte Form der Darstellung ausreichen.

Das Grundprinzip besteht darin, den Fremdkörper (z. B. Erreger) zu erkennen, zu kennzeichnen und zu vernichten. Um später bei erneutem Kontakt schneller abwehren zu können, werden Gedächtniszentren eingerichtet, die sich das Aussehen der Erreger merken können.

Haben die Fremdkörper den äußeren Schutz überwunden, werden sie in einem ersten Schritt von den so genannten „Fresszellen" aufgefressen (= „Polizei des Körpers").

Es sind bestimmte Leukozyten, die alles auffressen, was sie als körperfremd erkennen: Arzneimittelrückstände, Krankheitserreger, gealterte rote Blutkörperchen oder sogar durch die Haut eingedrungene Fremdkörper (z. B. Holzsplitter). Diese Art der wahllosen Abwehr wird auch „unspezifische Abwehr" genannt. Der Fressvorgang heißt Phagozytose.

Die Aufgabe der spezifischen Abwehr wird von speziellen Zellen der Leukozyten übernommen, den Lymphozyten. Sie wirken jeweils nur auf eine einzige Erregerart, daher spricht man hier von der spezifischen Abwehr. Dabei ist es so, dass die Erreger unterschiedliche Oberflächen aufweisen, die aus Eiweiß bestehen (= Antigene). Die Lymphozyten erkennen dieses Eiweiß als fremd, stufen es als Gefahr ein und bilden dagegen Abwehrkörper (= Antikörper). Antigen und Antikörper verbinden sich miteinander zu einem Antigen-Antikörper-Komplex (AG-AK-Komplex), und die Vernichtung des Erregers ist somit eingeleitet.

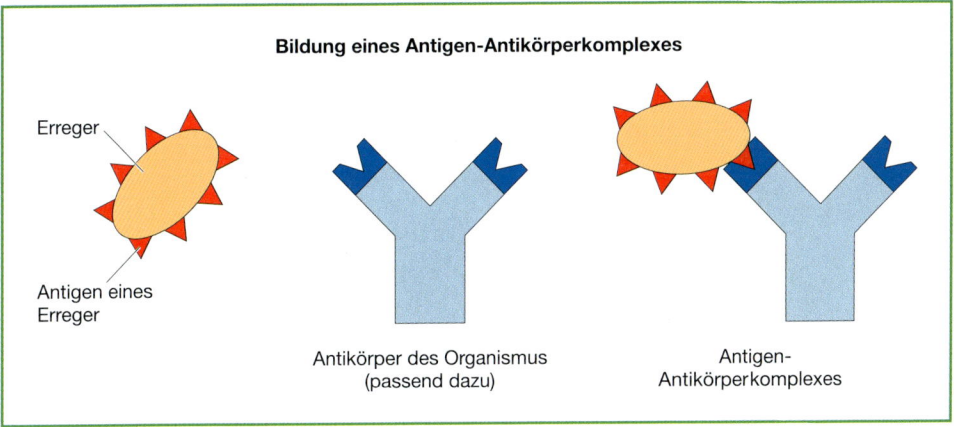

Bildung eines Antigen-Antikörperkomplexes

Erreger

Antigen eines Erreger

Antikörper des Organismus
(passend dazu)

Antigen-
Antikörperkomplexes

Gegen jedes unterschiedliche Antigen wird ein ganz spezieller Antikörper gebildet, der zum Antigen wie ein Schlüssel zum Schloss passt. Daher spricht man hier auch vom Schlüssel-Schloss-Prinzip.
Gleichzeitig werden so genannte Gedächtniszellen gebildet, die das Aussehen der Antigene gespeichert haben. Dringt dieser Erreger erneut in den Körper ein, ist eine schnelle und wirkungsvolle Abwehr möglich. Der Organismus ist immun (= unempfänglich) gegen diese Erregerart geworden.

1. *Stellen Sie in Kleingruppen folgendes Problem zeichnerisch dar:*
   Masernviren sind in den Körper eingedrungen. Die Abwehrmechanismen (erste und zweite Strategie) setzen ein, aber die Krankheit bricht trotzdem aus. Gedächtniszellen werden angelegt.   HA 3
   Nutzen Sie dazu die Informationen aus dem Text.

2. *Erläutern Sie, warum man z. B. an Röteln nur einmal erkrankt.*

■ **pathogene Mikroorganismen** ■ **Immunsystem** ■ **Leukozyten** ■ **Lymphozyten** ■ **Antigen** ■ **Antikörper** ■ **unspezifische/spezifische Abwehr** ■ **Schlüssel-Schloss-Prinzip** ■ **Gedächtniszellen** ■ **immun**

Neben diesen körpereigenen Formen der Infektabwehr gibt es die Möglichkeit der Schutzimpfungen, die ebenfalls eine Immunität gegen Krankheitserreger oder deren Gifte erzeugen können.

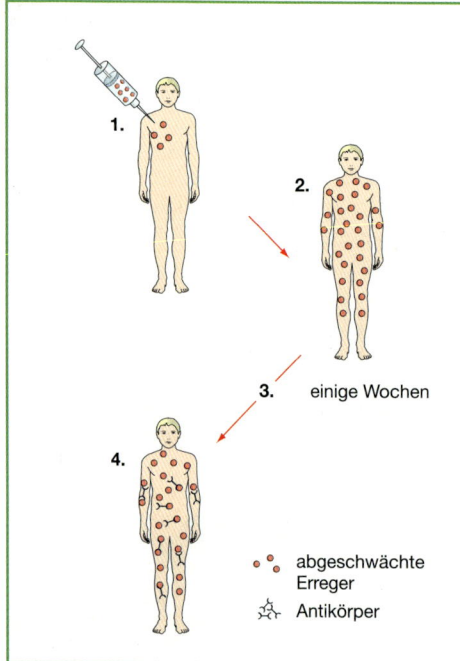

1.
2.
3. einige Wochen
4.

● ●° abgeschwächte Erreger

☆ Antikörper

Bei den Schutzimpfungen unterscheidet man die aktive und die passive Form. Bei der aktiven Impfung wird der Organismus mit einem Impfstoff gespritzt, der die jeweiligen Erreger in abgeschwächter oder sogar getöteter Form enthält.

Diese reichen aus, um den Organismus zu veranlassen, selbst Antikörper herzustellen.

Der Impfschutz beginnt erst einige Zeit nach der Impfung, da der Körper Zeit braucht, um die notwendigen Antikörper zu bilden. Danach ist der Schutz oft langjährig. Die Gefahr von Allergien durch diese Impfart ist äußerst gering.

Bei der passiven Schutzimpfung bekommt der Körper direkt Antikörper gegen spezielle Erreger. Dieses Impfserum wird auf folgende Art und Weise gewonnen:

Diese Art der Schutzimpfung wird genutzt, wenn bei einer akuten Infektionskrankheit eine aktive Immunisierung nicht mehr rechtzeitig wirken würde (z. B. Verdacht auf Tetanusinfektion). Der Schutz setzt hierbei sofort ein, hält allerdings nur kurz an (im Schnitt vier Wochen). Bei Verwendung von Tierserum ist ein erhöhtes Allergierisiko zu verzeichnen. Daher bietet sich diese Impfart nur für den akuten Fall oder den Verdacht einer Infektion an.

Bei der Durchführung von Impfungen sollte man als Patient daran denken,

– dass man gesund sein sollte (jede Impfung bedeutet eine Belastung);

– dass sich v. a. Allergiker über die Impfstoffherkunft informieren sollten;

– dass mindestens zwei Monate Abstand zwischen zwei Impfterminen liegen sollten;

– dass man mit Nebenwirkungen rechnen muss (z. B. Müdigkeit, erhöhte Temperatur);

– dass alle Impfungen im Impfpass eingetragen werden.

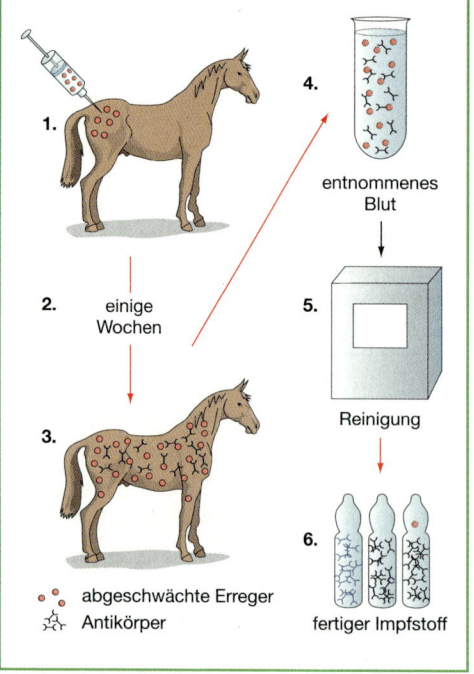

1.
2. einige Wochen
3.
4. entnommenes Blut
5. Reinigung
6. fertiger Impfstoff

● ●° abgeschwächte Erreger
☆ Antikörper

1. *Arbeiten Sie schriftlich Gemeinsamkeiten und Unterschiede bei der Impfstoffgewinnung der aktiven und der passiven Art heraus.*

2. *Erklären Sie schriftlich die Unterschiede aktiver und passiver Immunisierung.*

Bereits zu Beginn der Früherkennungsuntersuchungen U1 bis U9 (s. Kap. 5.6) „erhält" jedes Baby einen Impfpass mit einem Impfplan.

Der folgende Impfplan stellt einen idealen Zeitplan dar, der im Einzelfall variiert werden kann:

Zeitpunkt	Impfung gegen	Bemerkungen
1. (–6.) Lebenswoche	Tuberkulose Hepatitis B	Bei Tuberkulosegefährdung „öffentlich empfohlen"
3. Lebensmonat	Haemophilus influenza Typ b (H/B)	
4. Lebensmonat	Diphtherie Tetanus (1.) Poliomyelitis (1.) H/B	Bei Risikosituation mit Keuchhustenimpfstoff (P) kombinieren. Dann im 1. Lebensjahr 3- statt 2-mal DPT (jeweils im Abstand von 4 Wochen)
5. Lebensmonat	H/B	
6. Lebensmonat	Diphtherie Tetanus (2.) Poliomyelitis (2.) Hepatitis B	Abstand zur 1. DT-Impfung 6 Wochen
15. Lebensmonat	Masern Mumps Röteln H/B Hepatitis B	Wahrscheinlich lebenslange Immunität
18. Lebensmonat	Diphtherie Tetanus (3.) Poliomyelitis (3.)	Polioauffrischimpfungen alle 10 Jahre (z. B. 10.–12. Lebensjahr usf.) bis zum Lebensende!
7.–10. Lebensjahr	Diphtherie Tetanus	Td-Auffrischimpfungen alle 10 Jahre. Bei Verletzung T-Auffrischung, wenn letzte Toxoidgabe länger als 5 Jahre zurückliegt
12.–15. Lebensjahr	Röteln (für Mädchen) Hepatitis B	Rötelnimmunkontrolle vor (bzw. zu Beginn) einer Schwangerschaft, wenn noch nicht erfolgt

2

Die Notwendigkeiten und Risiken von Impfungen sollten jeweils mit Fachleuten z.B. im Rahmen der Früherkennungsuntersuchungen besprochen werden.

Dass Impfen schützt, ist bewiesen – dass Impfungen gravierende Nebenwirkungen entfalten können, wird heute ebenfalls nicht mehr bestritten. Wer allerdings glaubt, dass einem durch gezielte Informationen in beiden Richtungen eine Entscheidung pro oder contra von Impfungen erleichtert wird, sieht sich schon blad getäuscht. Regelrechte Glaubenskriege toben um die Frage, welche Impfung wann und ob überhaupt notwendig ist.

Während die Impfgegner Impfungen als Körperverletzungen bezeichnen, die definitiv krank machen, zur Entwicklung von Seuchen beitragen und ein Riesengeschäft für die Pharmaindustrie darstellen, bezieht die Schulmedizin genauso drastisch Stellung. Für sie bedeutet ein Nicht-Impfen, dass mit dem Leben des Kindes unverantwortlich gespielt wird und dass Kinder ohne Impfschutz möglicherweise irgendwann gar nicht mehr behandelt werden. Mit Statistik allein ist der Streit kaum zu lösen. Das Risiko von Impfnebenwirkungen lässt sich nur abschätzen anhand gemeldeter Verdachtsfälle. Danach gab es im Jahr 2005 1393 Verdachtsfälle auf Nebenwirkungen bei rund 56 Mio. freigegebenen Impfdosen. Die Dunkelziffer wird als sehr hoch angesehen, da nicht alle Fälle erkannt werden. Auch Todesfälle im ersten Lebensjahr (es ist die Zeit von drei Impfungen) werden statistisch als normal angesehen (etwa eines von 2000 Lebendgeborenen stirbt vor seinem ersten Geburtstag plötzlich und unerwartet) und nicht direkt mit den Impfungen im Zusammenhang gebracht.

HA 4, 5 Nur 3–5 % der Deutschen zählen zu den absoluten Impfgegnern. Daran kann es also nicht liegen, dass eine gewisse Impfmüdigkeit zu verzeichnen ist und einige Infektionskrankheiten wieder auf dem Vormarsch sind. Poliomyelitis (= spinale Kinderlähmung) ist z.B. mittlerweile eine Erwachsenenlähmung, da die notwendigen Auffrischungen (alle 10 Jahre) nicht konsequent durchgeführt werden.

Die CD informiert Sie über die unterschiedlichen Argumente, ob Impfungen heute ihren Sinn verloren haben bzw. ob Impfungen heute mehr denn je notwendig sind.

■ **aktive/passive Schutzimpfung** ■ **Antikörper** ■ **Allergierisiko** ■ **Impfplan** ■ **Impfpass** ■ **Impfmüdigkeit**

2.2.3 Krankheitsverlauf

Bei jeder Infektionskrankheit werden drei verschiedene Stadien der Krankheit durchlaufen:

● Die Zeitspanne, in der sich die Krankheit entwickelt und ankündigt, ist die Inkubationszeit. Sie ist je nach Krankheit unterschiedlich lang (von zwei Tagen bis zu zehn Jahren). Der Kranke fühlt sich in dieser Zeit müde, leistungsvermindert und abgeschlagen. Häufig klagt er über Kopf-, Glieder- und Rückenschmerzen. Später kommen Schwindel, Übelkeit oder gar Erbrechen hinzu. Gerade bei Kindern sind Bauchschmerzen und Durchfälle erste Hinweise auf eine beginnende Krankheit.

● Im akuten Stadium bricht die Krankheit aus. Hauptkennzeichen ist das Fieber, das, je nach Art der Erkrankung, bis über 40 °C ansteigen kann. In diesem Stadium treten die für die jeweiligen Erkrankungen typischen Symptome/Erscheinungen auf: Hautausschläge bei Infektionskrankheiten, Luftnot bei Lungenerkrankungen, Bauchschmerz bei Magen-Darm-Erkrankungen.
Diese akute Phase endet mit einer kritischen Wende (Komplikation/Tod) oder geht allmählich in die dritte Phase der Krankheitsentwicklung über.

● Hier im Erholungsstadium (= Rekonvaleszenzstadium) liegt die Körpertemperatur – bis auf leichte Schwankungen – um 37 °C im Normalbereich. Der Kranke ist erschöpft und hat ein hohes Schlafbedürfnis – er schläft sich gesund. Langsam stellt sich der Appetit wieder ein, und mit der Gewichtszunahme normalisiert sich auch der Kreislauf.

> *Beschreiben Sie den Krankheitsverlauf bei der Infektionskrankheit Keuchhusten. Nutzen Sie dazu die Informationen dieses Buches (Kap. 2.2.4) und weiterführende Fachliteratur.*

■ **Inkubationszeit** ■ **akutes Stadium** ■ **kritische Wende** ■ **Rekonvaleszenz**

2.2.4   Infektionskrankheiten im Einzelnen

Dieses Kapitel beschränkt sich auf die Kerninhalte zu den wichtigsten Infektionskrankheiten. Zur vertiefenden Bearbeitung sollte die weiterführende Fachliteratur genutzt werden.

Da AIDS aufgrund seines dramatischen Verlaufs und seiner Gefährlichkeit eine besondere Position unter den Infektionskrankheiten einnimmt und der Umgang mit den Erkrankten ein hohes Maß an Sensibilität verlangt, ist eine umfangreichere Bearbeitung in einem separaten Kapitel notwendig (s. Kap. 2.3).

In der folgenden Tabelle wird darauf verzichtet, auf verschreibungspflichtige Medikamente hinzuweisen. Vielmehr werden in einer Spalte Hinweise für die private (rezeptfreie) Krankenversorgung angegeben, die als begleitende Maßnahmen durchgeführt werden können. Das Hinzuziehen eines Arztes bleibt dabei weiterhin – je nach Art und Schwere der Erkrankung – von großer Bedeutung.

2

Infektions-krankheit	Erreger	Übertragung	Inkubations-zeit	mögliche Symptome	mögliche Komplikationen	Krankenversorgung
Masern s. Farbtafel im Anhang	Viren	Tröpfcheninfektion	10–15 Tage	Reizhusten, rosarote Flecken, Bindehautentzündung mit Lichtscheuheit, Fieber bis 40 °C	Lungen- und Mittelohrentzündung	Raum abdunkeln, gut lüften, viel trinken, Inhalationen, Wadenwickel
Röteln s. Farbtafel im Anhang	Viren	Tröpfcheninfektion	14–21 Tage	Hautausschlag, leichtes Fieber, Halsschmerzen	meist komplikationslos, Ausnahme bei Schwangeren; Gefahr der Rötelnembryopathie	keine besonderen Maßnahmen nötig
Scharlach (keine Immunität) s. Farbtafel im Anhang	Bakterien	Tröpfchen- und Schmierinfektion	2–4 Tage	Mandelentzündung, roter Hautausschlag mit späterer Hautabschuppung, Himbeerzunge, Fieber und allgemeine Krankheitszeichen	Mittelohrentzündung, Herz- und Nierenbeeinträchtigung	gute Raumlüftung, viel trinken, leichte Kost
Windpocken s. Farbtafel im Anhang	Viren	Tröpfcheninfektion	14–21 Tage	Wasserbläschen, die aufplatzen und verkrusten, starker Juckreiz, unterschiedliche Fieberhöhen	Sekundärinfektionen der Bläschen, Lungen- und Nierenentzündung	juckreizmildernde Salben/Puder, lockere Kleidung, Fingernägel kürzen
Mumps	Viren	Tröpfcheninfektion	14–28 Tage	Fieber, Unwohlsein, Schwellung der Ohrspeicheldrüse meist einseitig	Hoden- und Pankreasentzündung, Diabetesgefährdung	Bettruhe, Gurgeln mit Kamillentee, mild-warme Umschläge
Keuchhusten	Bakterien	Tröpfcheninfektion	6–10 Tage	starke Hustenanfälle v. a. nachts, Abhusten von Schleim, Erbrechen	Bronchitis, Lungenentzündung	ärztliche Hilfe bei Säuglingen, keine Bettruhe erforderlich, viel frische Luft, leichte Kost, viel trinken, Vorsicht: Keuchhusten-Tic
Diphtherie	Bakterien	Tröpfchen- und Schmierinfektion	1–2 Tage	Fieber, Kopfschmerzen, Schluckbeschwerden, Mandelentzündung, bei Kehlkopfbeteiligung: Krupphusten	Kreislaufversagen, Herzrhythmusstörungen, Todesfall möglich	leichte, vitaminreiche Kost, viel trinken, ärztliche Behandlung
Kinderlähmung Polio	Viren	Schmierinfektion	7–14 Tage	grippeähnliche Symptome, Fieber, Erbrechen, Durchfall, Gliederschmerzen, Hautüberempfindlichkeit, Lähmungen können sich über den ganzen Körper erstrecken	Zurückbleiben von Lähmungen	warme Wickel bei Gliederschmerzen, krankengymnastische Übungen, Bäder, Massagen. Vorsicht: Erreger werden über den Stuhl ausgeschieden (Infektionsgefahr)
Salmonellose	Bakterien	Schmier- und Nahrungsmittel-infektion	Stunden	starke Kopf- und Leibschmerzen, Erbrechen, Durchfall mit Fieber	mögliche Todesfälle, Dauerausscheider (!!!)	ärztliche Behandlung unbedingt anzuraten(!!!)
Tetanus	Bakterien	Kontaktinfektion	4–28 Tage	Kopfschmerzen, Unruhe, Reizbarkeit, krampfhafte Starre der Kaumuskulatur, der Nacken-, Rücken-, Bauchmuskulatur, Überreaktion auf jegliche Außenreize (Licht, Geräusche)	Pneumonie, durch Muskelzug Verrenkungen, Risse, Brüche, Todesfälle	keine Pflege zu Hause, sofortige ärztliche Behandlung(!!!)

1. *Führen Sie Ihre persönliche Infektionsbestandsaufnahme durch. Welche Infektionskrankheiten haben Sie gehabt, bei welchen besteht für Sie eine lebenslange Immunität, welche Impfungen müssten aufgefrischt werden?*

2. *Informieren Sie sich in der Tagespresse, der weiterführenden Fachliteratur, bei Ärzten über die Salmonelloseerkrankung und über deren besondere Verbreitung zur Sommerzeit. Dokumentieren Sie Ihre Ergebnisse auf Wandzeitung, Plakatkarton usw. Stellen Sie dieses Ergebnis einer breiteren Öffentlichkeit (z. B. Schülern Ihrer Einrichtung, Mitarbeiterteams, Eltern ...) vor.*

■ **Infektionskrankheit** ■ **Erreger** ■ **Übertragung** ■ **Symptome** ■ **Komplikationen**
■ **ärztliche Behandlung** ■ **häusliche Pflege**

2.2.5 Meldepflicht

Nach dem Infektionsschutzgesetz sind u.a. die in der folgenden Tabelle exemplarisch genannten Infektionskrankheiten meldepflichtig. Zur Meldung an das Gesundheitsamt ist vor allem der behandelnde Arzt verpflichtet.

Meldepflicht

§ 6 Meldepflichtige Krankheiten

(1) Namentlich ist zu Melden:

HA 6

1. der Krankheitsverdacht, die Erkrankung sowie der Tod an
   - Botulismus
   - Cholera
   - Pest
   - Diphtherie
   - Masern
   - Milzbrand
   - akute Virushepatitis
   - Poliomyelitis
   - Tollwut
   - Typhus abdominalis
   - virusbedingtem hämorrhagischen Fieber

2. der Verdacht auf und die Erkrankung an einer mikrobiell bedingten Lebensmittelvergiftung oder an einer akuten infektiösen Gastroenteritis.

3. der Verdacht einer über das übliche Ausmaß einer Impfreaktion hinausgehende gesundheitlichen Schädigung.

4. die Verletzung eines Menschen durch ein tollwutkrankes oder -verdächtiges Tier sowie die Berührung eines solchen Tieres oder Tierkörpers.

(Quelle: Auszug aus dem Infektionsschutzgesetz)

Meldepflicht beteht auch bei Befall von Läusen. Kindergarten, Schule oder andere Gemeinschaftseinrichtungen sind nach § 34 (5) Infektionsschutzgesetz zu benachrichtigen.

2

2.2.6 Häusliche Krankenpflege/Hausapotheke

Bei vielen Krankheiten kann auf eine Unterbringung im Krankenhaus verzichtet werden. Vor allem Kinder erholen sich in der heimischen Umgebung schneller als in der Anonymität des Krankenhauses.

HA 7

Dabei sind bezüglich der Betreuung und Pflege einige grundlegende Dinge zu beachten: Die Medikamentengabe erfolgt grundsätzlich nach Anweisung des Arztes und/oder des Beipackzettels. Dabei sind die Häufigkeit, die Dosierung, der Zeitpunkt (z. B. vor oder nach dem Essen) und die Darreichungsform (z. B. oral = Einnahme über den Mund) zu beachten. Auf keinen Fall sollten zusätzliche Medikamente ohne Rückfrage mit dem Arzt verabreicht werden, da Unverträglichkeitserscheinungen möglich sind, sich die Wirkungen von verschiedenen Medikamenten gegenseitig aufheben, abschwächen oder sogar verstärken können.

Gerade bei kranken Kindern sollten die Arzneimittel nicht in der Nähe des Krankenbettes aufbewahrt werden, um einem möglichen Missbrauch vorzubeugen. Bei manchen leichteren Erkrankungen, wie z. B. Husten und Schnupfen, sollte die Wirkung von Hausmitteln (s. Tabelle) genutzt werden, um der häufigen Gewöhnung an Medikamente rechtzeitig und vorbeugend entgegenzutreten.

Beschwerden	Heilpflanze	Darreich-ungsform
Magenverstimmung, Darm- und Gallenbeschwerden (Durchfall, Blähungen, Koliken) Infektionskrankheiten, Erkältungen, Frauenleiden Bindehaut- und Nagelbettentzündungen, Entzündungen der Mundhöhle und des Rachens, bei Abszessen, Unruhe, Schlafstörungen	Echte Kamille	Tee, Dampfbad
Ischias, Kopfschmerzen, Migräne, Ermüdung, zur Mundpflege, bei Hals-, Nasen- und Rachenentzündungen, bei rheumatischen Beschwerden, bei Hexenschuss, Magen- und Verdauungsbeschwerden	Pfefferminze	Tee, Öl
bei Erkältung, Bronchitis, Asthma, bei Nervenentzündungen	Schwarzer Holunder	Tee, Saft
Verdauungsstörungen, Blähungen, Koliken im Magen-Darmbereich, Husten, Keuchhusten, Asthma, Bronchitis,	Fenchel (wirkt appetitanregend)	Tee, Öl
bei rheumatischen Beschwerden, Nieren- und Blasenleiden als harntreibendes Mittel	Brennnessel	Tee, Saft
vorbeugend gegen Erkältungen bei Blasen- und Nierenleiden, Rheuma, Gicht, Ischias, bei Frühjahrsmüdigkeit	Hagebutte	Tee, Saft, Marmelade
Kältegefühl	Ingwer	Tee, gerieben Wurzel

Wer einen Kranken zu Hause versorgt, sollte über grundlegende Pflegemaßnahmen informiert sein, um den Verlauf der Krankheit verantwortlich überwachen zu können. Dazu gehören v. a. die Fieber- und Pulsmessungen. Bei vielen Krankheiten (z. B. bei Masern, Scharlach) ist es unerlässlich, die Körpertemperatur zu kontrollieren. Der Normalbereich liegt im Verlauf des Tages zwischen 36 °C am Morgen und 37,5 °C am Abend. Typische Messorte sind dabei der rektale Bereich (im After) oder der axillare Bereich (in der Achselhöhle).

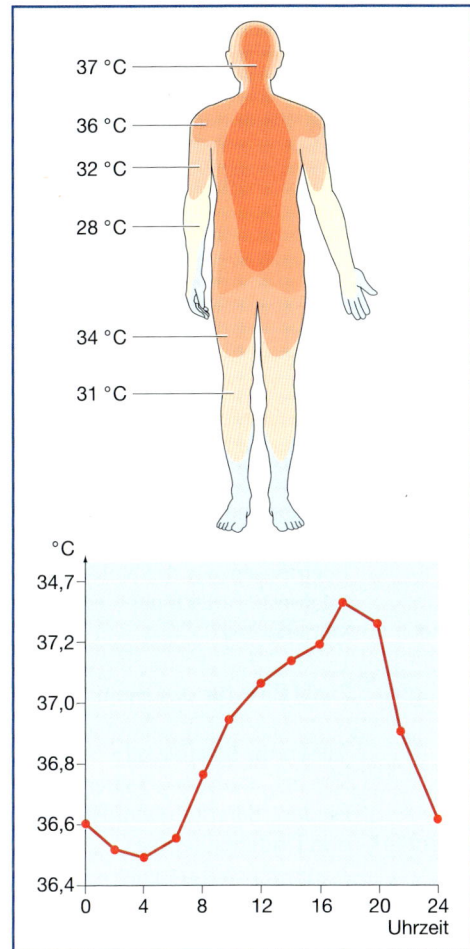

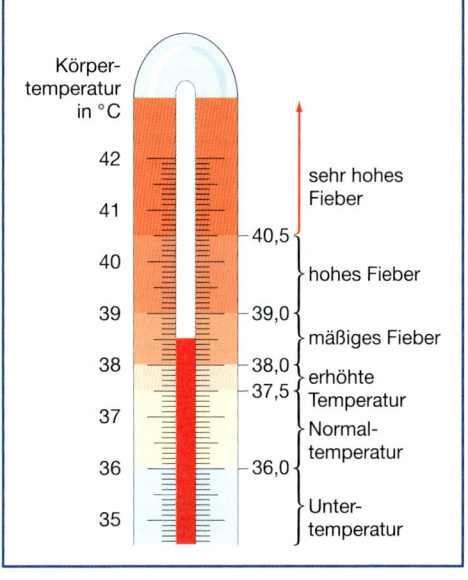

> *Erläutern Sie schriftlich mit Hilfe der Abbildungen, warum bei der Temperaturmessung in der Achselhöhle 0,5 °C hinzugezählt werden müssen.*

Das oben stehende Schaubild verdeutlicht die Temperatureinteilungen, wobei man allgemein ab 38,0 °C von Fieber spricht.

Fieber ist ein sinnvoller Abwehrmechanismus des Körpers, der nicht zu zeitig (ungefährer Richtwert 39 °C) mit fiebersenkenden Mitteln behandelt werden sollte. Grundsätzlich müssen Fiebernde viel trinken (2–3 l in Form von Säften, Wasser, Kräutertee, alles leicht gesalzen), da sie durch das Schwitzen bedingte enorme Flüssigkeits- und Salzverluste ausgleichen müssen. Kühle Waden- und Brustwickel fördern den Hitzeentzug aus dem Körper. Sie müssen etwa alle zehn Minuten erneuert werden.

Die Pulsmessung erfolgt an der Halsschlagader oder am Handgelenk. Der Ruhepuls beträgt *HA 8* bei einem Erwachsenen 70 bis 80 Schläge/Minute. Da er bei Anstrengung ansteigt (= Belastungspuls), sollte er vor dem Aufstehen gemessen werden. Fieber beschleunigt ihn ebenfalls, wobei pro Grad Celsius ungefähr acht Schläge pro Minute hinzukommen können. Neugeborene haben mit 140 Schlägen/Minute und Kleinkinder mit 120 Schlägen/Minute einen deutlich höheren Ruhepuls.

2

Auf die Ernährung des Kranken soll hier nur insoweit eingegangen werden, als dass drei Grundregeln beachtet werden sollten:

1. Viele kleine Mahlzeiten vermeiden eine Belastung.
2. Erlaubt ist, was schmeckt, mit der Genesung kommt der Appetit auf alle Speisen wieder, die auch vorher gerne verzehrt wurden.
3. So vollwertig wie möglich ernähren – dies beugt einer möglichen Darmträgheit vor und ist reich an Vitaminen und Mineralstoffen.

HA 9 Zur häuslichen Krankenpflege gehört auch eine Hausapotheke mit folgender Grundausstattung, die entsprechend für den Kindergarten bzw. das Heim erweitert werden muss.

Grundausstattung		Zusätzlich für den Kindergarten:
2 Mullbinden, 6 cm breit	Brandgel	Schlagaderabbinder
2 Mullbinden, 8 cm breit	Wunddesinfektionsmittel	Schiene
1 Verbandpäckchen, klein	Antiseptischer Wund-	Betaisodona-Lösung
2 Verbandpäckchen, mittel	puder	Einmalhandschuhe
1 Verbandpäckchen, groß	Mittel gegen	Telefonnummer des Notrufs
1 Rolle Heftpflaster, 2,5 cm	Insektenstiche	Telefonnummer eines
breit	Mittel gegen Durchfall	Kinderarztes
1 Wundschnellverband,	und Verstopfung	
10 x 4 cm	Mittel gegen Erkältungs-	**Zusätzlich für das Heim:**
1 Wundschnellverband,	krankheiten	
10 x 6 cm	Mittel gegen	Salben für Brustwickel
1 Wundschnellverband,	Halsschmerzen	Fenchel-, Kamillen-, Salbei-,
10 x 8 cm	Schmerztabletten	Flieder-, Bärentraubenblätter
1 Pressrolle Verbandwatte,	evtl. vom Arzt verordnete	und Lindenblütentee
25 g	Medikamente	1 Gummiwärmflasche
12 Sicherheitsnadeln	Fieberthermometer	Moltontücher verschiedener
2 Verbandklammern	Mundspatel	Größe für Wickel und
1 Splitterpinzette	Lederfingerling	Umschläge
1 Verbandschere	Feindesinfektionsmittel	70%iger Alkohol
3 Dreiecktücher		zum Entfernen von
		Heftpflasterresten

Begründen Sie die Notwendigkeit für eine Erweiterung der Hausapotheke in Ihrem Arbeitsfeld. Beziehen Sie sich dabei auch auf die hinzugekommenen Materialien.

HA 10 An dieser Stelle sei darauf hingewiesen, dass die Erste-Hilfe-Maßnahmen aktiv trainiert und von besonders geschultem Personal betreut werden müssen. Von den richtig angewandten Hilfsmaßnahmen kann das Leben eines Menschen abhängen. Daher muss diese Thematik an lokale Anbieter von von Erste-Hilfe-Kursen verwiesen werden, bei denen theoretisches und praktisches Wissen neu erworben bzw. wissen auch wieder aufgefrischt werden kann (z. B. DRK, Hohanniter, Malteser-Hilfsdienst usw.).

■ **Medikamentengabe** ■ **rektale/axillare Fiebermessung** ■ **Fieberwerte** ■ **Ruhepuls**
■ **Belastungspuls**

2

Handlungsauftrag 1

Sie wissen nun, was man unter einem Parasiten versteht. Diskutieren Sie in Ihrer Gruppe die Überlebensstrategien von Parasiten. Beziehen Sie dabei auch das Parasitentum des Pflanzenreiches mit ein (Fachliteratur!)
Die Abgrenzung des Parasitismus zur Symbiose wird Ihnen auf der CD-ROM ermöglicht.

Handlungsauftrag 2

Informieren Sie sich in der Fachliteratur, vor welchen Hindernissen Mikroorganismen stehen können, wenn sie versuchen, über die Eintrittspforten in den Makroorganismus einzudringen.

Handlungsauftrag 3

Spielen Sie den Abwehrkampf des Organismus mit verteilten Rollen durch. Nutzen Sie Ihre angelegte Zeichnung.

Handlungsauftrag 4

Ohne ausreichende Impfung kein Kindergartenplatz

Impfungen schützen vor zahlreichen Infektionskrankheiten – das ist unbestritten. Unbestritten ist auch, dass die Impffreudigkeit der Deutschen in den letzten Jahren stark zurückgegangen ist. Immer mehr Eltern entscheiden sich gegen den „klassischen Impfplan", wie er in den Gesundheitspässen ausgewiesen ist, nicht zuletzt wegen des starken Rückgangs der Krankheitsfälle und der immer noch vorhandenen Risiken einer möglichen Impfkomplikation. Das hat zur Folge, dass nur noch ca. 40 Prozent der Deutschen gegen Keuchhusten und nur etwa jeder Zweite gegen die übrigen so genannten Kinderkrankheiten geimpft ist.

Aber gerade diese können schwerwiegende Komplikationen verursachen je älter der Betroffene/die Betroffene ist. Es bleibt zu hoffen, dass diese Infektionskrankheiten nicht wieder stärker ausbrechen und damit Impfmüdigkeit bestraft wird. Immer wieder werden u.a. in Ärzteverbänden Möglichkeiten diskutiert, wie man die Notwendigkeit von Impfungen gegen die klassischen Kinderkrankheiten forcieren kann. Ein Kindergartenverbot für Kinder, die nicht ausreichend gegen Keuchhusten, Mumps, Röteln, Masern und Diphtherie geschützt sind, wird dabei genauso diskutiert wie eine Impfverpflichtung vor Eintritt in die Grundschule.

Diskutieren Sie in Ihrer Gruppe die Inhalte. Wie sieht Ihr persönlicher akuteller Impfschutz aus? Wie stehen Sie selber zu dem genannten Impfverhalten und den geforderten Konsequenzen?

Handlungsauftrag 5

Informieren Sie sich weiter gehend (s. Fachliteratur) über die Krankheiten Keuchhusten, Masern und Scharlach. Erläutern Sie danach schriftlich (Kleingruppenarbeit), warum ein Todesfall dieser drei Infektionskrankheiten meldepflichtig ist.

Handlungsauftrag 6

Oftmals informieren sozialpädagogische Einrichtungen im Elementarbereich schon an der Eingangstür, wenn eine Infektionskrankheit aufgetreten ist.
Erforschen Sie in Ihrer Gruppe mögliche Gründe für diese Vorgehensweise. Befragen Sie dazu Leiter dieser Einrichtungen. Vergleichen Sie die Ergebnisse.

2

Handlungsauftrag 7

Besorgen Sie sich Beipackzettel von Medikamenten (je größer die Vielfalt, desto effektiver das Ergebnis) und informieren Sie sich mit deren Hilfe über Inhalte und Verständlichkeit der Sprache. Welche Verbesserungsvorschläge entwickeln Sie für künftige Beipackzettel?

Handlungsauftrag 8

Führen Sie mit einem Partner eine Ruhepulsmessung durch. Lassen Sie ihn danach einige Bewegungen ausführen und messen Sie nochmals. Vergleichen Sie die Werte. Wechseln Sie mit Ihrem Partner die Aufgabe.

Handlungsauftrag 9

Informieren Sie sich über den Aufbewahrungsort und die Inhalte des Erste-Hilfe-Kastens in Ihrer Einrichtung. Erstellen Sie – falls notwendig – eine Mängelliste für die dafür zuständige Stelle.

Handlungsauftrag 10

Informieren Sie sich in Ihrer Gemeinde/Stadt über mögliche Anbieter von Erste-Hilfe-Kursen. Organisieren Sie für/mit Ihrer Gruppe – je nach Bedarf – einen Erste-Hilfe-Kurs und/oder einen Erste-Hilfe-Kurs am Kind. Übertragen Sie diese Erkenntnisse auf die Organisation eines Erste-Hilfe-Kurses in einer sozialpädagogischen Einrichtung Ihrer Wahl.

Literatur

Bauer, Ernst Waldemar:	Humanbiologie, Cornelsen, Berlin/ Düsseldorf, 2000
Gropengießer, Ilka/Schneider, Volker (Hrsg.):	Gesundheit. Wohlbefinden, zusammen leben, handeln, Erhard-Friedrich-Verlag, Seelze, 1990.
von Harnack, Gustav-Adolf/Koletzko, Berthold (Hrsg.):	Kinderheilkunde, Springer Verlag, Berlin, 2000
Schäffler, Arne/Schmidt, Sabine:	Mensch – Körper – Krankheiten, Jungjohann Verlag, Neckarsulm, 1995
Ungerer, Otto:	Der gesunde Mensch, Verlag Handwerk und Technik, Hamburg, 1999

Links

Internetseiten 2008:
www. impfkritik.de
www.klein-klein-aktion.de
www.impfschutzverband.de

Anschlussthemen

2

2.3   AIDS – Was geht mich das an?

Aufgrund der Schwere und der Besonderheiten des Krankheitsverlaufs soll die erworbene Immunschwäche AIDS (acquired immune deficiency syndrome) in einem eigenen Kapitel bearbeitet werden.

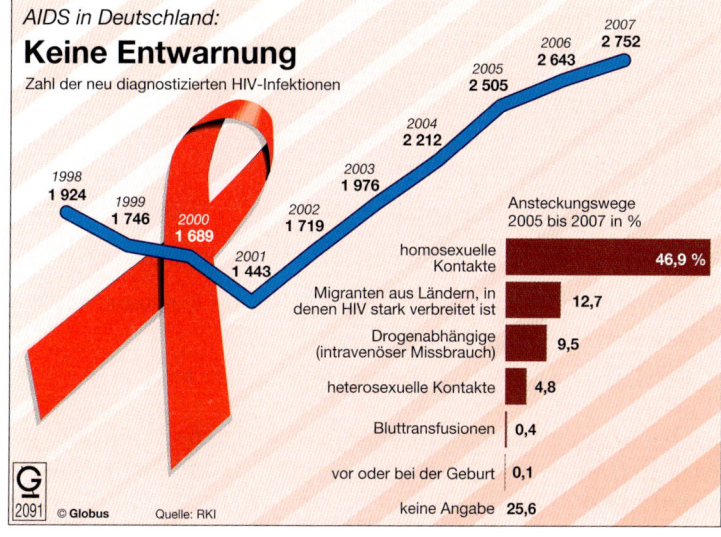

AIDS in Deutschland:

Keine Entwarnung

Zahl der neu diagnostizierten HIV-Infektionen

1998 — 1 924
1999 — 1 746
2000 — 1 689
2001 — 1 443
2002 — 1 719
2003 — 1 976
2004 — 2 212
2005 — 2 505
2006 — 2 643
2007 — 2 752

Ansteckungswege 2005 bis 2007 in %

homosexuelle Kontakte	46,9 %
Migranten aus Ländern, in denen HIV stark verbreitet ist	12,7
Drogenabhängige (intravenöser Missbrauch)	9,5
heterosexuelle Kontakte	4,8
Bluttransfusionen	0,4
vor oder bei der Geburt	0,1
keine Angabe	25,6

G 2091 © Globus   Quelle: RKI

Die Infektion erfolgt durch den HI-Virus (human immuno-deficiency virus). Im Jahr 2005 gab es weltweit 40,3 Millionen HIV-Infizierte und Aidskranke. Etwa 1/3 aller „Aids-Babys" wird wahrscheinlich schon während der Schwangerschaft durch die Mütter angesteckt. Die Dunkelziffer der HIV-Träger wird auf 100–200 % geschätzt.

Seit Beginn der Epidemie sind in Deutschland insgesamt ca. 67 500 Menschen mit HIV infiziert worden. Die Gesamtzahl der AIDS-Erkrankungen liegt im entsprechenden Zeitraum bei ca. 28 000, ca. 23 500 HIV-Infizierte sind bereits verstorben.

Eine AIDS-Chronik informiert Sie auf der CD über die erschreckende weltweite Entwicklung.

1. *Brainstorming: Halten Sie auf einer Wandzeitung/einem Plakat fest, was Ihnen spontan einfällt, wenn Sie an AIDS denken.*
   (Hier sollten alle Äußerungen ohne Wertung schriftlich festgehalten werden.)

2. *Beantworten Sie in einem zweiten Schritt schriftlich die folgenden Fragen (Einzelarbeit):*
   – *Was wissen Sie über AIDS?*
   – *Durch wen (Freunde, Schule, Medien, Elternhaus ...) wurden Sie am intensivsten über die AIDS-Problematik aufgeklärt?*
   – *Was interessiert Sie in diesem Zusammenhang augenblicklich am meisten?*
   Beantworten Sie jede Frage auf einem separaten Zettel.
   Sortieren Sie alle Antworten Ihrer Gruppe auf einem weiteren Plakat/einer weiteren Wandzeitung und tauschen Sie sich aus.

3. *Entwickeln Sie ein Mind-Map zum zentralen Ausgangspunkt AIDS. Sollten Sie mit dieser Methode nicht vertraut sein, informieren Sie sich bei Ihren Fachlehrern oder in der Literatur, z. B. Klippert: Methodentraining.*

2

2.3.1 Übertragungswege

Da der Virus nur in Körperflüssigkeiten überleben kann, wird die Krankheit ausschließlich durch den Kontakt mit infizierten Körpersäften weitergegeben. Hohe Viruskonzentrationen findet man im Blut, im Sperma und in den Vaginalsekreten. Durch winzige Schleimhautverletzungen gelangen die Viren dann in die Blutbahn.

Daraus ergeben sich vier Hauptübertragungswege:

- der ungeschützte Geschlechtsverkehr,

HA 1 　● die gemeinsame Benutzung unsteriler Injektionsnadeln,

- die Übertragung nicht kontrollierter, infizierter Blutkonserven (hier sind die Kontrollen sicherer geworden),

- HIV-Übertragung einer infizierten Mutter auf ihr Kind.

Zur Verringerung des Infektionsrisikos im Bereich des Geschlechtsverkehrs gehört die Beachtung des Safersex. Alle Aktivitäten, bei denen es nicht zum Austausch von Körperflüssigkeiten kommt, gelten als sicher.
Die Anwendung von Kondomen schützt nicht nur vor einer möglichen HIV-Infektion beim Geschlechtsverkehr, sondern bietet auch Schutz vor einer ungewollten Schwangerschaft und der Übertragung von Geschlechtskrankheiten.

Das mögliche Problem von Infizierungen durch Blutkonserven kann hier nicht weiter vertieft werden. Die weiterführende Fachliteratur sollte an dieser Stelle zu Rate gezogen werden. Es kann festgehalten werden, dass die Kontrollen der Blutkonserven auf eine HI-Virus-Infektion intensiviert wurden und Bluttransfusionen heute in der Regel kein Übertragungsrisiko mehr darstellen.

- **infizierte Körpersekrete** ■ **Geschlechtsverkehr** ■ **unsterile Injektionsnadeln**
- **Blutkonserven** ■ **HIV-infizierte Schwangere** ■ **Safersex**

2.3.2 Erreger

Um zu verstehen, warum es so schwierig ist, einen Impfstoff gegen den HI-Virus zu entwickeln (und damit endlich einen Schutz vor AIDS zu haben), ist ein Einblick in die Fähigkeiten eines einzelligen Organismus notwendig. Er ist nämlich in der Lage, das ausgefeilteste Immunsystem aller Lebewesen zu überlisten.
Wie alle Viren braucht auch der HI-Virus eine Wirtszelle, um sich zu vermehren. Normalerweise rufen Erreger in unserem Körper ein kompliziertes System von Abwehrmechanismen hervor (s. Kap. 2.2.2). Diese sind aber gegen HIV fast machtlos. Nach dem heutigen Wissensstand gibt es dafür mehrere Gründe:
Die Aids-Erreger setzen gleich an zwei entscheidenden Stellen ihren Angriff auf unser Immunsystem an und legen damit zunächst die Phagozytosetätigkeit (Phagozyten = Fresszellen) lahm. Gleichzeitig behindern sie die Antikörperproduktion der so genannten Plasmazellen. Dem HI-Virus gelingt es hierbei, sein Erbgut in die Immunzellen (auch T-Helferzellen genannt) einzubauen, so dass bei Zellteilungen viele bereits infizierte Zellen frei werden. Sie produzieren ihrerseits Viren, geben aber keine Signale zur Bildung von Antikörpern ab.

Ein weiteres Phänomen kommt möglicherweise noch hinzu: Der Virus verändert so schnell seine Oberflächenstrukturen (sein Erkennungsmerkmal zur Identifizierung), dass die noch gebildeten Antikörper nicht mehr passen.

Da die T-Helferzellen langsam ausgeschaltet werden, kann der Körper sich immer weniger gegen weitere unterschiedliche Krankheitserreger wehren. So genannte „opportunistische Infektionen" (= Infektionen, die normalerweise nicht krank machen) können nun zu gefährlichen Komplikationen führen.

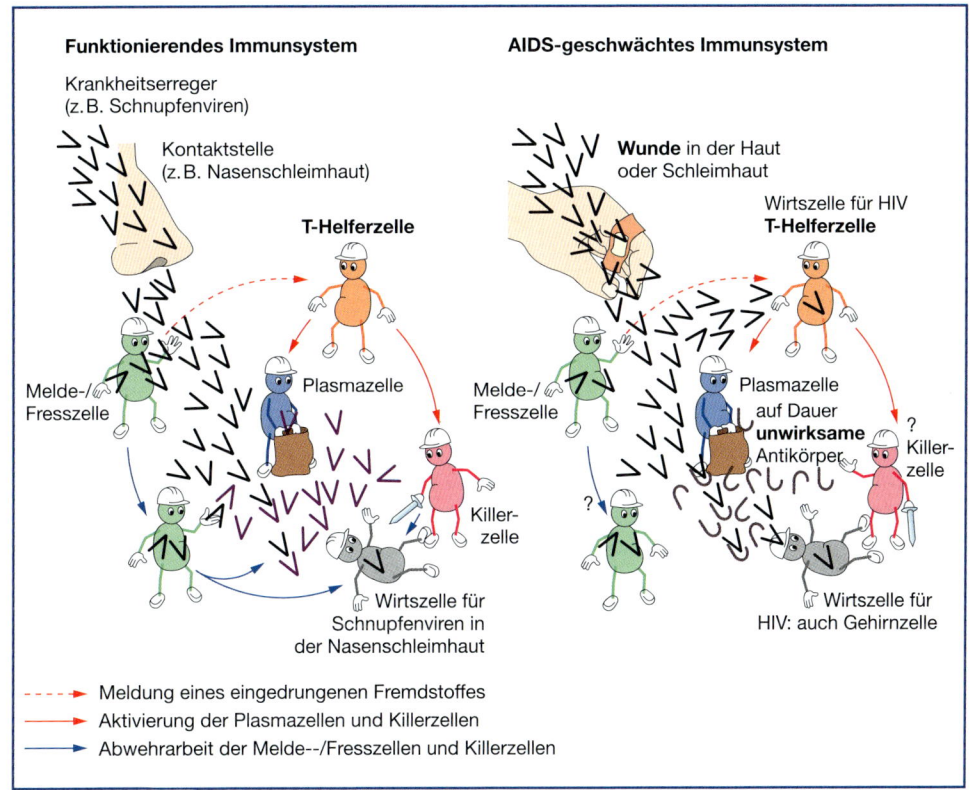

Funktionierendes Immunsystem **AIDS-geschwächtes Immunsystem**

Krankheitserreger
(z. B. Schnupfenviren)

Kontaktstelle
(z. B. Nasenschleimhaut)

Wunde in der Haut
oder Schleimhaut

T-Helferzelle

Wirtszelle für HIV
T-Helferzelle

Melde-/
Fresszelle

Plasmazelle

Melde-/
Fresszelle

Plasmazelle
auf Dauer
unwirksame
Antikörper

?
Killer-
zelle

Killer-
zelle

Wirtszelle für
Schnupfenviren in
der Nasenschleimhaut

Wirtszelle für
HIV: auch Gehirnzelle

- - - -> Meldung eines eingedrungenen Fremdstoffes
——→ Aktivierung der Plasmazellen und Killerzellen
——→ Abwehrarbeit der Melde--/Fresszellen und Killerzellen

> *Vergleichen Sie die beiden grafischen Darstellungen und zeigen Sie die entscheidenden Unterschiede auf (Partnerarbeit mit schriftlicher Bearbeitung).*

■ **HIV** ■ **Wirtszelle** ■ **T-Helferzelle** ■ **opportunistische Infektionen** ■ **Phagozytosetätigkeit** ■ **Phagozyt (Fresszelle)** ■ **Oberflächenstruktur**

2.3.3 Symptome und möglicher Verlauf

Das folgende Schaubild macht den Ablauf von HIV-Infektionen hinsichtlich der Symptome und des möglichen Verlaufs deutlich. Wie die Pfeile zeigen, versteht man im medizinischen Sprachgebrauch unter Reversibilität (reversibel) die Möglichkeit, dass der erreichte Zustand wieder rückgängig gemacht werden kann.

2

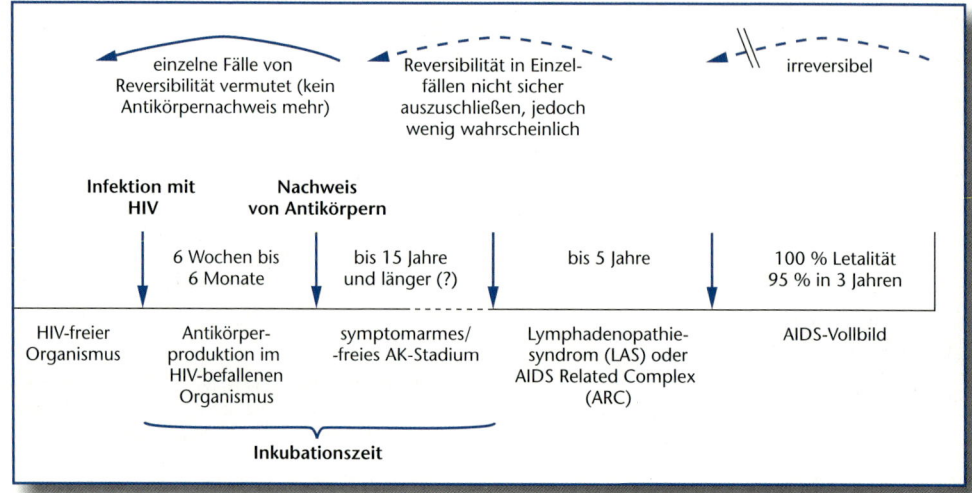

Hier wird bereits deutlich, dass die Inkubationszeit mit sechs Wochen bis zu fünfzehn Jahren (und länger) den üblichen Zeitrahmen bei Infektionskrankheiten sprengt. Auch kann der Virus im Organismus leben (er ist HIV-positiv), aber die AIDS-Erkrankung bricht nicht aus.

Um den Leidensweg der an AIDS Erkrankten besser verstehen zu können und um gegen deren Ausgrenzung aus unserer Gesellschaft (Arbeitsplatz, Kindergarten, Schule, Freundes- und Familienkreis) argumentieren/handeln zu können, ist es notwendig, sich das Krankheitsbild anzusehen.

Es werden allgemein vier Verlaufsstadien unterschieden:

1. Infektion mit HIV (Inkubationszeit)
Die betroffene Person zeigt äußerlich noch keine zu beobachtenden Symptome einer möglichen Ansteckung. Sie ist aber mit HIV infiziert und kann den Erreger übertragen. In dieser Phase werden die Antikörper gebildet.

2. Die akute HIV-Infektion (erste Symptome)
In etwa 20 % der Fälle tritt zwei bis vier Wochen nach erfolgter Ansteckung ein grippeähnliches Krankheitsbild mit Lymphknotenschwellung, Gelenk- und Gliederschmerzen, Unwohlsein, Müdigkeit, Fieber, Kopfschmerzen, Durchfall usw. auf. Diese Symptome sind nicht spezifisch für eine HIV-Infektion und klingen meist nach ungefähr 14 Tagen wieder ab. Betroffene Personen bleiben nach diesem akuten Stadium entweder dauerhaft ohne Symptome oder weisen nach Monaten/Jahren erste Krankheitszeichen auf.

3. Das LAS (Lymphadenopathiesyndrom) oder ARC (AIDS Related Complex)
Für das Erreichen dieses Stadiums müssen mindestens zwei der nachfolgend aufgeführten Symptome bei einer HIV-infizierten Person über einen Zeitraum von vier bis sechs Monaten ohne andere erkennbare Ursachen nachweisbar sein:
z. B. Lymphknotenschwellung an verschiedenen Körperregionen, starker Gewichtsverlust, stärkeres Schwitzen und Nachtschweiß, wässrige Durchfälle/Darmkrämpfe, Schwellung von Leber und Milz, Leistungsabfall und leichte Ermüdbarkeit, Fieber bzw. Fieberschübe ohne erkennbare Ursachen.

4. Vollbild AIDS

Man spricht vom Vollbild AIDS, wenn die eigene Immunabwehr fast vollständig zerstört ist. In diesem Stadium kann es zu schweren opportunistischen Erkrankungen (s. Kap. 2.3.2) durch fremde Erreger kommen. Dazu gehören:

Pilzbefall, Pneumocystis (spezielle Art der Lungenentzündung), Gürtelrose, Meningitis (Hirnhautentzündung), Angriffe auf Zellen des Zentralen Nervensystems mit möglichen Wesensveränderungen, Verwirrtheitszuständen. In dieser Phase tritt häufig auch eine ungewöhnliche Krebserkrankung auf, das Kaposi-Sarkom. Die Haut zeigt hierbei eine starke punktuelle Verfärbung.

Da es gegen AIDS heute noch keine ursächliche Behandlung über Impfung gibt, liegt die Sterberate (= Letalitätsrate) der Personen im vierten Stadium bei 100 %.

Die Behandlung der Patienten, bei denen die HIV-Infektion ausgebrochen ist, reicht von einer Bearbeitung der Symptome bis hin zu Maßnahmen für eine gesündere Ernährung und Lebensführung.

Die Problematik der Behandlung und der Betreuung auf sozialer und psychischer Ebene sollte mit der weiterführenden Literatur vertieft werden.

---

1. Erarbeiten Sie in Partnerarbeit Gemeinsamkeiten und Unterschiede zwischen Aids und Ihnen bekannten anderen Infektionskrankheiten.

2. Informieren Sie sich (Gesundheitsamt, Fachlehrer, Fachliteratur) über die Möglichkeiten des AIDS-Tests (wo, wie läuft er ab, wer zahlt ihn?).

■ **Inkubationszeit** ■ **akute Phase** ■ **opportunistische Erkrankungen** ■ **Sterberate (Letalitätsrate)** ■ **Aids-Vollbild**

2.3.4 Kinder mit HIV-Infektion

Ein besonderes Problem stellen Kinder mit HIV-Infektion dar. Diesen Kindern, dem Umgang mit ihnen und ihren Angehörigen muss unsere besondere Aufmerksamkeit gelten. Aus diesem Grund soll im folgenden Abschnitt die Situation der Kinder hinsichtlich ihrer Erkrankung und ihrer sozialen/psychischen Probleme aufgegriffen werden.

Zu Beginn der Infektionsausbreitung trafen zwei AIDS-Risiken auch auf Kinder zu, nämlich Bluter und/oder Blutspendeempfänger zu sein. Diese beiden Gruppen machten zunächst den größten Teil der HIV-infizierten Kinder aus. Hier steigen die Zahlen nicht mehr an.

Ganz anders ist dies bei einer dritten Gruppe von Kindern, die vom AIDS-Virus bedroht sind, den neugeborenen Kindern infizierter Mütter.

Bei den erkrankten Kindern, v. a. bei den Säuglingen, fehlen die „klassischen Symptome" der erkrankten Erwachsenen fast vollständig.

Die Behandlung wird erschwert, da das Immunsystem noch nicht seine vollständige Abwehrfähigkeit erreicht hat und Infektionskrankheiten in diesem Alter häufig anzutreffen sind.

Folgende Krankheitsbilder stehen bei den kleinen Patienten im Vordergrund: Hirnhaut-, Lungenentzündung, Herzerkrankungen, Entwicklungsstörungen und länger andauernder Gewichtsstillstand.

2

Für die erkrankten Kinder ergibt sich die fatale Situation, dass sie durch jede Infektionskrankheit bedroht werden und jede auftretende Infektion unverzüglich mit z. T. massiven chemischen Präparaten behandelt werden muss. Besonders belastend ist darüber hinaus die Gefahr der sozialen Isolation und psychischen Vereinsamung, da der Alltag dieser Kinder durch häufige Klinikaufenthalte geprägt ist. Neben dem Leid der Erkrankung müssen die Kinder große psychische Belastungen und Ängste bewältigen. Häufig wird HIV-positiven Kindern in ihrem täglichen Umfeld mit Vorurteilen begegnet. Aus Angst vor Ansteckung werden sie in der Schule oder in Einrichtungen des Elementarbereichs oft von gemeinsamen Aktivitäten ausgeschlossen. Sie finden kaum Freunde, da die Eltern gesunder Kinder oftmals aus Unkenntnis jeden Kontakt unterbinden.

Der normale Umgang infizierter und gesunder Kinder miteinander beinhaltet keine Risiken. Infektionsgefahren (z. B. im Sportunterricht) kann im Einzelfall durch besondere Maßnahmen entgegengewirkt werden.

Jeder, der in sozialpädagogischen Einrichtungen arbeitet, sollte hier durch Sachkompetenz und Empathie vermittelnd, aufklärend und integrativ wirken.

Durch die Inhalte „Umgang mit schwerer Krankheit" und „Umgang mit dem Tod" ist die Grenze des Fachbereiches erreicht. „An-Grenzen-Stoßen" kann heißen „Hilfe holen". Für den Erzieher sind es Anregungen aus weiteren Fachdisziplinen. Diese Thematik kann nur fächerübergreifend erarbeitet werden.

„Hilfe holen" kann auch für ein Team aktuell werden, wenn es darum geht, zu diesem Themenkomplex in die Elternarbeit einzusteigen. Eine Erzieherklasse der Fachschule Sozialpädagogik in Wissen/Sieg (1995) hat im Rahmen einer Projektarbeit zum Thema AIDS diesen Sachverhalt genauer hinterfragt und ist zu folgenden Ergebnissen gekommen:

Wir halten eine regelmäßige, präventive Elternarbeit für notwendig (z. B. an jedem 1 Dezember zum Welt-AIDS-Tag). In Vorbereitung auf diese Elternabende sollten Eltern die Gelegenheit haben Ängste, Unsicherheiten und Fragen einzubringen. Diese sollten nach Möglichkeit anonym bearbeitet werden, um so den Eltern das Gefühl der Diskretion zu vermitteln. Die Elternabende sollen zur Information, Aufklärung und zum Angstabbau dienen. Dabei halten wir es auch für wichtig, dass die Abende, neben möglichen Referenten, mit den Eltern gemeinsam erarbeitet werden.
Eine gute Möglichkeit der Elternarbeit sehen wir darin, im Kindergarten einen „Kummerkasten" aufzuhängen. So haben die Eltern das ganze Jahr über Gelegenheit, ihre Anliegen anonym mitzuteilen.

HA
2, 3, 4, 5

Da für AIDS keine Meldepflicht gegenüber einer Behörde besteht und Erzieher der Schweigepflicht unterliegen, sollten Erzieher eine vertrauensvolle Anlaufstelle für Rat suchende Eltern sein. Aus diesem Grund ist eine intensive Auseinandersetzung mit dem Thema AIDS für alle Teammitglieder notwendig. Erzieher sollten in der Lage sein, Eltern Kenntnisse zu vermitteln, in der Nähe befindliche Beratungsstellen zu nennen und Eltern bei Bedarf dahin zu begleiten.

■ **Bluter** ■ **Blutspendeempfänger** ■ **HIV-infizierte Kinder** ■ **kindliches Immunsystem** ■ **Infektionskrankheit** ■ **soziale Isolation** ■ **psychische Vereinsamung** ■ **Vorurteile** ■ **Hilfe holen** ■ **präventive Elternarbeit** ■ **Schweigepflicht** ■ **Meldepflicht** ■ **Offenheit und Toleranz**

AIDS – Was geht mich das an? I **43**

2

Handlungsauftrag 1

Entwickeln Sie einen Fragebogen zu (un-)möglichen Übertragungswegen für HIV aus unserem zwischenmenschlichen Alltag. Führen Sie damit eine Fragebogenaktion in Ihrer Schule durch, werten Sie sie anschließend aus und dokumentieren/diskutieren Sie die Ergebnisse.

Handlungsauftrag 2

Der 1. Dezember eines jeden Jahres ist der Welt-AIDS-Tag. Diskutieren Sie in Ihrer Gruppe den Sinn der Einrichtung solcher besonderen Tage. Überlegen Sie dabei auch, wie/ob solche Tage besonders gestaltet werden müssten. (Nutzen Sie hierfür auch Kontakte zu Selbsthilfegruppen/ Jugendamt in Ihrer Nähe.)

Handlungsauftrag 3

Bereiten Sie sich als Kleingruppe auf einen Elternabend mit dem Thema: „AIDS – Was geht das mich an?" vor. Welche Schritte gehen Sie, welche Kenntnisse müssen Sie sich aneignen? Halten Sie Ihre Planung schriftlich fest. Vergleichen Sie Ihre Inhalte mit denen der anderen Kleingruppen.

Handlungsauftrag 4

Kleingruppenarbeit: Beurteilen Sie Bilderbücher Ihrer Bibliothek auf mögliche Einsetzbarkeit zu den Inhalten AIDS, Krankheit, Tod. Beachten Sie hierbei unbedingt auch die Angaben der weiterführenden Literatur.
Erstellen Sie vorweg Kriterien, nach denen Sie bei der Beurteilung vorgehen.

Handlungsauftrag 5

Rollenspiele ermöglichen es, durch zeitweiliges Hineinschlüpfen in eine andere Rolle, ein Problem aus einer anderen Sichtweise kennen zu lernen und die eigene Position kritisch zu hinterfragen.
Folgende Problemstellung soll in Form eines Rollenspiels bearbeitet werden:
Michael (4) ist HIV-positiv, die Erkrankung ist noch nicht ausgebrochen. Zwei Elternpaare aus dem Kindergarten wollen trotzdem seine Ausweisung erreichen.
Folgende Rollen sind zu besetzen: Elternpaare, Eltern von Michael, Leiter der Einrichtung, Gruppenleiter von Michaels Gruppe.
Weitere Rollen können verteilt werden; ungeübte Gruppen sollten eher im kleineren Kreis spielen. Treffen Sie nur noch unbedingt notwendige Absprachen. Zur Sicherheit können Rollen doppelt besetzt werden, so dass jederzeit Hilfestellung gegeben werden kann. Bestimmen Sie aus der Restgruppe für jede Rolle einen Beobachter, der die zu beobachtende Person z. B. unter einer bestimmten Fragestellung beobachtet (wie sicher sind die Argumente, die angeführt werden? ...). Werten Sie das Rollenspiel danach unbedingt aus (z. B. hinsichtlich Rolle, Inhalte, Verlauf).

Literatur

AOK-Broschüre:	AIDS-bewusster leben – bewusster lieben, Frankfurt, 1994
Bogner, Schirin u. a.:	Ich wollte hundert Jahre alt werden, Lübbe, 2000
Hetz, Siegfried:	Befund positiv, Springer, 2003
Ford, Michael T.:	Viren sind nicht wählerisch, DTV, 1999
Klippert, Heinz:	Methodentraining, 3. Auflage, Weinheim, Beltz-Verlag, 1995
Kübler-Rass, Elisabeth:	Herausforderung zur Menschlichkeit, Droemer/Knaur, 2001
Weinrich, Sonja:	AIDS – eine Krankheit verändert die Welt, Lembeck, 2003

2

Bilderbücher

Ellermann, Heike: Der rote Faden, Lappan, Oldenburg, 1992

Reuter, Elisabeth: Christian, Ellermann Verlag, München, 1989

Varley, Susan: Leb wohl, lieber Dachs, Annette Betz Verlag, München, 1984

AIDS-Hilfeorganisationen (Stand 2007)
– Bundesverband: Deutsche AIDS-Hilfe e. V., Dieffenbachstr. 33, 10967 Berlin, Tel. 0 30/6 90 08 70
– Regionale AIDS-Hilfen: AIDS-Hilfe Frankfurt e. V., Friedberger Anlage 24, 60316 Frankfurt, Tel. 0 69/4 05 86 80
– AIDS-Hilfe Köln e. V., Beethovenstr. 1, 50674 Köln Tel. 02 21/20 20 30

– AIDS-Hilfe Koblenz e. V., Löhrstr. 53, 56068 Koblenz, Tel. 02 61/1 66 99

2.4   Umweltbedingte und psychosomatische Krankheiten

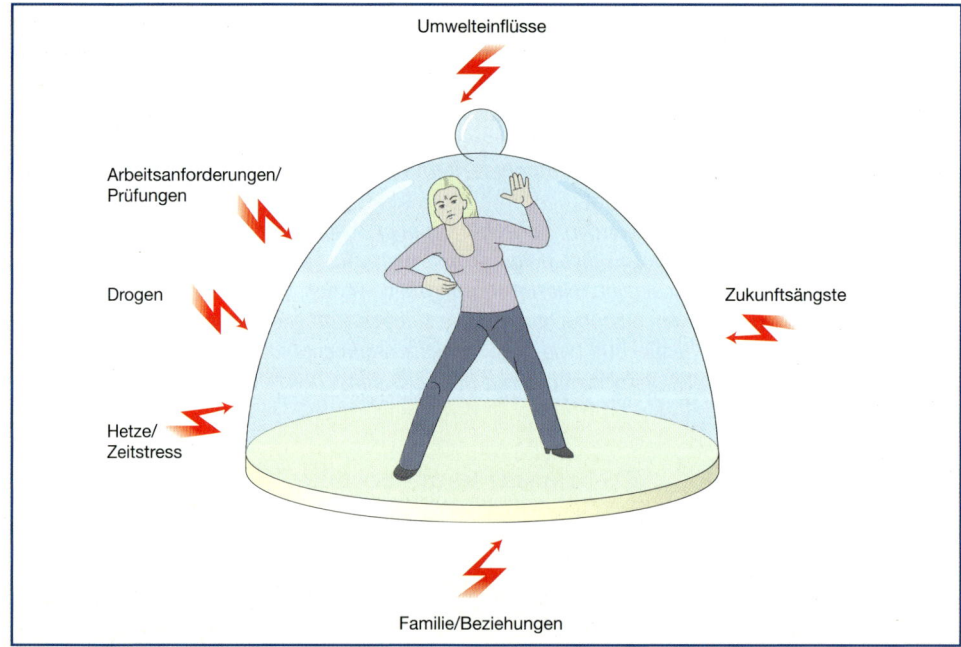

1. *Arbeiten Sie die Aussage dieser Abbildung in Partnerarbeit schriftlich heraus.*

2. *Vergleichen Sie diese Aussage mit dem Inhalt der Abbildung „Die persönliche Gesundheit und ihre Abhängigkeiten" (s. Kap. 2, S. 21).*

2.4.1 Problemstellung

Die Problemstellung bezieht sich auf zwei Bereiche. Einmal ist es die zunehmende Bedrohung, die von diesen Erkrankungen ausgeht, zum anderen muss die Schwierigkeit angesprochen werden, exakte Ursachen für viele dieser Erkrankungen zu finden. Sie sind aber letztlich notwendig, um die Behandlung erfolgreich durchzuführen.

Wir unterliegen derart vielen Einflüssen aus „der Umwelt, der Mitwelt und des Selbst" (Gropengießer/Schneider, 1990), dass eine getrennte Betrachtung der einzelnen Einflussfaktoren unrealistisch wäre. Somit ist es schwierig, eine exakte Trennung zwischen umweltbedingten und psychosomatischen Krankheiten vorzunehmen. Betrachten wir als Beispiel eine allergisch bedingte Erkrankung, so ist eindeutig zu erkennen, dass die allergieauslösenden Stoffe (z. B. Pollen) umweltbedingt sind. Des Weiteren muss aber auch eine mögliche psychische Belastung berücksichtigt werden, die das Entstehen einer Allergie erleichtern/fördern kann.

Im Vergleich zu Erwachsenen mit einem fertig ausgebildeten Organismus haben Kinder ein zusätzliches Problem. Sie sind nicht nur vielen Angriffen auf ihre Gesundheit ausgesetzt, sondern körperlich anfälliger. Sie atmen, essen, trinken mehr und haben, im Verhältnis zu ihrem Körpergewicht, eine etwa doppelt so große Hautoberfläche wie Erwachsene. Entsprechend gesteigert ist die Schadstoffmenge, die auf und in ihren Körper gelangt. Zudem sind ihre inneren Organe und ihr Immunsystem nicht ausgereift. Trotzdem verfügen sie über eine beneidenswerte Konstitution und sind seltener krank als Erwachsene.

Die BRD weist eine der niedrigsten Säuglingssterblichkeitsraten weltweit auf. Wenn also die Rahmenbedingungen stimmen (z. B. Hygieneschutz, medizinische Versorgung), ist der Nachwuchs robust genug, viele Gefahren zu überstehen. Diesen Bonus verspielen wir allmählich. Unsere Lebensweise, die Umweltverschmutzung, unsere Familienpolitik, unsere gesellschaftlichen Ansprüche machen unsere Kinder (und uns) in steigendem Maß körperlich und seelisch krank. Allergien, chronische Erkrankungen (z. B. Neurodermitis), unspezifische Symptome (z. B. Bauch- und Kopfschmerz) und Verhaltensstörungen nehmen drastisch zu.

> *Erstellen Sie in Gruppen Mind-Maps zu den Begriffen „Krankheitsbedrohung" und „Umwelteinflüsse". Vergleichen Sie Ihre Inhalte nach Fertigstellung.*
> *Sollten Sie in der Methode des Mind-Maps noch nicht geübt sein, fragen Sie Ihre Fachlehrer oder schlagen Sie in der Fachliteratur nach, z. B. bei Klippert: Methodentraining.*

2.4.2 Umweltbedingte Krankheiten

Bei den in diesem Abschnitt behandelten Krankheiten sind deren Ursachen in erster Linie in der Umwelt zu suchen. Es können nur einige Krankheiten exemplarisch dargestellt werden, so dass zur weiteren Information auf die Fachliteratur verwiesen werden muss.

Wenn der Wohlstand juckt

Die Zahl der Menschen mit allergischen Krankheiten ist heute zehnmal höher als vor 40 Jahren – Mit Erklärungen für den Zuwachs tut sich die Medizin schwerer denn je.

2

Wenn Pollen aggressiv werden

Luftschadstoffe attackieren Pollen und verstärken deren allergene Wirkung. Eine neue Studie aus Österreich erklärt die Mechanismen dieses „toxisch-allergenen Doppelschlags".

Gehirn beteiligt?

Die Zahl der Allergiker steigt von Jahr zu Jahr an: Ca. 8000 Asthmatote pro Jahr und weit über 12 Millionen Pollenallergiker allein in Deutschland sind die Bilanz einer aus den Fugen geratenen Abwehrbereitschaft des Körpers. Neuere Forschungen ergeben: Die überschießenden Köperreaktionen werden vom Gehirn gesteuert.

Pollenalarm

Kaum werden die Tage spürbar länger, fliegen sie schon wieder: Scheinbar harmlose Pollen werden kilometerweit verbreitet und lassen Millionen von leidgeprüften „Heuschnupflern" leiden. Die Nasen triefen, die Augen sind gerötet und verquollen. Jedes Jahr das gleiche Spiel: Mit den ersten Baumpollen geht es bereits Ende Februar los und die letzten Gräserpollen kommen im Spätsommer noch hinzu – eine lange Zeit des Leidens.

Etagenwechsel

Bei vielen Pollenallergikern macht sich im Verlauf der Jahre ein so genannter „Etagenwechsel" bemerkbar: tiefer gelegene Atem- oder andere Organe werden in Mitleidenschaft gezogen und zeigen deutliche allergische Reaktionen. Aus Pollenallergikern können Asthmakranke werden – das Allergieschema ändert sich. Zudem fürchten viele Allergiker die zunehmende Sensibilisierung der befallenen Organe für weitere Infekte wie z.B. Chronische Ohrenentzündungen.

Atemraum für Allergiker

Was Betroffene tun können, um ihre Wohnungen schadstoffarm zu bauen und einzurichten

(Quelle: Süddeutsche Zeitung)

Bei Allergie durch Milben wandern Stofftiere für rund 24 Stunden in die Kühltruhe

Zur Sanierung von Stofftieren von Kindern empfehle sich das Einfrieren der Stofftiere in Tiefkühltruhen für 24 Stunden in regelmäßigen Abständen, unter diesen Bedingungen würden die Milben abgetötet.

(Quelle: Rheinzeitung)

Welche Gruppen von allergieauslösenden Stoffen sind hier bereits auszumachen?

Unter einer Allergie versteht man eine krank machende Überempfindlichkeit gegen meist exogene (= äußere), nicht infektiöse Stoffe (= Allergene). Dabei reagiert der Körper mit einer überschießenden Abwehrreaktion.

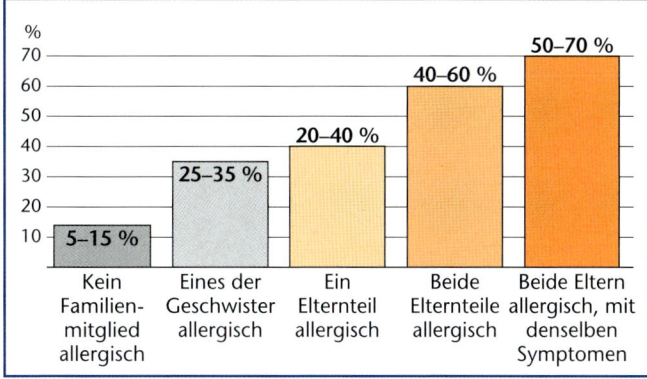

Das ungefähre Risiko eines Neugeborenen, entsprechend der Familiengeschichte eine allergische Erkrankung zu entwickeln

Die allgemeine Allergiebereitschaft hat sich so weit ausgedehnt, dass praktisch jede Substanz, mit der wir direkt oder indirekt in Kontakt treten, eine Allergie auslösen kann (von Pollen über Nahrungsmittel bis hin zu Metallen).

Die Grafik soll deutlich machen, dass die Bereitschaft zu einer allergischen Reaktion vererbt werden kann.

Neben der vererbten Allergiebereitschaft müssen noch andere Ursachen hinzukommen, um den Ausbruch zu provozieren. Dazu können gehören: Infekte der Nase/Nasennebenhöhlen/ Bronchien, ein besonders intensiver Kontakt zu bestimmten Allergenen oder schädigenden Umwelteinflüssen (z. B. Zigarettenrauch in der Umgebung des Kleinkindes) oder/und eine einseitige Ernährung. Als mögliche endogene (= innere) Ursachen müssen auch Belastungen der Psyche (z. B. durch Stress) mitberücksichtigt werden.

Unterscheiden Sie die Begriffe „Allergie" und „Allergen" schriftlich. Verwenden Sie Ihre eigene Formulierung. HA 1

■ **Allergie** ■ **Allergen** ■ **exogene Ursachen** ■ **endogene Ursachen** ■ **vererbte Allergiebereitschaft**

Am Beispiel des Heuschnupfens soll der Ablauf einer allergischen Reaktion in vereinfachter Form dargestellt werden. Dabei kann das Immunsystem des Allergikers nicht mehr zwischen unschädlichen und schädlichen Stoffen unterscheiden. Harmlose Substanzen wie Gräserpollen oder Tierhaare führen zu überschießenden Abwehrreaktionen, bei denen viel mehr Antikörper als benötigt gebildet werden. Sie führen dann aber nicht etwa zu einer Immunisierung, wie wir es bei den Infektionskrankheiten kennen gelernt haben, sondern zu einer Sensibilisierung, d. h. Überempfindlichkeit des Betroffenen bei jedem neuen Kontakt mit dem Allergen.

2

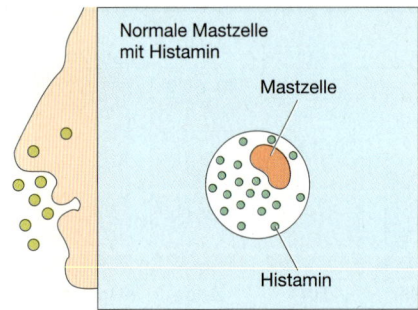

1. Nicht-Allergiker

Mastzellen sind Zellen der weißen Blutkörperchen, die die allgemeinen Abwehrreaktionen im Körper veranlassen. Bei Kontakt mit Pollen erfolgt keine Reaktion auf den Mastzellen.

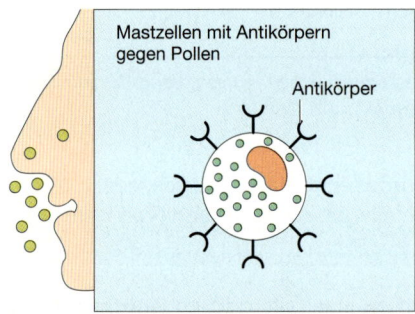

2. Allergisch veranlagter Mensch

Spezielle Antikörper sind bei Kontakt mit Pollen gebildet worden (= Sensibilisierung).

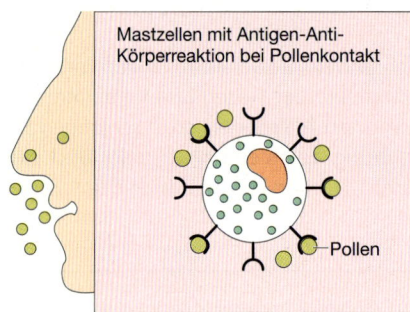

3. Allergiekranker Mensch

Bei erneutem Pollenkontakt erfolgt eine Reaktion der Antikörper auf die Mastzellen mit den eindringenden Pollen.

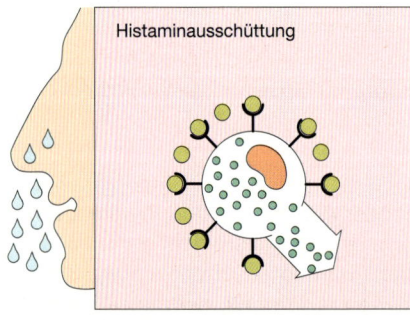

4. Allergische Symptome

Histamin (körpereigenes Gewebshormon) wird aus der Mastzelle ausgeschüttet. Das führt zu Niesanfällen und Fließschnupfen. Histamin als der wichtigste Auslöserstoff ruft nur dann unangenehme Erscheinungen hervor, wenn er in großen Mengen ausgeschüttet wird. Je nach Ort, wo er im Organismus freigesetzt wird, treten die jeweils typischen allergischen Symptome auf.

1. *Erläutern Sie die unterschiedlichen Reaktionsweisen bei einem gesunden und bei einem allergisch veranlagten Organismus nach Kontakt mit einem Allergen.*

2. *Übertragen Sie schriftlich den Ablauf der Stationen 2–4 auf eine Milcheiweißallergie.*

■ **Sensibilisierung** ■ **Histaminausschüttung** ■ **allergische Symptome**

Die folgende Tabelle informiert Sie über die häufigsten Allergiearten mit ihren auslösenden Stoffen und Symptomen:

Allergene	Allergie	Symptome
Schimmelpilze	Asthma, Art der Nahrungsmittelallergie	Durchfallerkrankung, Krämpfe, anfallartige Verengung im Bronchialbereich mit Atemnot
Nahrungsmittel, v. a. Zusatzstoffe (Konservierungsstoffe, Farbmittel, ...), Eiweiß, Kuhmilch, Weizen, Nüsse Fisch, Soja usw.	Nahrungsmittelallergie, Hautekzem (v. a. bei Kleinkindern), Asthma	vielfältig und daher schwer festzustellen: von Abneigung bis zu chronischen und blutigen Durchfällen, krampfartige Bauchschmerzen bis zu Koliken, wiederkehrendes Erbrechen, Anschwellen von Lippen, Zunge, Gaumen, Atemnot, Hauterscheinungen
Medikamente, v. a. Penicilline, einige Schmerzmittel, seltener Impfstoffe, Kamille(!)	Arzneimittelallergie	Asthmaanfälle, Hauterscheinungen
Sonne	Sonnenallergie	Bläschenbildung der Haut, Schockreaktionen
Bienen-, Wespengift	Bienen- und Wespengiftallergie	Juckreiz, Schwellung der Haut, Übelkeit, Hitzewallung, Schluckbeschwerden, Atemnot, allergischer Schock
Metalle, Kosmetika, Kunststoff, Gummi, Spülmittel, Schwermetalle, Farben, Bleichmittel, Haarfarben, Pflanzenschutzmittel und vieles mehr	Kontaktekzeme (v. a. als berufsbedingte Allergien verbreitet)	gereizte Hautstellen zeigen Juckreiz mit Rötung/ Schwellung, nässende Bläschen mit späterer Schuppen- und Krustenbildung (Ausbreitung über den ganzen Körper ist möglich)

Hierbei muss beachtet werden, dass die Liste keinen Anspruch auf Vollständigkeit erheben kann, da jeder Allergiker mit seinem ganz persönlichen „Allergiemuster" auf bestimmte Allergene reagiert.

1. *Erweitern Sie die Tabelle in Ihren Unterlagen im Hinblick auf: Pollen, Kot der Hausstaubmilbe, Hausstaub und Tierhaare.*

   HA 2

2. *Erklären Sie in Partnerarbeit den Begriff „Allergiemuster" am Beispiel einer Nahrungsmittelallergie.*

■ **Allergiemuster** ■ **Heuschnupfen** ■ **Asthma** ■ **Nahrungsmittelallergie** ■ **Kontaktekzem** ■ **Medikamentenallergie**

2

Neurodermitis und Asthma sollen im Bereich der psychosomatischen Krankheiten (s. Kap. 2.4.3) ausführlich behandelt werden. Es handelt sich hierbei nicht um reine Allergien, da vor allem die Beteiligung der Psyche eine Rolle spielt.

Die Behandlung von Allergien ist langwierig und schwierig, da die meisten Allergene häufig in unserem Umfeld zu finden sind.

1. Prophylaktische Maßnahmen

Der Pollenallergiker sollte wissen, gegen welchen Pollen er allergisch reagiert und wann er fliegt (Pollenkalender). Er kann die Erscheinungen mildern, wenn er die Kontakte vermeidet. Dazu gehören: wenig Aufenthalte im Freien in der kritischen Zeit, Türen und Fenster schließen, die Morgenstunden im Freien meiden, da dann die meisten Pollen fliegen, die Zeiten des Regens für Spaziergänge nutzen (pollenarm), keine blühenden Pflanzen im Raum, Honig und Kräutertees mit Vorsicht genießen, da Pollenrückstände auch beim Verschlucken allergische Reaktionen auslösen können, usw.

Bei Hausstaub- und -milbenallergie müssen alle Orte, an denen sich diese Substanzen festsetzen können, besonders kontrolliert/gereinigt oder behandelt werden (s. Milbenbekämpfungsmittel). Dazu gehören vor allem: Teppichböden, Polster, Matratzen, Bettbezüge, dicke Vorhänge, Raufasertapete, Klimaanlagen (Luftzirkulation). Als Hausstauballergiker sollte man das Saugen/Reinigen anderen überlassen, da es dabei zum massiven Allergieschub kommen kann.

Bei einer Haustierallergie ist die einzig wirksame Prophylaxe die Entfernung des Haustieres aus der Wohnung. Bei der Aquarienhaltung sollte bedacht werden, dass Allergien gegen das Fischfutter nicht selten sind.

2. Die Behandlung durch den Arzt

Sollten die oben genannten Maßnahmen nicht ausreichen, kann der Arzt möglicherweise eine Hyposensibilisierung oder Immuntherapie vorschlagen. Hierdurch soll die eingetretene Überempfindlichkeit des Allergikers gegenüber einem oder mehreren Allergenen auf ein erträgliches Maß gesenkt werden. Das Prinzip der Hyposensibilisierung besteht darin, dass man steigende Mengen des Allergens (es muss eindeutig klar sein, welches es ist!) in die Haut eines Oberarms injiziert. Angenommen wird nun die Bildung von so genannten „blockenden Antikörpern", die eine besonders hohe Bindefreudigkeit zum Allergen haben und damit verhindern, dass es zu einer Histaminausschüttung kommen kann.

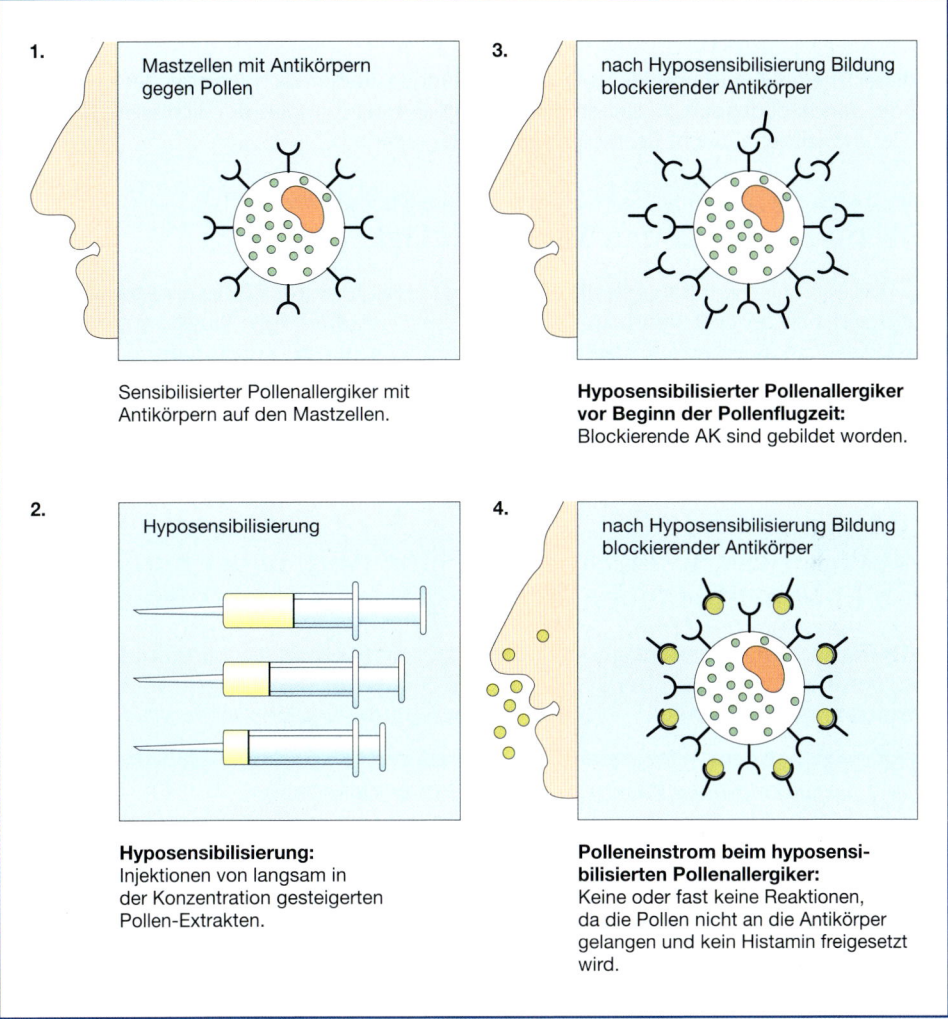

1. Mastzellen mit Antikörpern gegen Pollen

Sensibilisierter Pollenallergiker mit Antikörpern auf den Mastzellen.

2. Hyposensibilisierung

Hyposensibilisierung:
Injektionen von langsam in der Konzentration gesteigerten Pollen-Extrakten.

3. nach Hyposensibilisierung Bildung blockierender Antikörper

Hyposensibilisierter Pollenallergiker vor Beginn der Pollenflugzeit:
Blockierende AK sind gebildet worden.

4. nach Hyposensibilisierung Bildung blockierender Antikörper

Polleneinstrom beim hyposensibilisierten Pollenallergiker:
Keine oder fast keine Reaktionen, da die Pollen nicht an die Antikörper gelangen und kein Histamin freigesetzt wird.

Prinzip der Hyposensibilisierung

Eine weitere Maßnahme des Arztes stellt die medikamentöse Therapie dar, auf die an dieser Stelle nicht weiter eingegangen werden kann (s. weiterführende Literatur).

1. *Vergleichen Sie schriftlich diese Abläufe mit denen des Allergikers ohne Behandlung (s. S. 48).*   HA 3

2. *Diskutieren Sie die alltäglichen Schwierigkeiten eines Allergikers, der z. B. (und das ist nicht selten) gegen Pollen, Haustierhaare und Hausstaub allergisch ist. Welche Auswirkungen hätte dies z. B. auf Ihre Arbeit, wenn ein Kind/Jugendlicher/Mitarbeiter Ihrer Einrichtung derart belastet wäre?*

■ **prophylaktische Maßnahmen** ■ **Pollenallergiker** ■ **Hausmilben** ■ **Hausstauballergie** ■ **Haustierallergie**

2

2.4.3 Psychosomatische Krankheiten

Zu dieser Thematik sind unbedingt Querverbindungen zu den Fachgebieten der Psychologie und der Sonderpädagogik zu ziehen. Die alleinige Betrachtung aus der Sichtweise der Biologie/Gesundheitslehre reicht bei dieser Komplexität nicht aus.

Beratungsstelle „Frauen helfen Frauen": Mit Kreativität gegen die Sucht

Wenn Angst auf den Magen schlägt

Jeden Tag hatte Anna B. Essanfälle und erbrach sich anschließend wieder. Jahrelang. Erst in einer Selbsthilfegruppe lösten sich ihre inneren Verkrampfungen. Nach und nach berichtete sie über ihre Gefühle von Angst, Leistungsdruck, Wut und Enttäuschung.

(Quelle: Rheinzeitung)

Mit Pommes und Pizza den Kummer betäuben

Therapie für esssüchtige Jugendliche / Auch Eltern müssen zur Bertaung

(Quelle: Frankfurter Allgemeine Zeitung)

Eine Welt, in der hungern leichter ist als leben

Magersüchtigen oder bulimischen jungen Frauen zu helfen stellt Therapeuten noch immer vor eine schwierige Aufgabe

(Quelle: Süddeutsche Zeitung)

Essstörungen bei Teenagern haben häufig seelische Ursachen

Psyche geht durch den Magen

(Quelle: Rheinzeitung)

Juckreiz und schuppige Haut mit Verhaltenstherapie lindern

Mainzer erforschen Zusammenhang von Psyche und Neurodermitis

(Quelle: Süddeutsche Zeitung)

Erweitern Sie diese Collage durch eigene Schlagzeilen, Zeitungsausschnitte, Karikaturen usw.

Psychosomatische Erkrankungen (Psyche = Seele, Soma = Körper) umfassen sichtbare organische oder physiologische Veränderungen, die in ihrer Entstehung entscheidend durch die Psyche des Kranken bestimmt sind. Da es hier um Leib und um Seele geht, müssen bei einer Therapie auch beide Anteile „behandelt" werden.

Es gibt keinen besonderen Menschentyp, der häufiger psychosomatisch erkrankt als ein anderer. Allerdings kann der Ort, an dem sich derartige Veränderungen im Körper zeigen, unter Umständen von einer – vererbten – Organschwäche abhängen (z. B. Kopf, Niere, Herz, Magen,

Haut, Atemwege usw.). Egal, an welcher Stelle sie sich äußern, sie entwickeln sich immer in einer aus dem Gleichgewicht geratenen Persönlichkeit.

Um diese Zusammenhänge zwischen Psyche und Soma besser verstehen zu können, ist ein Einblick in das beteiligte Nervensystem (vegetatives Nervensystem) notwendig.

Das vegetative Nervensystem hat die Aufgabe, die lebenswichtigen Funktionen der inneren Organe, der Drüsen zu steuern und das Herz mit zu beeinflussen. Dabei ist es verantwortlich für die Aufrechterhaltung des inneren Zustandes des Körpers unter den wechselnden Belastungen. Die Nerven des vegetativen Nervensystems werden vom Gehirn gesteuert, sind aber in ihrer Arbeit ansonsten vom Willen unabhängig. Sie regulieren die Atmung, die Körpertemperatur, den Stoffwechsel, das Verdauungssystem usw. Hauptvertreter dieses Nervensystems sind zwei Gegenspieler, die sich zu einer sinnvollen Einheit ergänzen. Sie heißen Sympathicus und Parasympathicus.

Der Sympathicus stimuliert die Tätigkeit von bestimmten Organen und ist somit für Anspannung und Stresssituationen zuständig. Der Parasympathicus wirkt hemmend dagegen und sorgt für die nötige Entspannung. Sie sind immer gleichzeitig tätig, als sich ergänzende Akteure mit entgegengesetzten Aufgaben.

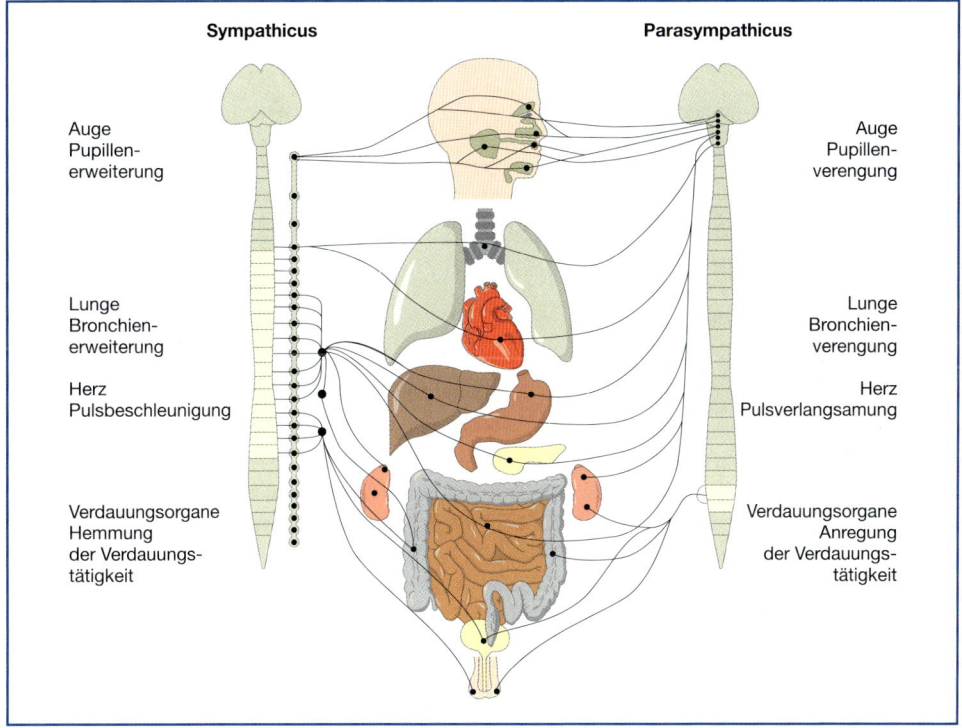

Bei einem plötzlichen freudigen oder erschreckenden seelischen Erlebnis kann der eine oder der andere Vertreter aktiv werden. Diese Äußerungen sind nicht bei jedem Menschen gleich, sie richten sich ganz nach dem Individuum. Dabei spielen auch die vererbten Anlagen eine entscheidende Rolle, z. B.:

- beschleunigter oder verlangsamter Puls,
- Schweißausbruch oder trockene Haut,
- Durchfall oder Verstopfung.

2

1. *Erläutern Sie mit Hilfe des Textes die grafische Darstellung des vegetativen Nervensystems.*

2. *Ermitteln Sie anhand der für Sie typischen körperlichen Reaktionen unter seelischer Anspannung, ob bei Ihnen eher der Sympathicus oder der Parasympathicus überwiegt.*

Die koordinierende Zentrale für die Organfunktion ist das Zentrale Nervensystem (ZNS). Im Gehirn laufen ständig Informationen ein, die von Sinnesorganen aus allen Körperteilen empfangen wurden. Gleichzeitig werden auch Meldungen aus dem Körperinneren registriert und verarbeitet. Die Antwort auf diese Reize (z. B. der Puls muss schneller schlagen) wird dem vegetativen Nervensystem zugespielt. Die beiden Vertreter beeinflussen dann die Organe entsprechend. Andauernde seelische Belastungen (Ärger, Schmerz, schwere Verletzungen) können somit über das vegetative Nervensystem Einfluss auf die inneren Organe bekommen. Alle Reaktionen, die den Körper aus seinem Gleichgewicht bringen, bezeichnet man als Stress, während die auslösenden Faktoren (z. B. Terminfülle, Prüfungen) Stressoren heißen.

Stress ist dabei nicht gleich Stress:

Familie – Kindergarten/Heim – Schule/Beruf – Straßenverkehr – Freunde – ...

Wut – Aggressionen – Angst – Unsicherheit – Belastung – Ärger – Frust – Schmerz – Trauer ...

Eustress ← **Stress** → Distress (=- Dauerstress)

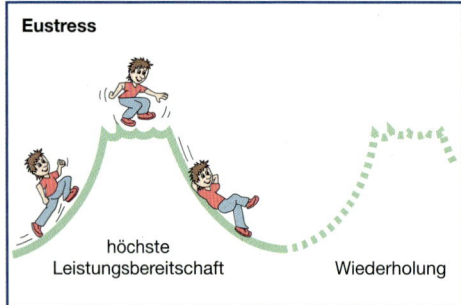

Eustress

höchste Leistungsbereitschaft — Wiederholung

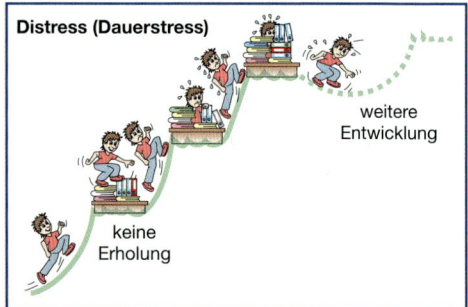

Distress (Dauerstress)

weitere Entwicklung

keine Erholung

Durch eine genau abgestimmte Adrenalinausschüttung (Stresshormon) sind wir wach, aktiv, in hohem Maß in der Lage, den Anforderungen gerecht zu werden.

Durch eine permanent hohe Adrenalinausschüttung wird in unserem Körper eine Kettenreaktion ausgelöst: Herzschlag steigt, Muskeln sind stärker durchblutet, die Blutgerinnung erhöht, Blutdruck steigt, Organversorgung gedrosselt usw.

Werden die Energiereserven, die in Stresssituationen zur Verfügung gestellt werden, nicht durch Muskeltätigkeit (z. B. Sport nach anstrengendem Tag) verbraucht und stehen nach einer Stresssituation nicht genügend Erholungspausen zur Verfügung, kommt es auf Dauer – je nach persönlicher Organschwäche – zu den typischen psychosomatischen Erscheinungen. Diese können dann in Krankheiten übergehen.

1. *Stellen Sie schriftlich den Zusammenhang her zwischen dem auslösenden Stress im Körper und der Forderung nach Muskelarbeit, um den Stress abzubauen. Welche Folgerungen ziehen Sie für sich daraus?*

2. *Kinder/Jugendliche erleben Stress in den beiden Formen genau wie Erwachsene. Übertragen Sie in Partnerarbeit beide Karikaturen (s. o.) auf Situationen, die für Kinder/Jugendliche typisch sind. Erläutern Sie Ihre Gedanken schriftlich.*

3. *Diskutieren Sie anhand einer bei Ihnen bestimmten typischen Stresssituation die positive Wirkung des Eustress im Vergleich zum Distress. Welche Erkenntnis/Maßnahme ergibt sich daraus für Sie in einer künftigen ähnlichen Situation?*

■ **Psychosomatik** ■ **Organschwäche** ■ **vegetatives Nervensystem** ■ **Sympathicus** ■ **Parasympathicus** ■ **Gegenspieler** ■ **Stress** ■ **Stressoren** ■ **Adrenalin** ■ **Eustress** ■ **Distress**

Für Kinder ist es dabei viel schwerer als für Erwachsene, traumatischen Situationen zu entgehen. Sie sind ihnen vielfach hilflos ausgeliefert (z. B. Scheidung der Eltern). Für Kinder ist es kaum möglich, traumatische Eindrücke zu filtern, zu bewerten, zu verarbeiten. Für Kinder ist vor allem die „Organsprache" das Ventil (z. B. Einnässen, Einkoten, Übelkeit).

Die folgende Liste ermöglicht nur einen Einblick in die Vielfalt von möglichen „Organsprachen" als psychosomatische Erkrankungen:

Magen-Darm-Trakt	Einnässen, Einkoten, Durchfall, Verstopfung, Bauchschmerz, Magengeschwür, Erbrechen usw.
Haut	Allergien, Neurodermitis
Atmung	Infekte, Asthma, Pseudo-Krupp
Kopf	Kopfschmerz, Migräne
Verhalten	Suchterkrankungen, Essverhaltensstörungen (z. B. Magersucht = Anorexia nervosa, Fettsucht = Adipositas)

Erläutern Sie schriftlich, was man in diesem Zusammenhang unter „Organsprache" versteht.   HA 4, 5

Im Folgenden können nur einige Erkrankungen exemplarisch angesprochen werden. Bei weitergehendem Interesse muss auf die angeführte Fachliteratur verwiesen werden.

2

Neurodermitis (endogenes, chronisches Ekzem)

Bereits in unserer Umgangssprache finden wir viele Hinweise darauf, dass „die Haut der Spiegel der Seele" ist:

- Etwas geht uns unter die Haut.
- Wir werden blass vor Neid.
- Wir erröten vor Wut.
- Wir schwitzen vor Angst.
- Wir bekommen eine Gänsehaut.

Die Haut als unser größtes Organ zeigt, wie es uns wirklich geht.

Bei der Neurodermitis handelt es sich um eine angeborene, überstarke Reaktion der Haut auf verschiedene äußere und innere Reize. Dabei kann die Beeinträchtigung je nach Störung unterschiedlich sein.
In dem Wort Neurodermitis steckt zum einen der Wortteil Neuron (= Nerv) und zum anderen Dermitis (= Hautentzündung).

> *Erklären Sie mit Hilfe der Fachliteratur die weiteren Bezeichnungen endogenes und chronisches Ekzem.*

Zu den Ursachen gehören:

- eine erbliche Störung der Hautfunktion als körperliche Grundlage für die Krankheit
- eine allergieähnliche Überempfindlichkeit gegen verschiedene Störfaktoren, die jeweils die Krankheit auslösen:
- äußere Reize wie z. B. Seife, Nahrungsmittel
- innere Reize wie seelisches Ungleichgewicht → Stressproblematik

Diese Faktoren sind beim Neurodermitiker stets gemeinsam vorhanden. Hier wird besonders deutlich, wie sich Psyche und Körper gegenseitig beeinflussen:

Psychische Spannung kann einen Ekzemausbruch verursachen; das starke Jucken wiederum fördert die allgemeine Reizbarkeit des Erkrankten. Beide Faktoren beeinflussen sich ständig, so dass Ursache und Wirkung nicht mehr trennbar sind.
Das Krankheitsbild sieht so aus, dass trockene Hautstellen mit flächenhaft geröteten, stark juckenden Bereichen mehr oder weniger über den Körper verteilt sind. Bevorzugte Bereiche sind Handgelenke, Kniekehlen, Ohren und Kopf. Später werden diese Stellen mit trockenen Schuppen und dann mit Hornhaut bedeckt. Der Juckreiz kann sich bis zum Juckkrampf steigern, so dass der Erkrankte sich so lange kratzen muss, bis Blut fließt. Der Verlauf erfolgt schubweise. Häufig findet man gleichzeitig Asthma (25 %) oder Heuschnupfen (20 %).
Für den Umgang mit den Erkrankten ist es wichtig zu wissen, wie belastbar sie im Alltag sind (in Kindergarten, Heim, Schule, Beruf, Familie usw.).
Der Juckreiz wirkt störend, und gerade Kinder sind dann unruhig und weinerlich. Der Zwang zum Kratzen ist unwiderstehlich und oft unkontrollierbar. Ermahnungen helfen hier wenig. Ablenkung – falls dies möglich ist – ist jetzt eher angebracht.

Bisweilen platzt die Haut zu schmerzhaften Rissen auf. Der Schlaf ist in dieser Phase oft gestört. Beim Aufblühen des Ekzems kann sich die Haut wie verbrannt anfühlen und ist extrem berührungsempfindlich. Gerade Kinder fühlen sich nun schwer krank. Sonnenbestrahlung belastet die Haut zusätzlich und sollte vermieden werden.

Bei der Therapie sollten also Körper und Psyche berücksichtigt werden:

1. Es gilt, Allergene zu vermeiden, z. B. durch Umstellung der Ernährung (z. B. Gerste statt Weizen, Nüsse weglassen, Ziegen- statt Kuhmilch usw.).

2. Die Haut sollte mit leicht temperiertem Wasser, ohne Seife und nicht zu häufig gereinigt werden. Zur Milderung des Juckreizes können Salben angewendet werden.

3. Zur Steigerung der allgemeinen Abwehr können Atemgymnastik, Wechselduschen, Schwimmen, Klimakuren im Hochgebirge und an der See beitragen.

4. Medikamente dienen der reinen Symptombekämpfung, gehen jedoch nicht die Ursachen an, je nach Schwere des Verlaufs sind sie aber notwendig (z. B. Cortison).

5. Das Herausfinden von psychischen Spannungszuständen und Hilfe bei deren Bewältigung sind erfahrungsgemäß die schwierigsten Schritte. Sie erfordern vom Kranken und seiner Familie Offenheit sowie mögliche Therapiebereitschaft.

Zu den pädagogischen Aufgaben von Erziehern/Lehrern gehört v. a. die Integration des Erkrankten in die Gruppe. Dabei ist eine Aufklärung über die Erkrankung der Haut für die anderen Gruppenmitglieder notwendig, damit sich ein unbefangener Umgang entwickeln kann. Für weiter gehende Informationen sollte die spezielle Fachliteratur genutzt werden.

1. *Sie arbeiten mit Jugendlichen im Alter von zehn bis 14 Jahren. Stellen Sie in Partnerarbeit die Fakten zusammen, die für die Gruppe wichtig und verständlich sind, damit sie Karin (zwölf Jahre) mit ihrem endogenen Ekzem besser versteht. Begründen Sie im Anschluss Ihre Auswahl vor der Gruppe.*   HA 6

2. *Stellen Sie ein Frühstück für ein fünfjähriges Kind zusammen, das auf Kuhmilch und daraus hergestellte Produkte ebenso verzichten muss wie auf Kakao, Nüsse, Weizen und Zitrusfrüchte. Nutzen Sie hierfür auch die Fachliteratur.*

■ **Neurodermitis** ■ **endogenes Ekzem** ■ **chronisch** ■ **Überempfindlichkeit**
■ **Juckreiz** ■ **Allergenvermeidung** ■ **Hautpflege** ■ **Abwehrsteigerung**
■ **Integration** ■ **Spannungsabbau**

Asthma

Asthma ist eine Störung der Atemfunktion durch Verkrampfung der Bronchialmuskulatur. Es tritt häufig anfallsweise mit Luftnot und Husten auf.
Zu den vielfältigen Ursachen gehören die erbliche Veranlagung, eine angeborene Organschwäche und Auslöser wie Allergien, Umweltfaktoren, psychische Probleme und Atemwegsinfektionen.
Es gibt unterschiedliche Asthmaformen. Gemeinsam ist ihnen, dass die Anfälle Luftnot mit mehr oder minder starkem Erstickungsgefühl erzeugen. Automatisch atmet der Erkrankte schneller, wobei oft pfeifende Geräusche zu hören sind.

2

Oft wissen die Kranken selber, dass eine spezielle Körperhaltung (nach vorne gebeugt, runder Rücken, aufgestützte Hände) das Atmen erleichtert.

Jeder schwere Anfall kann ohne Behandlung lebensgefährlich sein und wird vom Erkrankten als bedrohlich erlebt.

Zu den möglichen Therapien gehören neben den Medikamenten die Physiotherapie, autogenes Training, Abhärtung (Sauna, Kneipp-Kuren), Infektionsvorbeugung, Allergiebehandlung usw. Die Belastbarkeit im Alltag wird unterschiedlich erlebt. Manche Kinder sind in der anfallsfreien Zeit unbeeinträchtigt. Nach nächtlichen Anfällen sind die Erkrankten tagsüber müde. Bei der Asthmaart, die überwiegend bei körperlicher Anstrengung auftritt, sollten dosierbare Belastungen wie Schwimmen, Rad fahren oder Langlauf gewählt werden. Gerade Kinder sind oftmals sehr auf ihr Kranksein fixiert und neigen dazu, körperliche Beschwerden überzubewerten, da die Anfälle Angst (bis hin zur Todesangst) erzeugen. Durch ungewohnte Anstrengungen, eventuell massiven Kontakt mit Allergenen, kann plötzlich ein Anfall ausgelöst werden. Psychische Probleme sind hier stark an die Schwere des Verlaufs gekoppelt.

Zu den pädagogischen Aufgaben von Erziehern/Lehrern gehört es, die Selbstständigkeit und Selbstverantwortlichkeit zu unterstützen. Das störende Husten sollte toleriert werden, die Gruppe muss zu einer unterstützenden Rücksichtnahme geführt werden.

HA 7

1. Was versteht man im Zusammenhang mit Asthma unter einem „multifaktoriellen Krankheitsbild"? Benutzen Sie ein Lexikon.

2. Erklären Sie, einer Kollegin, wie es zu einem Asthmaanfall kommen kann. Versuchen Sie, frei zu sprechen.

■ **Asthma** ■ **Anfall** ■ **Luftnot** ■ **Therapien** ■ **Belastbarkeit** ■ **pädagogische Aufgaben**

Pseudo-Krupp

Unter der Bezeichnung Pseudo-Krupp, Krupphusten oder Kruppsyndrom werden verschiedene Krankheitsbilder zusammengefasst, die vor allem im (Klein-)Kindesalter zu einer Verengung der oberen Atemwege führen. Sie kommen durch Schwellungen in diesem Bereich zustande.

Leitsymptome sind bellender Husten, pfeifendes Atemgeräusch beim Einziehen der Luft, Heiserkeit, blassgraue Gesichtsfarbe und bläuliche Lippen. Sie treten meist in den Abendstunden oder nachts auf. Hauptverursacher sind vor allem Infektionen und allergisch bedingte Reaktionen der oberen Atemwege. Der Grad der Luftverschmutzung scheint hierbei als Mitverursacher eine nicht unerhebliche Rolle zu spielen. Bei psychisch weniger belastbaren Kindern verläuft die Krankheit intensiver als bei anderen.

Die Therapie richtet sich nach der Schwere des Krankheitsbildes und reicht von Beruhigung (ohne Hysterie!), Anwärmen und Anfeuchten der Atemluft bis hin zur sofortigen Einweisung ins Krankenhaus, wo in schweren Fällen Sauerstoffgabe und Beatmung notwendig sein können. Da es durch Verschleppen der Krankheit immer wieder zu Todesfällen kommt, muss eine Therapie auf jeden Fall einsetzen. Dabei kommt auf die betreuenden Personen (v. a. Eltern) eine Gratwanderung zwischen häuslicher Therapie (mit Beruhigung ohne Überbehütung und Hineinsteigern) und der Entscheidung für den Krankenhausaufenthalt zu. Hierbei ist eine Unterstützung durch den Arzt und das Pflegepersonal notwendig.

Von der Krupp-Krankheit sind Jungen häufiger als Mädchen und übergewichtige Kinder häufiger als schlanke betroffen.

1. *Versetzen Sie sich in die Lage der Eltern eines Krupp-kranken Kindes. Erläutern Sie die Gratwanderung, von der im Text die Rede ist.*

2. *Grenzen Sie dieses Krankheitsbild von der Infektionskrankheit „Keuchhusten" ab (Partnerarbeit). Arbeiten Sie die Notwendigkeit dieser Abgrenzung schriftlich heraus.*

■ **Pseudo-Krupp** ■ **Atemnot** ■ **Infektion** ■ **allergische Reaktion** ■ **Stress** ■ **Überbehütung** ■ **Gratwanderung** ■ **Beruhigung**

Handlungsauftrag 1
Führen Sie in Ihrer Einrichtung eine Befragung hinsichtlich Allergiehäufung, -arten, mögliche Ursachenhäufungen bei den einzelnen Allergiearten ... durch. Werten Sie die Befragung aus.

Handlungsauftrag 2
Erstellen Sie für die Pollenallergiker in einer sozialpädagogischen Einrichtung Ihrer Wahl das Grundraster für einen Pollenflugkalender. Nutzen Sie bei Bedarf die Fachliteratur.

Handlungsauftrag 3
Bereiten Sie in Kleingruppen einen möglichen Elternabend in einer sozialpädagogischen Einrichtung zum Arbeitsthema „Allergien" vor. Bestimmen Sie im Verlauf der Bearbeitung das Thema des Elternabends konkreter. Arbeiten Sie in Ihrer Kleingruppe als Team.

Handlungsauftrag 4
Interpretieren Sie im Zusammenhang mit umweltbedingten und psychosomatischen Krankheiten das Zitat von Max Reinhardt: „Steck deine Kindheit in eine Tasche und renne davon; denn sie ist alles, was du hast."

Handlungsauftrag 5
Erläutern Sie, ob es sich bei den folgenden beiden Karikaturen um psychosomatische Erscheinungen handelt. Argumentieren Sie unter fachlichen Gesichtspunkten.

(Quelle: Haug-Schnabel/Rieger, 1993)

2

Handlungsauftrag 6

Nehmen Sie Kontakt zum Allergiker- und Asthmatikerbund auf.
Informieren Sie sich über Inhalte, Referenten für sozialpädagogische Einrichtungen, über weitere Kontaktmöglichkeiten, z. B. Selbsthilfegruppen.

Handlungsauftrag 7

Testen Sie selber die besondere Sitzhaltung, die es Asthmatikern ermöglicht, während eines Anfalls leichter zu atmen.

Literatur

Allergien

Bruker, Max O.:	Allergien müssen nicht sein, emu, Lahnstein, 2001
Calatin, Anne:	Die Rotationsdiät, Heyne, München, 1994
Flade, Sigrid:	Allergien bei Kindern, in: Kindergarten heute, 5/92
Gropengießer, Ilka/Schneider, Volker (Hrsg.):	Gesundheit. Wohlbefinden, zusammen leben, handeln, Erhard-Friedrich-Verlag, Seelze, 1990.
Unterricht Biologie:	Allergie, Nr. 181, Beltz-Verlag, Januar 1993
Pütz, Jean:	Leben mit Allergien. Wege aus dem Irrgarten, Vgs Verlagsgesellschaft Köln, 2003
Thiel, Claudia:	Der große Trias Ratgeber, Nahrungsmittelallergien, Haug, Heidelberg, 2004
Vithoulkas, Georgos:	Die neue Dimension der Medizin, Wenderoth, Kassel, 2005

Psychosomatische Krankheiten

Haug-Schnabel, Gabriele:	Einnässen – ein Hilferuf, Ravensburger Buchverlag Maier, Ravensburg, 1993
Haug-Schnabel, Gabriele:	Wie Kinder sauber werden können. Was Sie als Eltern wissen müssen, damit das Sauberwerden klappt, Ratingen, Oberstebrink, 2002
Heinl, Hildegund:	Körperschmerz – Seelenschmerz, Kösel, München, 2004
Mucha, Sabine:	Essstörungen erlernen, verstehen, überwinden, Trias, Stuttgart 2004
Reich, Günter:	Essstörungen, Trias, Stuttgart, 2004
Unterricht Biologie:	Psychosomatische Krankheiten, Nr. 85, Beltz-Verlag, September, 1983
Vester, Frederic:	Phänomen Stress, dtv-Sachbuch, München, 1993

2

Pseudo-Krupp

Koletzko, Berthold (Hrsg.):   Kinderheilkunde und Jugendmedizin, Springer, Berlin, 2004

Wörterbuchredaktion des Walter de Gruyter Verlags: Psychrembel klinisches Wörterbuch, de Gruyter, Berlin, 2001

Kontaktadressen

– Allergiker- und Asthmatikerbund e. V., Hindenburgstr. 110, 41061 Mönchengladbach (Ortsverbände in allen größeren Städten)
– Arbeitsgemeinschaft allergiekrankes Kind e. V., Hauptstr. 29, 35745 Herborn (mit Regionalgruppen in fast allen größeren Städten)

2.5   Der Bewegungsapparat und seine Störungen

„Wer sich nicht bewegt, bleibt sitzen … auf seinem Po, seinen Einstellungen oder so."
(frei nach dem Filmtitel des deutschen Vereins für öffentliche und private Fürsorge, Frankfurt/M., 1993)

Diagnose und Behandlung von Schäden des Bewegungsapparates

Diskutieren Sie in Ihrer Gruppe die Problematik, die in dieser Karikatur angesprochen wird.

2.5.1   Abgrenzung und Eingrenzung

Es ist nicht die Aufgabe eines Erziehers, mögliche Schäden des Bewegungsapparates zu diagnostizieren und eventuell sogar durch krankengymnastische Angebote zu beheben. Das gehört in die Hände von Fachleuten, z. B. Ärzten und Krankengymnasten. Dieses Kapitel muss sich somit darauf beschränken, anatomische Grundlagen zu schaffen, Ursachen für Schäden des Bewegungsapparates abzuklären und exemplarisch krankhafte Veränderungen aufzuzeigen. Eine enge

2

Kooperation mit dem Unterrichtsfach Bewegungserziehung ist an dieser Stelle unerlässlich. Erst die Kenntnisse aus beiden Fachgebieten zusammen ermöglichen es hier, unterstützend und prophylaktisch zu arbeiten. Dazu gehört – wie auch im Kapitel 6 in Bezug auf Suchtverhalten ausgeführt – der Aufbau eines vertrauten Verhältnisses zum eigenen Körper. Der Einzelne soll dadurch in die Lage versetzt werden, sensibel für die Signale des Körpers zu werden und somit eigenverantwortlich handeln zu lernen. Die Handlungsaufträge 1–5 zielen darauf ab.

Der Bewegungsapparat umfasst einen aktiven Teil – die Muskulatur – und einen passiven Teil – das Skelett, bestehend aus Knochen. Nur durch das funktionierende Zusammenspiel beider Bereiche sind unsere differenzierten Bewegungen und das Aushalten enormer Belastungen möglich: Wenn Sie mit beiden Händen ein Buch ergreifen, sind 54 Knochen und 80 Muskeln in Gang gesetzt.

Trotz der Symbiose von Muskeln und Knochen muss deren Betrachtung im Folgenden separat erfolgen, da sich beide sowohl im Bau als auch in der Physiologie völlig voneinander unterscheiden.

2.5.2 Ursachen von Veränderungen des Bewegungsapparates

Neben angeborenen Schäden, wie wir sie z. B. beim Down-Syndrom mit dem erniedrigten Muskeltonus oder beim Klumpfuß (Drehung der Fußsohle nach oben) finden, ergibt sich eine Vielzahl der Veränderungen im Verlauf des Heranwachsens. Die folgende Auflistung kann hier nur exemplarisch erfolgen:

- allgemeiner Bewegungsmangel, zu langes Sitzen
- falsches Schuhwerk (zu eng, zu klein, zu groß, zu steif)
- zu seltenes/gar kein Barfußlaufen
- nicht angepasste Tische und Stühle
- falsches Tragen von Lasten
- zu zeitiges Tragen von Lasten (z. B. Schultaschen)
- zu weiche/durchgelegene Matratzen
- schnelles Wachstum
- zu frühes Hinsetzen des Säuglings

Begründen Sie schriftlich mit Ihrem derzeitigen Wissensstand, warum jede dieser Ursachen langfristig zu Veränderungen des Bewegungsapparates führen kann.
Ergänzen Sie Ihre Antworten, nachdem Sie das gesamte Kapitel 2.5 durchgearbeitet haben.

2.5.3 Die Muskulatur und ihre Veränderungen

Etwa 600 einzelne Muskeln stützen und bewegen die Knochen. Die Muskeln setzen über Sehnen an den Knochen an. Dadurch wird die Muskelkraft auf den Knochen geleitet und Bewegung ermöglicht. Gut tastbar und damit leichter nachvollziehbar ist dies am Beispiel des Wadenmuskels, der über die Achillessehne am Fersenbein ansetzt. Das Heben der Ferse bis zum Zehenspitzengang wird dadurch ermöglicht.

2

> *Begründen Sie, warum die Muskulatur als aktiver Bewegungsapparat bezeichnet wird.*

Voraussetzungen für eine ordnungsgemäße Muskelarbeit, die die Knochen stützt, sie bewegt und schützt, sind:

- die Kontraktionsfähigkeit (= das Zusammenziehen),

- die Relaxierungsfähigkeit (= die Erschlaffung),

- der Ruhetonus oder Muskeltonus (= die Grundspannung, die auch in Ruhe immer in einem Muskel vorhanden sein muss).

Durch den Ruhetonus ist es dem Muskel möglich, sich bei Bedarf ausreichend schnell und stark zusammenzuziehen. Dadurch ist auch die aufrechte Haltung des Körpers überhaupt erst möglich. Die Nackenmuskulatur verhindert so z. B., dass der Kopf beim Sitzen nach vorne kippt. Die folgenden Krankheitsbilder zeigen auf, was bei einem zu niedrigen bzw. zu hohen Muskeltonus passiert. Außerdem wird auf eine allgemeine Muskelschwäche eingegangen. Als Erkrankungsorte sind der Gesamtkörper und speziell Füße und Hände angesprochen.

1. Menschen mit so genanntem **schlaffen Muskeltonus**, wie er z. B. auch beim Down-Syndrom zu finden ist, haben je nach Stärke der Ausprägung Schwierigkeiten im Bewegungsablauf. Bei Säuglingen kann es dazu führen, dass die Phasen des „Kopfhochstemmens", des „Krabbelns und Kriechens" gar nicht oder unvollkommen möglich sind. Somit ist in der Folge auch das „Gehen-Lernen" gefährdet. *HA 6*
Hier kann die Aufgabe des Erziehers nur darin bestehen, in Zusammenarbeit mit Fachleuten besprochene Übungen bei Bedarf begleitend durchzuführen.

Die folgende Abbildung informiert Sie speziell über die Lage unserer Haltemuskulatur. Bewegungs- und Organmuskeln sind hier aus Übersichtsgründen weggelassen.

2. Eine **Erhöhung des Muskeltonus** kann bis zum Spasmus führen. Darunter versteht man abnorme Kontraktionen von ganzen Muskelgruppen, die plötzlich und unwillkürlich, z. B. bei einem epileptischen Anfall, auftreten.

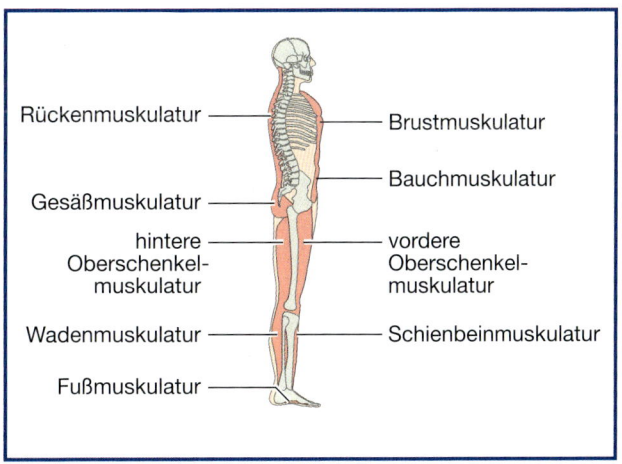

3. Eine **pathologische (= krankhafte) Kontraktion**, auf die hier ebenfalls nur kurz eingegangen werden kann, ist der Tick. Es handelt sich um eine stereotype, sich wiederholende, nicht-rhythmische Bewegung. Betroffen sind in erster Linie die Augen- und Stirnregion. Meist erfolgen die Kontraktionen automatisch, selten sind sie willkürlich beeinflussbar. Ticks treten häufig begleitend bei psychiatrischen Erkrankungen oder kindlichen Entwicklungsstörungen auf. Daher ist an dieser Stelle die Querverbindung zum Unterrichtsfach Sonderpädagogik anzuraten.

4. Finden sich **Bindegewebs- und Muskelschwäche** speziell im Bereich der Fußmuskulatur, zeigen sich als Fußveränderungen u. a. der Platt-, der Spreiz- und der Knickfuß.

Anhand von Fußabdrücken sind Spreiz- und Plattfuß gut zu erkennen:

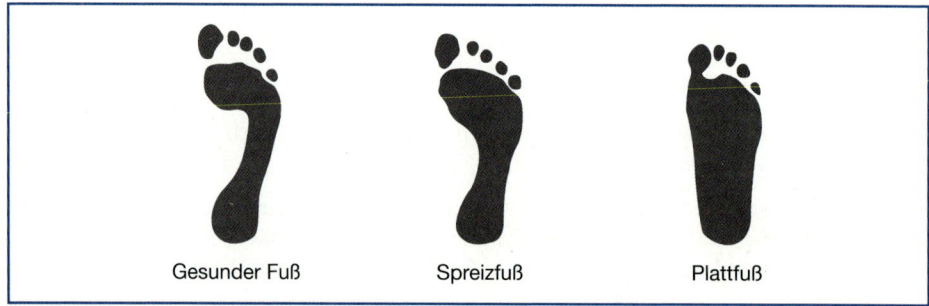

Gesunder Fuß   Spreizfuß   Plattfuß

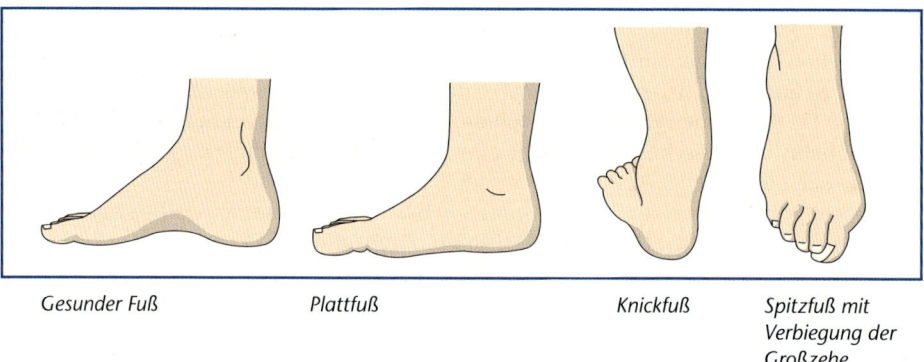

Gesunder Fuß   Plattfuß   Knickfuß   Spitzfuß mit Verbiegung der Großzehe

Beim **Plattfuß** hat sich das Längsgewölbe nicht ausgebildet oder ist nach Ausbildung wieder eingebrochen. Normalerweise bildet es sich automatisch durch die Fußmuskeln.

Der **Spreizfuß** zeigt neben einer undeutlichen Zehenauflage oftmals eine Verbiegung der Großzehe.

Der **Knickfuß** ist im Sprunggelenk nach außen abgeknickt. Beim Gehen wird hauptsächlich die Innenseite der Fußrandes belastet.

5. Eine **Muskelschwäche** kann ebenfalls den Bereich der Handmuskulatur betreffen. Ein festes und damit sicheres Zugreifen, Hochziehen, Festhalten usw. sind kaum möglich. Dies kann sogar dazu führen, dass sich Schwierigkeiten beim Schreiben-Lernen ergeben. Jede krankhafte Veränderung der Muskulatur führt dazu, dass bestimmte Teilbereiche ausfallen, die Entwicklung an dieser Stelle stagniert und/oder andere Körperteile mehr Belastung übertragen bekommen. Letzteres wird oftmals erst nach Jahren auffällig, z. B. durch schnelle Ermüdung, Schmerzen oder sogar anatomische Veränderungen (= Schonhaltungen werden eingenommen). Eine rechtzeitige Behandlung durch Fachleute (Orthopäden) ist somit dringend erforderlich.

2

2.5.4 Das Skelett und seine Veränderungen

Die Knochen, aus denen das Skelett zusammengesetzt ist, machen den passiven Teil des Bewegungsapparates aus. Sie können sich selbst nicht bewegen, erfüllen aber vielfältige Funktionen:
- Sie geben dem Körper seine Form und stützen ihn,
- sie schützen Organe,
- sie sind Orte der Blutbildung,
- sie sind die Ansatzstellen für Muskeln und Sehnen.

Unser Skelett gliedert sich in:
- Schädel,
- Achsenskelett mit Wirbelsäule, Brustbein und Rippen,
- Extremitätengürtel mit Schulter- und Beckengürtel,
- Extremitäten mit Armen und Beinen.

Dabei kommt der Flexibilität der Wirbelsäule eine große Bedeutung zu. Sie hat die Aufgaben, den Körper zu stützen, den Kopf zu tragen, Druck und Stöße abzufedern, Lasten zu heben und den Körper aufrecht zu halten. Rücken-, Bauch- und Gesäßmuskulatur wirken hierbei unterstützend.

Um den Aufgaben nachzukommen zeigt die Wirbelsäule eine natürliche Krümmung in Form eines doppelten S:

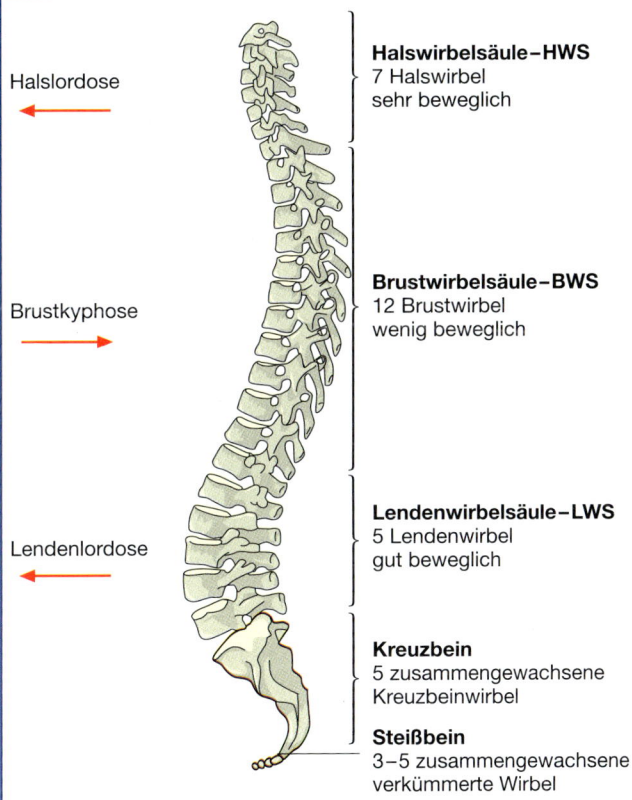

Halslordose

Halswirbelsäule–HWS
7 Halswirbel
sehr beweglich

Brustkyphose

Brustwirbelsäule–BWS
12 Brustwirbel
wenig beweglich

Lendenlordose

Lendenwirbelsäule–LWS
5 Lendenwirbel
gut beweglich

Kreuzbein
5 zusammengewachsene
Kreuzbeinwirbel

Steißbein
3–5 zusammengewachsene
verkümmerte Wirbel

Die Krümmung nach vorne bezeichnet man als Lordose, nach hinten als Kyphose.

Bringen Sie die Inhalte dieser Abbildung in Textform.   *HA 7*

2

Veränderungen dieser natürlichen Krümmungslinie bezeichnet man als Haltungsschäden. Die folgende Abbildung zeigt Beispiele, die auch bereits im Kindesalter vorkommen.

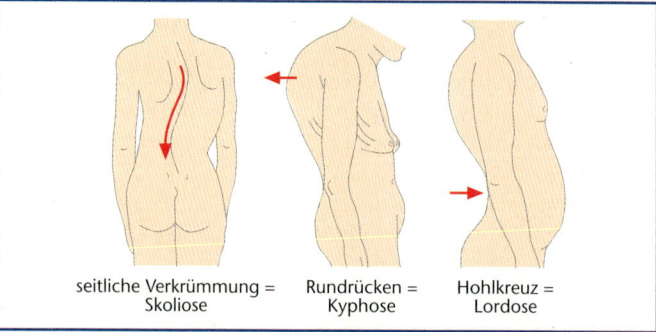

seitliche Verkrümmung = Skoliose   Rundrücken = Kyphose   Hohlkreuz = Lordose

---

HA 8, 9   *Ermitteln Sie für Hohlkreuz, Rundrücken und Skoliose, welche Veränderungen sich in der Wirbelsäulenform, im Gesäßstand und der Kopfhaltung ergeben. Achten Sie dabei auf den jeweiligen Wirbelsäulenbereich, der sich verändert.*

Ein Haltungsschaden zeigt immer auch eine Veränderung im Muskel- und Sehnenbereich. Die Stellung ist fixiert und ohne Behandlung nicht zu korrigieren. Die Behandlung durch Fachleute reicht von Krankengymnastik über das Gipsbett bis hin zur Operation. Auch hier kann das Betätigungsfeld des Erziehers nur im unterstützenden und prophylaktischen Bereich liegen.

Werden die Haltungsschäden nicht behandelt, führen sie – wie die Veränderungen der Muskulatur – wenigstens zur schnelleren Ermüdung und/oder zu Schmerzen.

2.5.5 Prophylaxen

Im Verlauf der Bearbeitung dieses Kapitels wurde direkt und indirekt immer wieder darauf hingewiesen, welche prophylaktischen Ansätze möglich und nötig sind.

---

1. Erstellen Sie danach einen Anforderungskatalog für eine Kindertagesstätte mit Hortgruppe (Alter: drei bis acht Jahre), die es sich zum Ziel gesetzt hat, den Veränderungen des Bewegungsapparates vorbeugend zu begegnen. Welche Inhalte lassen sich auch auf Ihre Situation in der Schule übertragen?

2. Ergänzen Sie die eingangs gestellte Aufgabe auf S. 62 hinsichtlich der Begründung von Ursachen, die zur Veränderung des Bewegungsapparates führen.

■ Muskulatur ■ aktiver Bewegungsapparat ■ Kontraktion ■ Relaxierung
■ Ruhetonus ■ Muskelschwäche ■ Fußveränderung ■ Platt-, Spreiz-, Knickfuß
■ Skelett ■ passiver Bewegungsapparat ■ Krümmungslinie ■ Lordose ■ Kyphose
■ Hohlkreuz ■ Rundrücken ■ Skoliose ■ Prophylaxen

Handlungsauftrag 1

Zeichnen Sie in Partnerarbeit gegenseitig Ihre Körperumrisse auf Tapetenrolle. Schreiben Sie in Ihren persönlichen „Abdruck" die Informationen, die Sie anderen von sich gerne mitteilen wollen (z. B. in die Beine: „Ich treibe gerne Sport."). Tauschen Sie sich bei einem Rundgang aus.

Handlungsauftrag 2

Fertigen Sie verschiedenartige Fußabdrücke an. Nutzen Sie dazu unterschiedliche Materialien wie Sand, Farben, Gips. Achten Sie auf Unterschiede, die sich hierbei ergeben. Registrieren Sie die unterschiedlichen Gefühle, die beim Materialkontakt hervorgerufen werden.

Handlungsauftrag 3

Malen Sie mit Händen und Füßen. Nehmen Sie Kontakt zum Fachlehrer für Kunsterziehung auf (s. Materialberatung).

Handlungsauftrag 4

Ermitteln Sie aus Spielebüchern und Spielekarteien Angebote, die eine Vertrautheit mit dem eigenen Körper anbahnen. Probieren Sie einige exemplarisch aus. Erstellen Sie sich bei Bedarf eine Karteikartensammlung zu diesem Fachgebiet.

Handlungsauftrag 5

Entwickeln Sie eine Taststraße für Füße (s. Fachliteratur). Nutzen Sie dabei in erster Linie Natur-materialien. Als Behälter können Kartons verwendet werden, die bei feuchtem Material mit Folie ausgelegt werden. Durchwandern Sie die Straße mit einem Partner, der sie führt (erst mit geöff-neten, dann mit geschlossenen Augen). Tauschen Sie nach dem Wechsel Ihre Erfahrungen aus.

Handlungsauftrag 6

Ordnen Sie Ihre Kartons (s. Handlungsauftrag 5) unterschiedlich an. Nutzen Sie dabei Gegen-sätze (z. B. hart – weich) oder stellen Sie ähnliche Materialien hintereinander (z. B. grober Sand – feiner Sand). Tauschen Sie sich auch hier nach dem Erleben aus.
Sammeln Sie im Übungen zur Kräftigung der Muskulatur. (Legen Sie sich bei Bedarf auch hier ein Karteikartensystem an.)
Gliedern Sie diese Angebote je nach geförderten Muskelgruppen in:
- Angebote zur Stärkung der Rückenmuskulatur,
- Angebote zur Stärkung der Bauchmuskulatur,
- Angebote zur Stärkung der Fußmuskulatur,
- Angebote zur Stärkung der Handmuskulatur.

Führen Sie diese Übungen selber in Partner- bzw. Gruppenarbeit durch. Kontrollieren Sie sich gegenseitig.

Handlungsauftrag 7

Stellen Sie sich zu einem Partner im Profil. Lassen Sie ihn den Verlauf Ihrer Wirbelsäule mit der Hand nachfahren. Versuchen Sie beide, die Krümmungslinie zu erspüren. Wechseln Sie die Rollen. Tauschen Sie sich danach aus.

Handlungsauftrag 8

Testen Sie in Partnerarbeit die Veränderungen Ihrer Wirbelsäule im Sitzen bei folgenden Anlässen:
- beim Schreiben,
- beim so genannten normalen Sitzen,
- beim so genannten bequemen Sitzen.

Nutzen Sie dazu die reine Beobachtung und auch wieder das Nachfahren der Krümmungslinie der Wirbelsäule mit der Hand. Tauschen Sie nach dem Wechsel Ihre jeweiligen Feststellungen aus.

2

Handlungsauftrag 9

Leihen Sie sich bei Ihrer am Ort ansässigen Krankenkasse Sitzball und Kissenkeil aus. Testen Sie beide Sitzhilfen. Wie verändert sich jeweils die Sitzhaltung? Kontrollieren Sie sich dabei gegenseitig.

Literatur

Beins, Hans J.:	Wenn Kinder durchdrehen, Borgmann, Dortmund, 1999
Koletzko, Berthold (Hrsg.):	Kinderheilkunde und Jugendmedizin, Springer, Berlin, 2004
Meier, Christine/Richle, Judith:	Sinnvoll und alltäglich, verlag modernes lernen, Dortmund, 1995
Regel, Gerhard (Hrsg.):	Psychomotorik im Kindergarten II, Rissen, Hamburg, 1988
Zimmer, Renate:	Schafft die Stühle ab!, Herder-Verlag, Freiburg, 2002
Zimmer, Renate:	Handbuch der Bewegungserziehung, Herder-Verlag, Freiburg, 2004

Anschlussthemen

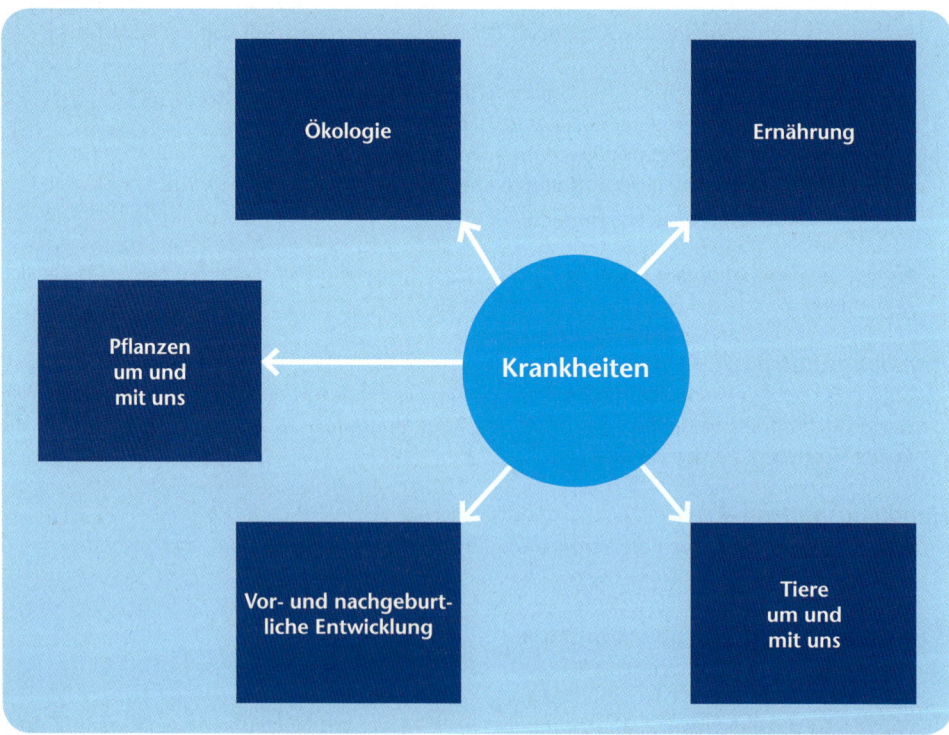

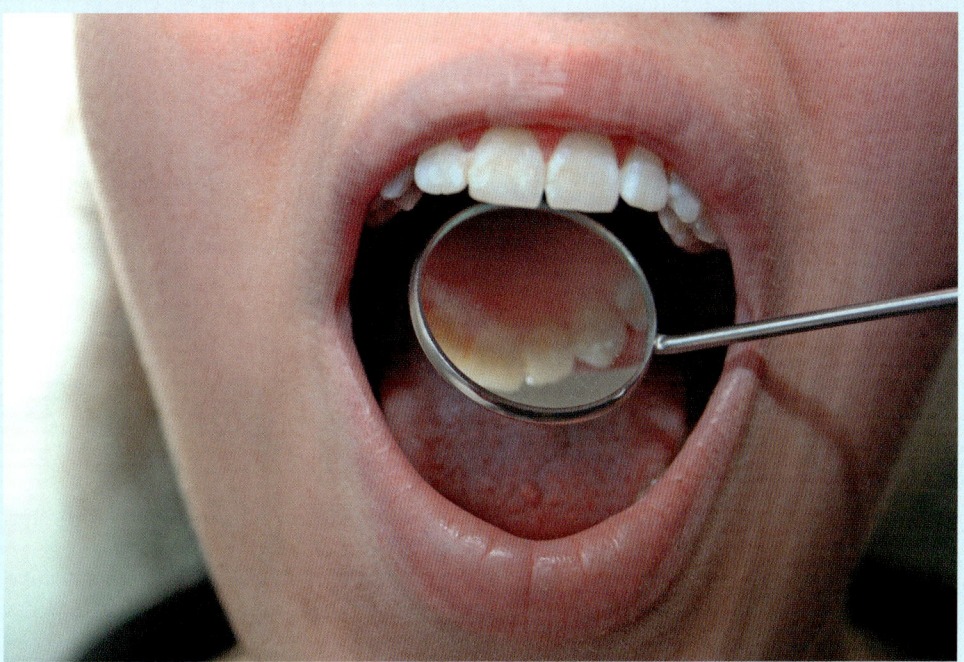

Es war einmal ein Junge und das war Jens. Er hatte Zähne im Mund und das haben wir ja alle. Aber Jens hatte in einem Zahn ein Loch, und in dem Loch wohnten zwei winzige Burschen, die hießen Karius und Baktus. Das waren vielleicht ein paar wunderliche Namen, aber es waren auch ein paar wunderliche Burschen! Sie waren so winzig klein, dass man sie nur durch ein starkes Vergrößerungsglas sehen konnte.

Der eine hatte schwarze Haare und der andere rote und sie lebten beide von Süßigkeiten und davon gab es hier genug. Sie sangen und hatten ihren Spaß, und wenn sie nicht schliefen oder aßen, dann klopften und hackten sie im Zahn, weil sie das Haus richtig groß und prächtig und geräumig machen wollten.

Eines Tages meinte der eine von den beiden, nun wäre es genug. „Karius", sagte er, „jetzt haben wir geklopft und gehackt und gehackt und geklopft. Nun, finde ich, ist unser Haus groß genug." Aber darin stimmte Karius gar nicht mit ihm überein.

„Wir müssen es noch viel größer machen", sagte er. „Du darfst nicht vergessen, dass wir Tag für Tag wachsen und größer werden, weil wir so viel Kuchen und Bonbons futtern. Streng dich mal ruhig ein bisschen an, Baktus!" „Ja, ja, dann strengen wir uns also an!"

(Quelle: Egner, 1993, S. 5 ff. [nicht mehr erhältlich])

Schreiben Sie die Geschichte weiter.

3

3.1   Das menschliche Gebiss

Das Gebiss hat die Aufgabe, die Nahrung zu ergreifen, zu zerkleinern und magengerecht vorzubereiten. Es beeinflusst daneben die (Aus-)Sprache, d. h. die Artikulation. Die Gebissform bestimmt den Gesichtsausdruck in ganz erheblichem Maß, so dass der ästhetische Gesichtspunkt ebenfalls eine große Rolle spielt.

Beim Menschen gibt es zwei natürliche Zahngenerationen, die Milchzähne und die bleibenden Zähne. Die Zähne haben Wurzeln, die im Kieferknochen für Halt sorgen.

Man unterscheidet vier verschiedene Zahntypen, die aufgrund ihrer Anordnung im Gebiss und ihrer Form unterschiedliche Aufgaben haben:

- Schneidezähne: Sie haben die Aufgabe, die Nahrung abzubeißen, und sind im vorderen Gebissbereich angeordnet.
- Eckzähne: Sie halten die Nahrung fest und liegen neben den Schneidezähnen.
- Backenzähne: Sie werden nochmals unterteilt in:
  – vordere Backenzähne (= Lückenzähne),
  – hintere Backenzähne (= Mahlzähne oder Molare).
  Die Backenzähne haben die Aufgabe, die Nahrung zu zerreiben und zu zermahlen. Sie folgen im Anschluss an die Eckzähne.

Das Gebiss besteht aus einem Ober- und einem Unterkiefer, die mit Zähnen ähnlich ausgestattet sind.

Jeder Kiefer ist in sich symmetrisch. Diese Regelmäßigkeit macht man sich bei der Aufstellung von Zahnformeln zunutze. Hierbei schreibt man die Zahnfolge des halben Ober- und des halben Unterkiefers auf und multipliziert das Ergebnis mit zwei.

Der erwachsene Mensch hat 32 Zähne. Die dazugehörige Zahnformel sieht folgendermaßen aus:

$$\frac{2 \quad 1 \quad 2 \quad 3}{2 \quad 1 \quad 2 \quad 3} \times 2$$

Damit sind die folgenden Zähne gemeint:

$$\frac{\text{Anzahl der Schneidezähne 2} \quad \text{Anzahl der Eckzähne 1} \quad \text{Anzahl der Lückenzähne 2} \quad \text{Anzahl der Mahlzähne 3}}{\text{Anzahl der Schneidezähne 2} \quad \text{Anzahl der Eckzähne 1} \quad \text{Anzahl der Lückenzähne 2} \quad \text{Anzahl der Mahlzähne 3}} \times 2$$

1. *Leiten Sie aus dieser Zahnformel die Gesamtzahlen der einzelnen Zahntypen im Erwachsenengebiss ab.*

2. *Ermitteln Sie die Zahnformel des Milchgebisses, das insgesamt aus acht Schneidezähnen, vier Eckzähnen und acht Mahlzähnen (= 20 Zähne) besteht. Geben Sie Ihr Ergebnis, wie beim Erwachsenengebiss gezeigt, an.*

■ **Nahrungszerkleinerung** ■ **Artikulation** ■ **Aussehen** ■ **Milchgebiss** ■ **bleibendes Gebiss** ■ **Schneide-, Eck-, Lücken-, Mahlzähne** ■ **Molare**

3

3.2 Zahnaufbau

Jeder Zahn sitzt in einer Knochenhöhle des Kiefers. Der Zahnschmelz, der jeden Zahn zum Mundraum abschließt, ist die härteste Substanz im menschlichen Körper. Obwohl er härter als Stahl ist, hat er eine Schwachstelle. Er kann von Säuren angegriffen werden. Dies spielt bei der Entstehung von Karies eine Rolle.

Der Zahn wird, rein äußerlich betrachtet, in drei Abschnitte eingeteilt:

1. Zahnwurzel
2. Zahnhals
3. Zahnkrone

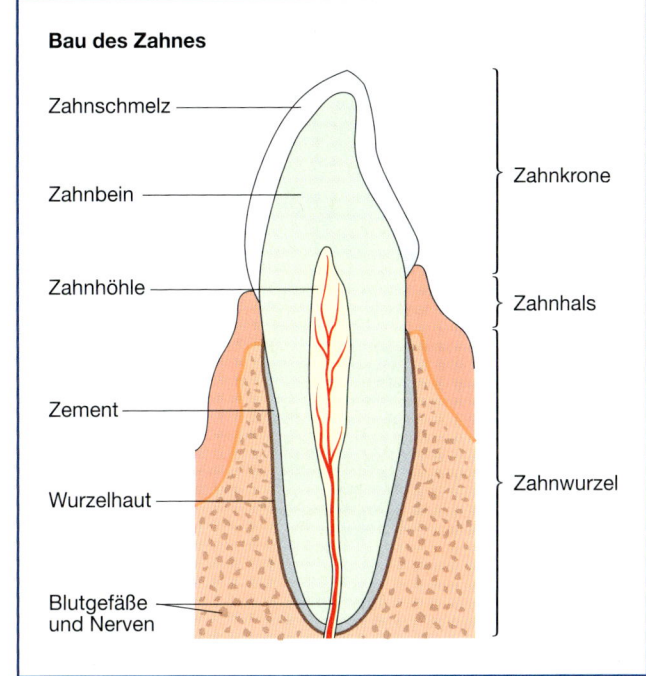

Bau des Zahnes

Zahnschmelz

Zahnbein

Zahnhöhle

Zement

Wurzelhaut

Blutgefäße und Nerven

Zahnkrone

Zahnhals

Zahnwurzel

Die Zahnkrone ist der sichtbare Teil des Zahns. Die Zahnwurzel ist der Teil des Zahns, der im Kieferknochen steckt. Der Zahnhals stellt den Übergangsbereich von Zahnwurzel zur Zahnkrone dar und ist von Zahnfleisch bedeckt.

Durch die Blutgefäße wird der Zahn mit Nährstoffen versorgt. Sie erhalten ihn am Leben und bauen ihn auf.

Ermitteln Sie mit Hilfe der weiterführenden Fachliteratur, ob eine Zahnerkrankung Auswirkungen auf den gesundheitlichen Zustand des restlichen Körpers haben kann. Begründen Sie Ihre Antwort fachlich.

■ **Knochenhöhle** ■ **Zahnschmelz** ■ **Säuren** ■ **Zahnwurzel** ■ **Zahnhals**
■ **Zahnkrone** ■ **Blutgefäße**

3

3.3 Gebissentwicklung

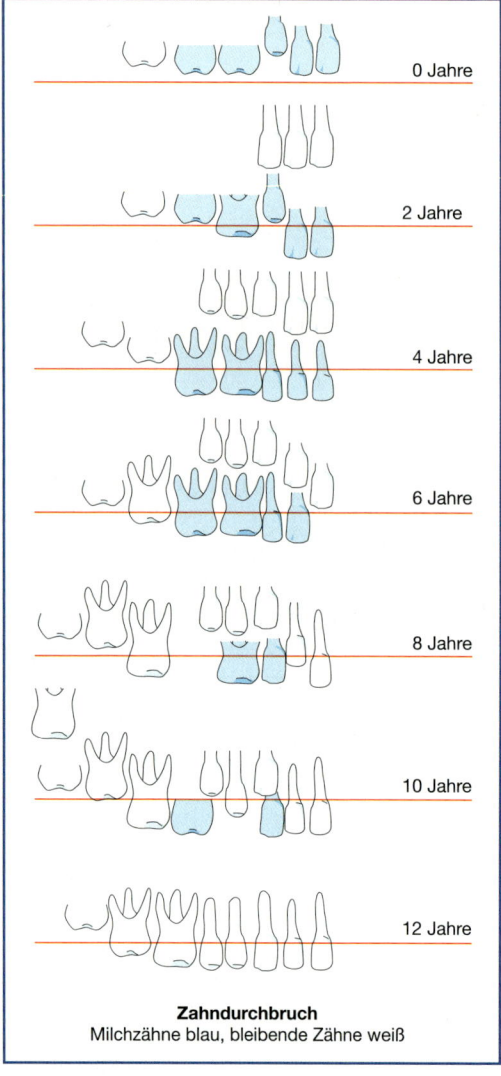

0 Jahre

2 Jahre

4 Jahre

6 Jahre

8 Jahre

10 Jahre

12 Jahre

Zahndurchbruch
Milchzähne blau, bleibende Zähne weiß

Die Entwicklung der Milchzähne beginnt im zweiten Schwangerschaftsmonat, die der bleibenden Zähne im vierten.

Gebissformung und Kräftigung der Kiefermuskulatur finden beim intensiven Saugen statt und stellen eine wichtige Voraussetzung für eine möglichst problemarme Gebissentwicklung dar.

Bereits bei der Geburt sind die Kronen der Milchzähne schon weit gehend verkalkt. Bei der anschließenden Mineralstoffeinlagerung fügt der Körper u. a. Kalzium, Phosphor, Magnesium und Fluor hinzu.

Beschreiben Sie die Phasen des Zahndurchbruchs möglichst exakt. Orientieren Sie sich an folgenden Fragestellungen: Welche Zähne brechen als Erste durch? Welches ist der erste Zahn im bleibenden Gebiss? Wann ungefähr sind alle Zähne des Milchgebisses durchgebrochen?

- **Milchzahnentwicklung** ■ **Saugen** ■ **Kiefermuskulatur**
- **Mineralstoffeinlagerung** ■ **Zahndurchbruch**

3.4 Zahnerkrankung Karies

3

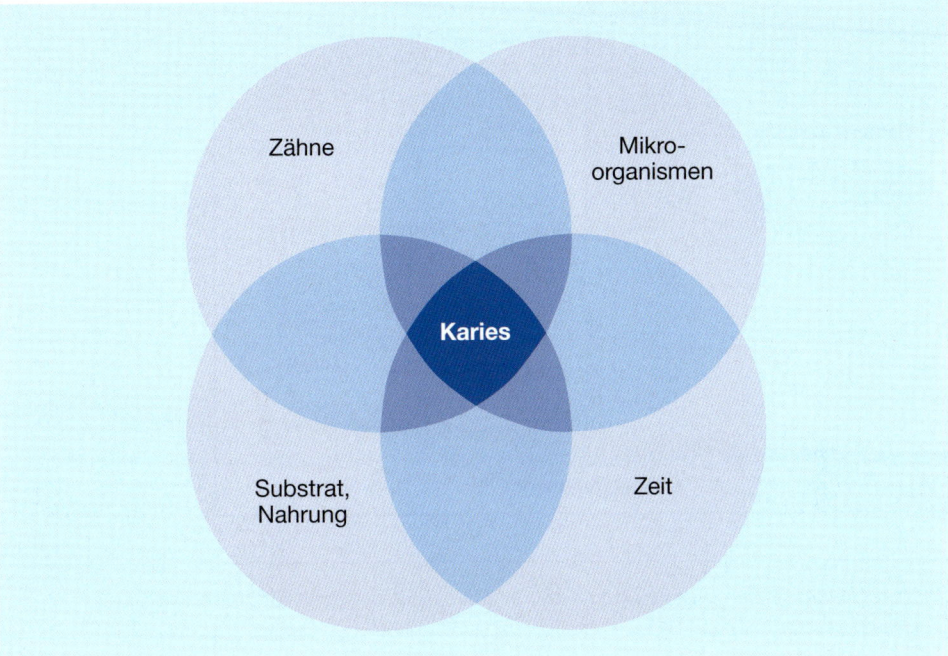

> *Erläutern Sie schriftlich, welche Aussage hinter dieser Grafik steht.*

Mikroorganismen sind natürliche Bestandteile des Ökosystems Mundhöhle. Sie stellen aus Kohlenhydraten (v. a. Zucker) Säuren und so genannten Zahnbelag (Plaque) her. Diese Plaque vermindert die natürliche Schutzfunktion des Speichels. Normalerweise kann Speichel nicht nur Speisereste entfernen und Mineralstoffe zum Zahnaufbau in den Zahn schleusen (remineralisieren), sondern auch die gefährlichen Säuren neutralisieren. Des Weiteren besitzt er wichtige keimabtötende Substanzen und ist für die Gesunderhaltung der Mundhöhle wichtig.

Die aus Kohlenhydraten entstandenen Säuren greifen den Zahnschmelz an und entziehen ihm Kalzium- und Phosphat-Ionen. Der Zahn wird nun demineralisiert, ein Loch kann immer weiter fortschreiten, die Karies hat begonnen. Bakterien dringen weiter in den Zahn ein und zersetzen ihn systematisch. Sind die Nervenfasern erreicht, kann die Karies erstmals mit Schmerzen verbunden sein. Wird sie nicht behandelt, schreitet sie weiter fort. Der Körper reagiert mit erhöhter Durchblutung zur Infektabwehr, was zu erhöhtem Druck auf die Nerven im Innern des Zahns führt. Der nun entstehende starke Schmerz bleibt so lange akut, bis der Nerv zerstört ist.

3

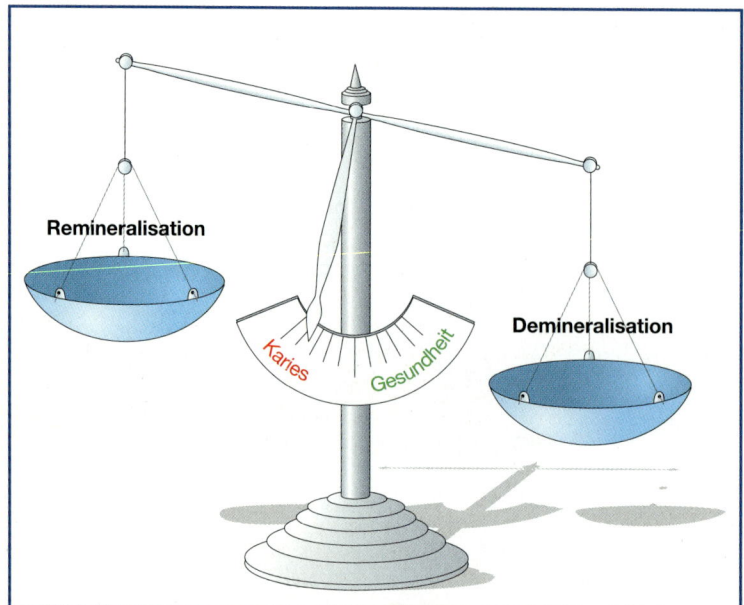

Remineralisation

Demineralisation

Karies   Gesundheit

De- und Remineralisation im Wechselspiel

Bringen Sie diese schematische Darstellung in einen Text, der auch für Eltern verständlich ist.

Je früher der Zahnarzt die Karies behandelt, desto geringer ist der Schaden und desto geringer sind die Schmerzen. Deshalb wird ein halbjährlicher Rhythmus zur Untersuchung empfohlen. Kinder sollten den Zahnarzt möglichst früh kennen lernen, schon bevor Schäden behoben werden müssen. Nur so kann ein angstfreies Verhältnis zum Zahnarzt aufgebaut werden.

HA 1

Bevorzugte Stellen für das Auftreten der Karies sind solche Orte im Gebiss, an denen die (Selbst-)Reinigung erschwert ist. Dies sind Unebenheiten, Berührungspunkte und -flächen von Zähnen. Hier können Beläge gut haften und Nahrungsreste über längere Zeit von Bakterien abgebaut werden. Bei Fehlern in der Zahnstellung tritt die Kariesgefahr an solchen Stellen besonders häufig auf. Eine Korrektur dieser Zahnstellungsfehler dient daher auch einer Prophylaxe von Karies und Zahnbetterkrankungen.
Fehlt einer der Faktoren im Ursachenbündel für Karies (s. Abbildung S. 73), so kann diese Krankheit nicht entstehen. Dabei spielt es auch eine entscheidende Rolle, welche Festigkeit der Zahnschmelz von Natur aus hat, was auch anlagebedingt ist.

HA 2   Erarbeiten Sie mit Hilfe der Ausführungen im Text mindestens drei mögliche prophylaktische Maßnahmen gegen Karies.

■ Karies ■ Mikroorganismen ■ Plaque ■ Zeit ■ Kohlenhydrate ■ Remineralisierung ■ Demineralisierung ■ Schmerzen ■ Kariesorte ■ Zahnstellungsfehler
■ Prophylaxen

3.5 Erkrankungen des Zahnhalteapparates

Der Zahnhalteapparat besteht aus der/den Wurzel/n, der knöchernen Höhle, in der der Zahn sitzt, und dem Zahnfleischrand.

Im alltäglichen Sprachgebrauch werden häufig alle Zahnbetterkrankungen als „Parodontose" bezeichnet. Dabei gibt es allerdings verschiedene Krankheitsformen und Stadien der Erkrankungen:

- **Zahnfleischentzündung:** Das Zahnfleisch ist geschwollen, gerötet, und häufig tritt bei Berührung Zahnfleischbluten auf. Die Ursachen können eine örtliche Reizung (z. B. Druckstelle einer Zahnspange), allgemeine krankhafte Vorgänge im Körper oder aber bakterieller Zahnbelag sein. Letzterer stellt die Hauptursache für eine Zahnfleischentzündung dar. Gute Mundpflege mit gründlicher Reinigung (Prophylaxen, vgl. Kap. 3.7) und eine Kräftigung des Zahnfleisches stellen die wichtigsten Grundlagen der Bekämpfung dar. Wird die Zahnfleischentzündung nicht behandelt, kann sie zur Parodontitis führen.

- **Parodontitis:** Dies bedeutet eine Ausweitung zur Zahnbettentzündung. Das Zahnfleisch beginnt sich vom Zahn zu lösen, und es bilden sich so genannte Zahnfleischtaschen. In diese wachsen die bakteriellen Beläge hinein, und die Entzündung weitet sich auch auf den darunter liegenden Knochen aus, der dadurch abgebaut wird.

  Dadurch wird das Zahnfleisch mit zurückgezogen, die Zähne werden scheinbar länger, da nun die Zahnhälse frei liegen. Die Temperaturempfindlichkeit (heiß-kalt) steigt an. Wenn sich im weiteren Verlauf in den Taschen Eiter bildet, kann dieser Prozess unter ärztlicher Behandlung zum Stillstand gebracht werden, eine Heilung ist aber nicht mehr möglich. Unbehandelt führt eine Parodontitis letztlich zum Zahnverlust, da das Zahnbett (der Halt des Zahns) weit gehend zerstört ist.

- **Parodontose:** Sie führt im Endeffekt ebenfalls zum Zahnausfall. Es handelt sich hierbei um die nichtentzündliche Zahnbetterkrankung. Die Parodontose geht ohne Zahnfleischrötung und -blutung einher. Zahnfleisch und Knochen bilden sich langsam und gleichmäßig zurück. Dabei werden auch hier die Zahnhälse freigelegt mit demselben Resultat, dass die Zähne locker werden und ausfallen können.

Die Ursachen der Zahnbetterkrankungen lassen sich in drei Gruppen einteilen:

1. Mangelnde und unsachgemäße Mundhygiene und somit Plaqueablagerungen im Zahnbereich. Sie sind die Ursachen für die beiden entzündlichen Formen Zahnfleischentzündung und Parodontitis.

2. Besondere Belastung der Zähne, z. B. durch Zahnstellungsanomalien (die Stellung der Zähne ist nicht normal/gesund), fehlerhaften Zahnersatz oder nervös bedingtes Knirschen und Pressen mit den Zähnen.

3. Allgemeine Erkrankungen, z. B. bei Diabetes mellitus und bei Nierenleiden.

Leiten Sie prophylaktische Maßnahmen speziell für Zahnbetterkrankungen ab. HA 3

- **Zahnhalteapparat** ■ **Zahnfleischentzündung** ■ **Parodontitis**
- **Parodontose** ■ **Mundhygiene** ■ **Zahnbelastungen**
- **Zahnstellungsanomalien** ■ **Allgemeinerkrankungen**

3

3.6   Störungen der Gebiss- und Kieferentwicklung

Gerade im Kindesalter findet man in diesem Zusammenhang Störungen, bei denen meist mehrere schädliche Faktoren zusammenwirken.

Durch gewohnheitsmäßiges Zähneknirschen, durch Fingerlutschen, Saugen an Bettzipfeln oder unzweckmäßiges Schnullern (v. a. über das zweite Lebensjahr hinaus), durch erbliche Faktoren, durch frühe Zerstörung oder gar den Verlust der ersten bleibenden Backenzähne können sich die Form der Kieferknochen und die Stellung der Zähne zueinander verändern. Auch gewohnheitsmäßige Mundatmung (v. a. bei Rachenpolypen) kann sich ungünstig auf die Kieferentwicklung auswirken. Die Folgen können ein schmaler Oberkiefer, zu eng stehende Zähne und hervortretende Frontzähne sein, die nicht mehr richtig schließen.

Milchzähne haben u. a. die Aufgabe, den Platz für die bleibenden Zähne im Kiefer freizuhalten. Daher muss jeder Zahn so lange erhalten werden, bis der bleibende Zahn durchbricht. Geht ein Milchzahn vorzeitig verloren, entsteht eine Lücke, in die sich dann benachbarte Zähne neigen können und in die der im Kiefer gegenüberstehende Zahn hineinwachsen kann, da ihm der Gegenbiss fehlt.

Bricht jetzt der sich unter der Zahnlücke befindliche bleibende Zahn durch, wird sein Wachstum behindert, und er wächst möglicherweise schief. Dadurch kann sich eine Kette von negativen Folgen für die Gebissentwicklung ergeben:

Der Kiefer kann sich nicht voll entwickeln, und die bleibenden Zähne haben nicht genügend Platz, so dass Zahnstellungsanomalien die Folge sind. Die unregelmäßige Stellung von Zähnen im Kiefer fördert wiederum die Entstehung von Karies, da sich für die Zahnbürste unzugängliche Stellen bilden, in denen sich Speisereste ansammeln. Zahnstellungsanomalien begünstigen wie im Kapitel 3.5 beschrieben auch die Entstehung von Parodontose.

Besonders wichtig für die Gebissentwicklung sind die hintersten Milch-Backenzähne, die mit etwa zweieinhalb Jahren erscheinen. Erst mit elf oder zwölf Jahren werden sie durch bleibende Zähne ersetzt. Sie sorgen dafür, dass der erste bleibende Backenzahn („Sechsjahr-Molar"), der unmittelbar hinter ihnen durchbricht, an der richtigen Stelle erscheint. Der Sechsjahr-Molar (insgesamt vier, zwei im Oberkiefer, zwei im Unterkiefer) ist der entscheidende Zahn für das bleibende Gebiss. Er bestimmt die Bisshöhe (Abstand von Ober- und Unterkiefer zueinander) und ist maßgeblich verantwortlich für Stellung und Ausrichtung der später durchbrechenden bleibenden Zähne.

1. *Es ist leider eine weit verbreitete Auffassung, dass Schäden des Milchgebisses ohne weitere Folgen bleiben, da diese Zähne sowieso ausfallen. Geben Sie schriftlich mit ihren eigenen Worten die Bedeutung des Milchgebisses für das bleibende Gebiss wieder.*

2. *Verdeutlichen Sie zeichnerisch die genaue Position des Sechsjahr-Molars.*

■ **gewohnheitsmäßige, einseitige Zahnbelastungen** ■ **Platzhalter** ■ **Gegenbiss**
■ **Sechsjahr-Molar**

3.7 Prophylaxen

Die folgenden Prophylaxen sollten stets als Einheit betrachtet werden:

- Regelmäßige Zahnarztkontrollen
- Mundhygiene
- Fluoridgaben
- Ernährung

1. **Regelmäßige Zahnarztkontrollen:** Es sollte zur Gewohnheit werden, sich als Erwachsener zweimal pro Jahr und als Kind zwei- bis viermal pro Jahr zur Kontrolluntersuchung beim Zahnarzt vorzustellen. Die Entfernung beginnender Defekte, der Plaque (des Zahnsteins), eine Kontrolle der Zahnstellung (bei Kindern) können somit zeitig genug erfolgen. Folgeschäden, wie sie in den voranstehenden Kapiteln beschrieben wurden, lang anhaltende Schmerzen, umfangreiche Behandlungen und letztlich hohe Kosten können dadurch weit gehend vermieden werden.

2. **Mundhygiene:** Sobald die ersten Zähne durchgebrochen sind (ab etwa dem 6. Monat) sollte auch die Zahnreinigung beginnen. Dafür sind am besten Mulltuch, Wattestäbchen oder spezielle Baby-Zahnbürsten geeignet. Kinder sollten möglichst früh lernen, sich regelmäßig und richtig die Zähne zu putzen. Ab dem zweiten/dritten Lebensjahr ist es daher sinnvoll Kleinkindern den Umgang mit der Zahnbürste zu zeigen und die Zahnreinigung selbstständig durchführen zu lassen. Dies ist anfangs schwierig und braucht vonseiten der Eltern und der Erzieher aktive Unterstützung. Das fängt bei buntem, fröhlich aussehendem Zahnputzzeug an und hört bei der Vorbildfunktion auf. Zähneputzen wird vor allem dann zum „Kampf", wenn man selbst nicht „dahinter steht".

Den selbstständigen Umgang mit der Zahnbürste lernen Kinder meist nicht vor dem vierten Lebensjahr. Ab dem sechsten Lebensjahr sind sie in der Lage, alle Zahnputztechniken zu erlernen.

Um eine optimale Mundhygiene zu gewährleisten, gibt es viele Hilfsmittel, von denen hier einige dargestellt werden:

Die Zahnbürste stellt das wichtigste Hilfsmittel der Mundhygiene dar. Mit ihr können die Zähne geputzt und gleichzeitig das Zahnfleisch massiert werden. Die Zahnbürste sollte spätestens mit jedem Jahreszeitenwechsel (also alle drei Monate), nach infektiösen Erkrankungen oder bei besonders intensivem Gebrauch mit sichtbaren Abnutzungserscheinungen gewechselt werden. Jede Person hat eine eigene Zahnbürste. Nach Gebrauch wird sie gut gereinigt und mit dem Kopf nach oben zum Trocknen gestellt.

Folgende Anforderungen an eine Zahnbürste haben sich bewährt:

- handlicher Griff,
- Kinderzahnbürsten mit kleinem Kopf und dickem Griff,
- Kunststoffborsten (aus hygienischen Gründen),
- Kurzkopfbürste wegen der größeren Beweglichkeit im Mundraum,
- gerades Borstenfeld.

3

Die Zähne sollten grundsätzlich nach jeder größeren Mahlzeit gereinigt werden. Eine elektrische Zahnbürste ist als Ersatz möglich. Weitere Hilfsmittel, die neben der Zahnbürste zur Anwendung kommen können, sind:

- gewachste Zahnseide,

- Interdentalset (Informationen sind in jeder Apotheke oder beim Zahnarzt erhältlich),

- Mundduschen (Vorsicht vor zu hohem Druck!).

Bei der Putztechnik hat sich die Bass-Zahnputzmethode als äußerst wirkungsvoll erwiesen:

HA 4, 5

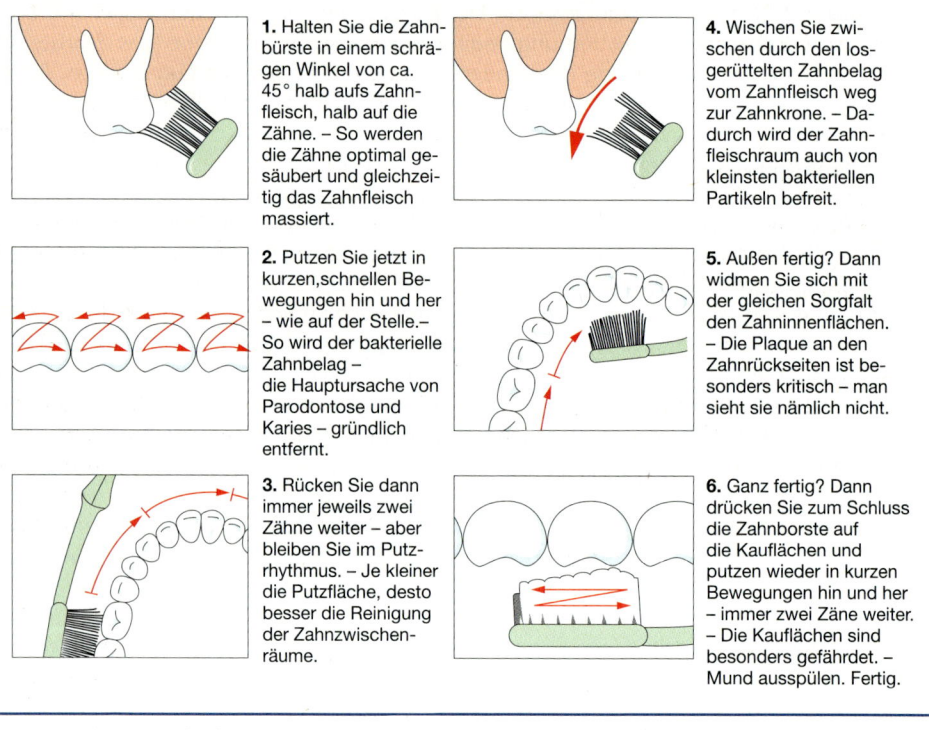

1. Halten Sie die Zahnbürste in einem schrägen Winkel von ca. 45° halb aufs Zahnfleisch, halb auf die Zähne. – So werden die Zähne optimal gesäubert und gleichzeitig das Zahnfleisch massiert.

2. Putzen Sie jetzt in kurzen, schnellen Bewegungen hin und her – wie auf der Stelle. – So wird der bakterielle Zahnbelag – die Hauptursache von Parodontose und Karies – gründlich entfernt.

3. Rücken Sie dann immer jeweils zwei Zähne weiter – aber bleiben Sie im Putzrhythmus. – Je kleiner die Putzfläche, desto besser die Reinigung der Zahnzwischenräume.

4. Wischen Sie zwischen durch den losgerüttelten Zahnbelag vom Zahnfleisch weg zur Zahnkrone. – Dadurch wird der Zahnfleischraum auch von kleinsten bakteriellen Partikeln befreit.

5. Außen fertig? Dann widmen Sie sich mit der gleichen Sorgfalt den Zahninnenflächen. – Die Plaque an den Zahnrückseiten ist besonders kritisch – man sieht sie nämlich nicht.

6. Ganz fertig? Dann drücken Sie zum Schluss die Zahnborste auf die Kauflächen und putzen wieder in kurzen Bewegungen hin und her – immer zwei Zäne weiter. – Die Kauflächen sind besonders gefährdet. – Mund ausspülen. Fertig.

Die Bass-Zahnputzmethode und ihre medizinische Wirkung gegen Parodontose

3. Fluoridierung: Drei Mechanismen zur Verhütung von Karies laufen durch die Fluoridgabe ab:

- Der Zahnschmelz wird nicht so schnell durch Säuren gelöst.
- Die Remineralisierung des Zahnschmelzes wird gefördert.
- Fluoride besitzen eine antimikrobielle Wirkung.

HA 6

Die Einlagerung von Fluoriden kann sowohl vor als auch nach dem Zahndurchbruch erfolgen. Ist während der Zahnanlage eine genügend hohe Konzentration an Fluoriden im Blut des Kindes vorhanden, so werden sie in den Zahnschmelz eingebaut. Dies ist ein Grund, warum die regelmäßige Zufuhr von Fluoriden (Fluortabletten) im Kindes- bzw. Säuglingsalter empfohlen wird. Gegner dieser regelmäßigen Tablettenzufuhr sehen vor allem die schleichende Gefahr der Gewöhnung an den Medikamentenkonsum, der den Kindern hier von Anfang an verordnet wird. Ein kritischer Umgang mit diesen Stoffen könnte erschwert werden.

3

Die Gefahr einer Überdosierung von Fluoriden ist bei sachgerechtem Gebrauch nicht gegeben. Das bezieht sich auch auf fluorhaltige Zahnpasten und Zahngels, die mit unterschiedlichen Fluorkonzentrationen auf dem Markt sind. Grundsätzlich sollte vor Kauf und Anwendung dieser Präparate Rücksprache mit dem Zahnarzt genommen werden, wobei möglichst auch eigene Bedenken zur Sprache kommen sollten.

4. **Zahngesunde Ernährung:** Der Zahnhalteapparat bleibt nur gesund, wenn das Kauorgan auch ausreichend belastet wird. Harte und grobe Nahrung löst kräftige Kaubewegungen aus und hat damit einen förderlichen Einfluss. Grobe Nahrung allein ist jedoch nicht ausreichend in der Lage, Zahnbeläge zu reduzieren. Eine so genannte natürliche „Essenszahnbürste", die sämtliche Zahnbeläge entfernt, gibt es nicht. Somit hat die Zusammensetzung der Nahrung zwar einen geringen, aber doch nicht zu unterschätzenden Einfluss auf die Zahngesunderhaltung. Sie beginnt mit kohlenhydrathaltiger Nahrung, die die Bakterien der Mundflora für ihren Stoffwechsel nutzen (vgl. Kap. 3.4). Diese Kohlenhydrate müssen mit etwa 55 % der Nahrungsenergie für den Körper vertreten sein. Somit stehen sie den Bakterien permanent zur Verfügung. Gerade Ein- und Zweifachzucker, die den Hauptbestandteil von Süßwaren ausmachen, können besonders schnell von den Bakterien genutzt werden. Allerdings sind diese Zucker auch im Obst enthalten.
Dabei ist es nicht nur entscheidend, wie viele dieser Zucker verzehrt werden, sondern auch wie oft „zwischendurch". Ständiges Essen und Knabbern über den ganzen Tag verteilt sollten vermieden werden.
Dies steht durchaus im Widerspruch zum Rat der Ernährungswissenschaftler, die zu sechs Mahlzeiten pro Tag raten (vgl. Kap. 4.4). Hier ist ein persönliches Abwägen des Risikos gefragt.
Bei Obst sollte beachtet werden, dass vor allem Bananen ein sehr gesundes Nahrungsmittel sind, für die Zähne aber ein eher kritisches Produkt darstellen. Hierbei spielt die Konsistenz des Nahrungsmittels eine entscheidende Rolle. Klebrige, schmierige Nahrungsstoffe, die besonders lange an den Zähnen haften (z. B. Honig, Banane, Schokolade, zuckerhaltige Bonbons), stellen ein höheres Risiko dar als z. B. Äpfel, Möhren, Gurken oder Vollkornkekse.

Erstellen Sie eine Liste mit zahngesunden und zahnkritischen Nahrungsmitteln. Diskutieren Sie, ob dabei auch jeweils die Begriffe „gesunde" und „ungesunde" Nahrungsmittel zutreffend sind. Begründen Sie Ihre Antworten.   *HA 7*

■ **Prophylaxen** ■ **Zahnarztkontrollen** ■ **Mundhygiene** ■ **Zahnbürste**
■ **Bass-Putztechnik** ■ **Fluoridierung** ■ **zahngesunde/gesunde Ernährung**

3

3.8   Verantwortung der Erzieher

Die Erzieher haben engen Kontakt zu lernfreudigen Kindern. Dabei können sie mithelfen, dass die Kinder Verhaltensweisen übernehmen und verinnerlichen, die für die Gesunderhaltung des Gebisses wesentlich sind.

Bei der Zahngesundheitserziehung geht es vor allem um eine Erziehung zur Eigenverantwortlichkeit. Hier kann das frühzeitige Aufgreifen des Themas im Kindergarten förderlich sein.

Gerade bei der Zahngesundheit treten schichtspezifische Unterschiede auf (hohe Erkrankungsrate, geringe zahnärztliche Betreuung bei Kindern sozial benachteiligter Schichten). Somit können Erzieher wertvolle Hilfe auch für benachteiligte Kinder leisten. Das Verhalten im Bereich der Zahn- und Mundhygiene kann auf das Verhalten in anderen Bereichen der Hygiene übertragen werden.

Zähneputzen kann mit relativ geringem Aufwand täglich gemeinsam geübt und ständig in Erinnerung gebracht werden. Je früher eine Verhaltensweise erlernt und verinnerlicht wird, desto eher wird sie beibehalten.

> *Überlegen Sie in Partnerarbeit schriftlich, welche Schritte zur Durchführung des gemeinsamen Zähneputzens in sozialpädagogischen Einrichtungen notwendig sind.*

■ **Eigenverantwortlichkeit** ■ **schichtspezifische Unterschiede**
■ **eingeübte und verinnerlichte Verhaltensweise**

Handlungsauftrag 1

Informieren Sie sich bei den Zahnärzten in Ihrem Umfeld, wer als Kontaktperson für sozialpädagogische Einrichtungen zur Verfügung steht. Planen Sie den Besuch eines Zahnarztes in einer Kindertagesstätte Ihrer Wahl (vom ersten Schritt der Kontaktaufnahme bis zur Durchführung).

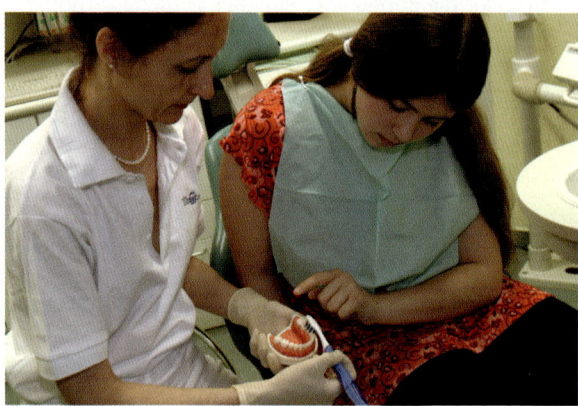

Handlungsauftrag 2

Entwickeln Sie in Kleingruppen Spiele (z. B. Puppenspiel, Brettspiel, Kreisspiel), die sich mit der Thematik der Kariesentstehung und ihrer Prophylaxen beschäftigen.

Handlungsauftrag 3

Erstellen Sie Plakate für eine Aufklärungskampagne über Zahnbetterkrankungen in sozialpädagogischen Einrichtungen. Ansprechpartner sollen Interessenten Ihrer Einrichtung sein.

Handlungsauftrag 4

Wenden Sie sich an Zahnärzte in Ihrem Umfeld und fragen Sie nach geeignetem Anschauungsmaterial.

Schreiben Sie in einem weiteren Schritt Firmen (z. B. Unilever, Proctor & Gamble, Henkel) an und bitten Sie um Informations-/Anschauungsmaterial. Werten Sie Ihr Material nach Erhalt aus.

Handlungsauftrag 5

Kontrollieren Sie selbstkritisch Ihr eigenes Zahnputzmaterial. Welche Zahnputztechnik beherrschen Sie? Tauschen Sie sich in Ihrer Gruppe aus.

Handlungsauftrag 6

Starten Sie eine Umfrage in sozialpädagogischen Einrichtungen und bei Zahnärzten über folgende Inhalte:

- *Wie stehen die Befragten allgemein zur Möglichkeit der Fluoridierung (sowohl als Tabletten als auch als Zusatz in Zahnpasta oder Gel)?*

- *Wer führt eine Fluoridierung durch? Mit welchem Resultat?*

- *Wird hier auch gleichzeitig das gemeinsame Zähneputzen durchgeführt? Werten Sie die Befragung aus.*

Handlungsauftrag 7

Übertragen Sie Ihre Ergebnisse zur Analyse der zahngesunden/zahnkritischen/gesunden/ungesunden Nahrungsmittel auf Kinderniveau, indem Sie zu diesem Themenbereich ein Angebot für eine Vorschulkindergruppe ausarbeiten.

Literatur

Egner, Thorbjörn:	Karius und Baktus, 31. Auflage, übersetzt von Thyra Dohrenburg, Bertelsmann, München, 1997
Graf, Dieter:	Gesundheitserziehung im Kindesalter, Verlag Handwerk und Technik, Hamburg, 2002
Greese, Uwe:	Jedes Kind kann gesunde Zähne haben, Dentagon, Erlangen, 2003
Spathelf, Bärbel:	Die Zahnputzfee, albarello, Wuppertal, 2001

Anschlussthemen

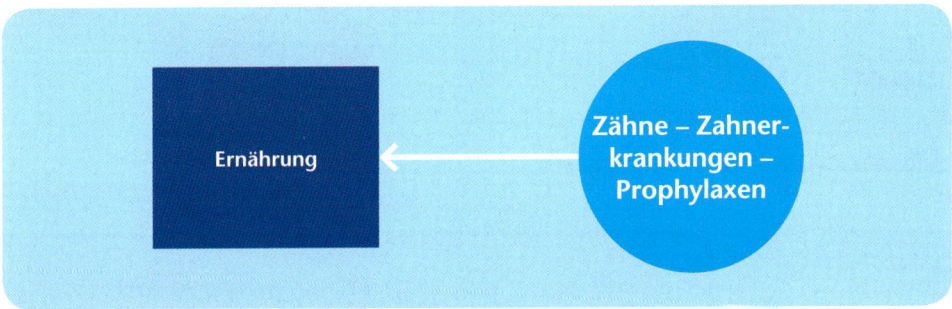

„Meine Suppe ess ich nicht!"

So?

Oder so?

Diskutieren Sie beide Möglichkeiten. Welche ist Ihnen häufiger begegnet? Beziehen Sie selbst Position. Halten Sie Ihre Ergebnisse fest.

Für alle Kinder unserer Welt gilt:

Sie essen mal mehr, mal weniger. Sie verteidigen leidenschaftlich ihre Lieblingsgerichte. Im Spiel können sie den Hunger vergessen, um danach auch mal mehr als sonst zu verzehren. Kinder werden nicht als übermäßige Esser geboren. Sie lernen den Umgang mit der Ernährung von ihrer Umgebung in den jeweiligen Kulturkreisen.

4.1 Multikulturelle Ernährung

Die Nationalitäten der Türken, der Italiener, der Bewohner des Balkans und der Griechen sind bei uns am häufigsten vertreten. Deshalb ist es angebracht, sich mit den Essgewohnheiten in diesen Ländern auseinander zu setzen und die Speisen selbst zu probieren. Dieses Interesse kann gerade unter Kindern und Jugendlichen, die bereits multikulturell in Einrichtungen heranwachsen, die Chance für Kontakte und Offenheit im Umgang miteinander und mit den unterschiedlichen Esskulturen sein.

Als Grundnahrungsmittel stehen in **Griechenland** Fisch, Fleisch (Kalb-, Schaf-, Ziegenfleisch), Reis, Brot, Hülsenfrüchte, Gemüse, Obst, Milch und Milchprodukte zur Verfügung. Dazu wird hauptsächlich Wasser getrunken. Zentrale Mahlzeit in Griechenland ist das Mittagessen. Das Abendessen findet erst gegen 21 Uhr statt.

Ein typisch griechisches Gericht ist die Moussaka.

Moussaka

Zutaten: *500g Kartoffeln, 1/8 l Öl, Salz, 4 Auberginen, 2 Zwiebeln, 500 g Hackfleisch, Pfeffer, Paprika, Thymian, Rosmarin, Salbei, 2 EL Tomatenmark, 1/8 l Fleischbrühe*

Gusszutaten: *1 Becher Jogurt, 3 Eier, 2 EL Mehl, Salz, 1 Messerspitze Backpulver*

Zubereitung: *Kartoffeln schälen, in Scheiben schneiden und in heißem Öl anbraten, leicht salzen. Aus der Pfanne nehmen und beiseite stellen. Auberginen halbieren, salzen und 30 Minuten stehen lassen. Dann in heißem Öl braten, bis sich das Fruchtfleisch herauskratzen lässt. Gehackte Zwiebeln und Hackfleisch in Öl anbraten, Auberginen untermischen, würzen und einige Zeit schmoren lassen. Tomatenmark und Fleischbrühe dazugeben und aufkochen lassen. In einer gefetteten Form abwechselnd Kartoffeln und Hackfleischmasse schichten. Etwas Brühe dazugeben. 40 Minuten bei 180°C backen. Die Gusszutaten verrühren und über die Moussaka gießen, nochmals 10 Minuten backen, bis sich eine Kruste bildet.*

4

Zu den Ernährungsgewohnheiten in **Italien** gehören mittags und abends warme Mahlzeiten, die hauptsächlich aus Teigwaren, hellen Backwaren, Fleisch, Gemüse und Obst bestehen. Tagsüber wird viel Wasser getrunken. Pflanzliche Fette und Öle werden wie auch in Griechenland zur Herstellung der Speisen bevorzugt.

In Italien ist die Minestrone als Vorspeise sehr beliebt.

Minestrone (Gemüsesuppe)

Zutaten: *500 g Rindfleisch, Salz, 5 Pfefferkörner, 1 Bund Suppengrün, 125 g magerer Räucherspeck, 2 EL Öl, 1 gehackte Zwiebel, 2 Knoblauchzehen, 300 g Tomaten, 2 Mohrrüben, 2 Stangen Porree, 2 Kohlrabi, 2 Kartoffeln, 200 g grüne Bohnen, 200 g grüne Erbsen, 1/2 Dose weiße Bohnen, 125 g Spaghetti, Pfeffer, Muskat, Basilikum, Majoran, Thymian, Curry, Reibkäse*

Zubereitung: Rindfleisch mit Pfefferkörnern und Suppengrün in leicht gesalzenem kalten Wasser aufsetzen, zum Kochen bringen und das Fleisch garen. Brühe durchseihen, Fleisch würfeln. Gewürfelten Räucherspeck im Topf in Öl anrösten, gehackte Zwiebel und zerdrückte Knoblauchzehen dazugeben und goldgelb dünsten. Tomaten enthäuten, schneiden und mit dem Speck schmoren. Fleischbrühe und Fleisch dazugeben und aufkochen. Geputzte und in Scheiben oder Würfel geschnittene Mohrrüben, Porree, Kohlrabi und Kartoffeln hinzufügen, ebenso gebrochene Bohnen und Erbsen. Wenn das Gemüse fast gar ist, weiße Bohnen und Spaghetti hineingeben, mit Salz, Pfeffer, Muskat usw. vorsichtig abschmecken. Reibkäse sollte zur Selbstbedienung gesondert gereicht werden.

Auf dem **Balkan** ist die wichtigste Mahlzeit das Mittagessen (je nach Arbeitszeit bis 15 Uhr), das möglichst – wie auch in Griechenland und Italien – von der ganzen Familie gemeinsam eingenommen wird. Spätabends kann je nach Bedarf nochmals kalt oder warm gegessen werden. Das Frühstück wird oft erst nach einigen Arbeitsstunden eingenommen.
Brot ist hier das Grundnahrungsmittel, das als Weiß-, Misch- und Vollkornbrot zu allen Mahlzeiten verzehrt wird. Dazu isst man Fisch, Fleisch, Gemüse, Hülsenfrüchte, Obst, Milch und Milchprodukte.

Eine typische Süßspeise dieser Region ist eine Pita.

Pita (Strudel)

Zutaten: *300 g Mehl, 1 Ei, 1 EL Öl, 1 Msp. Salz, knapp 1/8 l lauwarmes Wasser*

Zubereitung: Gesiebtes Mehl mit Ei, Öl, Salz und lauwarmem Wasser zu einem geschmeidigen Teig kneten. Die Teigkugel auf ein leicht bemehltes Backbrett geben und durch Auseinanderziehen und Zusammenkneten zu einem festen Teig verarbeiten. Den Strudelteig unter einer angewärmten Schüssel 30 Minuten ruhen lassen. Anschließend den Teig auf einem großen, mit etwas Mehl bestäubten Tuch mit dem Nudelholz so groß wie möglich ausrollen. Danach mit den Handrücken unter die Teigplatte fassen und den Teig vorsichtig zu den Rändern hin hauchdünn ausziehen. Den Strudel mit Äpfeln, Kirschen oder Mohn füllen. Jetzt die Teigplatte mit Hilfe des Tuches zum Strudel zusammenrollen, den Strudel auf ein gefettetes Backblech geben, die Teigenden unterschlagen. Im auf 200 °C vorgeheizten Backofen ca. 30 Minuten goldbraun backen.

4

In der **Türkei** gibt es warme Hauptmahlzeiten am späten Mittag und spätabends. Zwischendurch wird häufig zu Brot, Nüssen, Obst, Käse usw. gegriffen. Hauptgetränke, die über den ganzen Tag verteilt getrunken werden, sind Wasser, Tee (für Kinder verdünnt) und Mocca. Die Schwerpunkte unter den Nahrungsmitteln liegen bei Fleisch, Weißbrot, Teigwaren, Reis, Gemüse, Obst, Milch und Milchprodukten. Die Zubereitung erfolgt in viel Fett und Öl.

Häufig wird als Beilage Coban Salatasi gereicht.

Coban Salatasi (Hirtensalat)

Zutaten: *1 Gurke, 1–2 Tomaten, 2 Peperoni, 1 Zwiebel, 3 grüne Zwiebeln, Petersilie (glatte), Dill, Minze, Saft einer Zitrone, reichlich Olivenöl, Salz*

Zubereitung: *Gurke schälen, längs halbieren oder vierteln, in kleine Würfel schneiden. Tomaten und Zwiebeln klein schneiden, Peperoni entkernen und fein schneiden, auf eine längliche Platte schichten (gemischt oder in Lagen) und dabei salzen. Öl und Zitronensaft darüber gießen, mit gehackter Petersilie, Minze und Dill bestreuen.*

---

1. Ergänzen Sie diese Liste um die Ernährungsgewohnheiten in der BRD. Geben Sie ebenfalls ein typisches Rezeptbeispiel an.

2. Vergleichen Sie die fünf Nationen hinsichtlich ihrer Ernährung miteinander und arbeiten Sie die Unterschiede/Gemeinsamkeiten heraus, die für sozialpädagogische Einrichtungen mit multikulturellem Anspruch von Bedeutung sind.

   HA 1, 2

3. Welche religiösen Hintergründe zeigen sich hier auch in der Nahrungsmittelauswahl oder sogar in Verboten? Informieren Sie sich darüber im Fachbereich Religionspädagogik.

■ **multikulturelle Speiseangebote** ■ **Fleisch** ■ **Brot** ■ **Gemüse** ■ **Obst** ■ **Milch** ■ **Milchprodukte** ■ **Gewürze** ■ **pflanzliche Fette**

4

4.2   Ernährung – über alle Grenzen hinweg

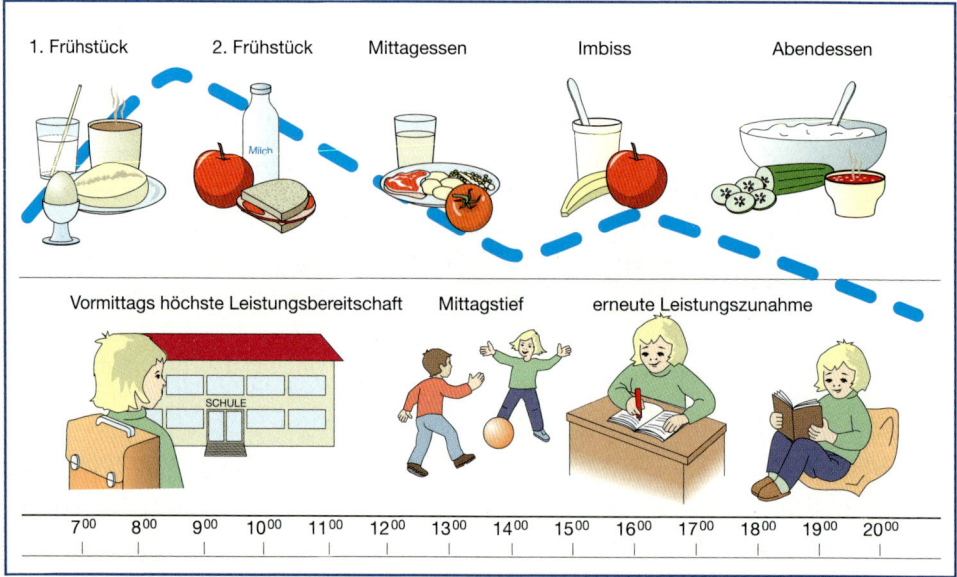

Nahrungsaufnahme und Leistungsbereitschaft im Tagesverlauf

1. *Erläutern Sie die dargestellten Zusammenhänge zwischen Nahrungsaufnahme und Leistungs-bereitschaft schriftlich.*

2. *Wo stecken, Ihrer bisherigen Erfahrung nach, die größten Realisierungsprobleme? Begründen Sie Ihre Meinung.*

Bei der Auswahl an geeigneten Nahrungsmitteln ist es hilfreich, einige Kenntnisse über die Bedeutung der einzelnen Nährstoffe zu besitzen, aus denen sich unsere Nahrungsmittel zu-sammensetzen:

Eiweiß: Es dient dem Aufbau und der Erhaltung unseres Körpers und muss täglich ergänzt werden

Fett: Dieser Nährstoff ist der eigentliche Energielieferant zur Erhaltung der Kör-pertemperatur und der Arbeitsfähigkeit des Organismus. Ferner ist es Lö-sungsmittel für einige Vitamine.

Fettsäuren: Sie sind Bausteine der Nahrungsfette. Die Linolsäure ist eine lebensnotwen-dige Fettsäure, die der Körper nicht selber herstellen kann. Linolsäurereich sind z. B. Sonnenblumen- und Maiskeimöle. Diese Öle sollten nicht erhitzt werden, da dies die Linolsäure zerstört.

Kohlenhydrate: Sie liefern Energie und verbessern die Mineralstoffaufnahme (z.B. von Kalzi-um). Da Kohlenhydrate leichter verdaulich sind als Fette, können sie dem

4

Körper schneller Energie zuführen. Traubenzucker ist dabei die häufigste Form der Kohlenhydrate, die in den Zellen zu Energie verarbeitet wird. Unser Gehirn kann für seine Arbeit nur Traubenzucker als Energiespender nutzen, was die Bedeutung der Kohlenhydrate unterstreicht.

Mineralstoffe: Sie sind für Stoffwechselvorgänge wichtig: Kalzium, Magnesium und Phosphor bauen z.B. Knochen auf, Eisen ist ein wichtiger Baustoff des Blutes. Sie werden schwerpunktmäßig für den Aufbau, die Funktionsfähigkeit und die Erneuerung jeder Zelle benötigt. Sie liefern keine Energie.

Vitamine: Sie sind am Abbau der Kohlenhydrate und am Aufbau von Enzymen beteiligt, lassen Stoffwechselvorgänge ablaufen und beeinflussen den Zell- und Gewebeaufbau. Jedoch liefern sie keine Energie: Eine Unterversorgung ist bei einseitiger Ernährung leicht möglich.

Ballaststoffe: Dies ist die Gruppe der unverdaulichen Kohlenhydrate, die für die Darmtätigkeit von großer Bedeutung sind. Ferner haben sie einen hohen Sättigungswert.

Diese Nährstoffe finden sich in mehr oder weniger allen Nahrungsmitteln in unterschiedlichster Menge. Die Deutsche Gesellschaft für Ernährung (DGE) informiert darüber, aus welchen sieben Lebensmittelgruppen eine vollwertige Ernährung bestehen sollte.

Weitere Informationen zur Dreidimensionalen Lebensmittelpyramide © DGE und zu den wichtigsten Ernährungsregeln finden Sie auf der CD.

● **Gemüse, Salat und Obst**
Frisches Obst und Gemüse sollte täglich, auch zwischendurch, und in größeren Mengen zum Teil als Rohkost verzehrt werden (z.B. Paprika, Gurke, Möhre, Kohlrabi usw.). „Energiebomben" unter den Obstsorten stellen z.B. Bananen oder Weintrauben dar. Die DGE empfiehlt zwei bis drei Portionen Obst (insgesamt 250 g) oder mehr und 400 g Gemüse oder mehr täglich.

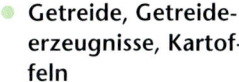

● **Getreide, Getreideerzeugnisse, Kartoffeln**
Aus dieser Gruppe sind die Vollkornvarianten
(Brot, Teigwaren, Reis) zu bevorzugen, da sie mehr Vitamine, Mineralstoffe und Ballaststoffe enthalten als die Auszugsprodukte. Außerdem sättigen Vollkornprodukte nachhaltiger. Kartoffeln sind keineswegs Dickmacher, wenn sie als Pell- oder Salzkartoffeln zubereitet werden. Die DGE empfiehlt täglich 200–300 g Brot (vier bis sechs Scheiben), 200–250 g gegarte Kartoffeln oder 200–250 g gegarte Teigwaren oder 150–180 g gegarten Reis.

4

● **Milch, Milchprodukte**

Milch und Milchprodukte sollten täglich verzehrt werden, die DGE empfiehlt 200–250 g Milch/ Joghurt und 50–60 g Käse pro Tag. Fettarme Varianten sollten dabei bevorzugt werden und sind ebenfalls reich an Kalzium und anderen Nährstoffen. Vollmilch darf nicht als Getränk, sondern muss wegen des relativ hohen Fettgehaltes als Lebensmittel gezählt werden.

● **Fleisch, Wurst, Fisch, Eier**

Pro Woche zwei- bis dreimal fettarmes Fleisch oder fettarme Wurst (DGE-Empfehlung: 300-600 g insgesamt), ein- bis zweimal Seefisch (DGE-Empfehlung: fettarm 80–150 g, fettreich 70 g) und bis zu drei Eier (inklusive verarbeitete Eier) sind für diese Gruppe zu empfehlen.

● **Fette, Öle**

Diese Lebensmittelgruppe berücksichtigt nur die sichtbaren Fette, wie Öle und Koch- und Streichfette (Margarine, Butter usw.). Die DGE empfiehlt: 15–30 g Butter oder Margarine und 10–15 g Öl pro Tag.

● **Getränke**

Getränke sind auch für Heranwachsende ein wichtiges Standbein in einer gesunden Ernährung. Dabei spielt die richtige Auswahl der Getränke eine entscheidende Rolle; in jedem Fall sind energiearme Getränke zu bevorzugen, wie z.B. Mineralwasser, Wasser, Kräuter- und Früchtetees oder ungesüßte, verdünnte Obst- und Gemüsesäfte. Die DGE empfiehlt täglich mindestens 1,5 l.

Gerade im Kindergartenalter sind die Kinder außerordentlich lernfähig und wissbegierig. Vieles, was andere vorleben, ist interessant und reizt zur Nachahmung (Vorbildfunktion!). Über ständig neue Eindrücke, wie Nahrungsmittel schmecken, riechen, sich anfühlen, lernt das Kind, Speisen zu beurteilen, entwickelt seine Vorlieben und Abneigungen, die wir Erwachsenen beachten sollten.

Der Verdauungsapparat ist in diesem Alter weit gehend fertig ausgebildet, so dass keine „Sonderspeisen" erforderlich sind. Dennoch sollte beachtet werden, dass die Aufnahme- und Leistungsfähigkeit der Verdauung noch begrenzt sind und schwer verdauliche Speisen (fettreich, Hülsenfrüchte, stark gesalzen/gewürzt) nicht so gut vertragen werden. Kinder erbrechen leichter als Erwachsene, da bei ihnen der obere Schließmuskel am Magen noch leichter auf Druck reagiert. Kleinere Kinder reagieren häufig über die Nahrungsaufnahme oder -verweigerung auf gefühlsmäßige Belastungen oder störende Einflüsse von außen (Stress). Nicht selten zeigen sie Abwehr gegen Essen oder Ekel gegenüber bestimmten Lebensmitteln oder Speisen. Hierbei ist die Erforschung der Ursache wichtiger als der Umstand selber, denn Kinder holen übergangene oder ausgefallene Mahlzeiten selbst wieder nach.

Verbote reizen! Speisen und Nahrungsmittel, die nicht unbedingt die Gesundheit fördern (Süßigkeiten, Limonade usw.), sollten daher nicht verboten werden. Wichtig ist es, einen kritischen Umgang mit diesen Stoffen zu entwickeln. Sie werden nicht als Belohnung eingesetzt (damit erhalten sie den Anschein des besonders Guten), nicht als Geschenk überreicht, sondern tauchen in Maßen zwischendurch im Alltag auf. Daran halten wir Erwachsene uns natürlich auch.

4

1. Nehmen Sie selbstkritisch Ihr eigenes Ernährungsverhalten unter die Lupe. Wo liegen Ihre Ernährungsstärken, wo zeigen sich Schwächen? Treten Sie in Ihrer Gruppe in einen Austausch. Was wollen Sie gemeinsam ändern? Setzen Sie es in die Tat um.

2. Informieren Sie sich, inwieweit für Diabetiker Abweichungen/Begrenzungen in der Lebensmittelauswahl bestehen.

3. Im Rahmen eines Angebots nimmt die Erzieherin mit den Kindern jeweils folgende Einteilungen vor:

   Angebot A: – Nahrungsmittel, die uns helfen, gesund zu bleiben
   　　　　　　　– Nahrungsmittel, die uns beim Wachsen helfen
   　　　　　　　– Nahrungsmittel, die uns kräftig machen

   Angebot B: – Nahrungsmittel, die gesund sind
   　　　　　　　– Nahrungsmittel, die nicht gesund sind

   Vergleichen Sie die Einteilungen in beiden Angeboten kritisch. Nehmen Sie in Partnerarbeit schriftlich Stellung zu den verwendeten Kriterien.

■ Eiweiß ■ Fett ■ Fettsäuren ■ Kohlenhydrate ■ Ballaststoffe ■ Mineralstoffe ■ Vitamine ■ Ernährungskreis ■ Vollkornprodukte ■ Getränke ■ unsichtbare Fette ■ Rohkost ■ Vorbildfunktion ■ maßvoller Umgang mit Nahrungsmitteln

HA 3, 4

4.3　Wie wir uns ernähren – eine Bestandsaufnahme

Unsere Ernährungswelt sieht heutzutage so aus, dass:

- ca. 6 % aller Schüler ohne Frühstück in die Schule gehen;

- ca. 6–8 % aller Schüler Geld statt eines Pausenbrotes mit in die Schule bekommen;

- mit zunehmendem Alter die Zahl der Schüler steigt, die sich weder etwas zu essen mitnehmen noch sich etwas zu essen kaufen;

- etwa 1/3 der Schüler Limonade und/oder Colagetränke statt Milch oder Kakao wählt;

- Süßigkeiten zwischendurch immer beliebter werden.

Fastfood in der Variation von Pommes frites, Hamburger, Brat- oder Currywurst, Süßigkeiten als Zwischenmahlzeit und Fertiggerichte in Form von Vollkonserven führen dazu, dass folgende Nährstoffverschiebungen schon bei Kindern und Jugendlichen verbreitet sind: zu viel Fett, zu viel Zucker, zu viel Salz, zu wenig Vitamine, Mineralstoffe und Ballaststoffe.

HA 5, 6, 7

Neben der Betrachtung der Nährstoffe muss unser Blick auch auf das „Wie" und „Wann" der Nahrungsaufnahme gerichtet werden: Häufig läuft der Fernseher während des Essens. Die Familie isst nicht gemeinsam, sondern gestaffelt. Die Speisen sind lieblos angerichtet. Wie soll Essen da Spaß machen? Die Verdauungsorgane werden nicht auf die Speisen vorbereitet, da zu schnell gegessen wird und der Hunger-Sättigungsmechanismus nicht mehr in Funktion tritt. Folglich wird zu viel gegessen. Wenn man dann auch noch alleine essen muss, obwohl eine gemeinsame Mahlzeit zu planen möglich wäre, fällt ein weiterer wichtiger Faktor bei der Nahrungsaufnahme weg – nämlich die Kommunikation!

4

Die Folgen dieses Nahrungsmissbrauchs sind vielfältig und können durchaus weitreichende Konsequenzen haben, wie z.B.:

- Essstörungen mit den möglichen Folgen von Über- oder Untergewicht,
- größere Infektanfälligkeit,
- weitere Vitaminmangelerscheinungen,
- Konzentrationsschwächen,
- Nervosität und Reizbarkeit,
- Störungen in der körperlichen und geistigen Entwicklung.

HA 8

1. *Untersuchen Sie in diesem Zusammenhang Werbeaussagen über kritische Nahrungsmittel auf ihren Aussagegehalt. Fassen Sie schriftlich die möglichen Gefahrenquellen, die enthalten sind, zusammen.*

2. *Entwerfen Sie einen Fragenkatalog zum Ernährungsverhalten in Ihrer Einrichtung. Starten Sie die Umfrage und werten Sie im Anschluss die Ergebnisse aus. Dokumentieren Sie diese für Ihre Einrichtung.*

3. *Legen Sie eine Übersicht an Nahrungsmitteln an, die zum so genannten Fastfood gehören (Fachliteratur nutzen). Erläutern Sie daran schriftlich Vor- und Nachteile dieser Ernährungsform in eigenen Worten.*

4. *Erarbeiten Sie mit Hilfe der Fachliteratur, wie der Hunger-Sättigungsmechanismus funktioniert. Unter welchen Einflüssen kann er außer Kraft gesetzt werden?*

■ **Fastfood** ■ **Nährstoffverschiebungen** ■ **Nahrungsaufnahme** ■ **Essatmosphäre**
■ **Hunger-Sättigungsmechanismus**

4.4   Vollwertige Ernährung

Grundlage der vollwertigen Ernährung ist der Verzehr möglichst unverarbeiteter und unbehandelter Nahrungsmittel. Ideal wäre die täglich frische Zubereitung der Mahlzeiten. Vorbildlich an den Ernährungsgewohnheiten der Südeuropäer sind der hohe Verzehr von Obst und Gemüse und die Verwendung von vorwiegend pflanzlichen Fetten, von Kräutern und Gewürzen (hier ist nicht Salz gemeint!). Des Weiteren sollte bei einer vollwertigen Ernährung darauf geachtet werden, dass:

- verstärkt Vollkornprodukte verwendet werden,
- Süßigkeiten nicht als Zwischenmahlzeit verzehrt werden,
- v.a. Kinder immer dann trinken dürfen, wenn sie Durst haben (Wasser, Kräuter-, Früchtetee, verdünnte Fruchtsäfte), Milch/Kakao zum Frühstück oder als Zwischenmahlzeit,
- der Salzgehalt beim Würzen der Speisen reduziert wird, da viele Nahrungsmittel bereits ausreichend gesalzen sind (z.B. Brot, Wurst, Käse),

HA 9

- eine gute Nährstoffversorgung gewährleistet ist, indem täglich Obst, Gemüse, Milch und Milchprodukte, wenig Fleisch/Wurst (ergänzt mit Fisch) zugeführt werden,

4

- die Anzahl an Mahlzeiten auf fünf bis sechs ausgedehnt wird (vgl. aber auch Kap. 3.7, S. 79),

- das Abendbrot leicht verdaulich ist und mindestens zwei Stunden vor dem Zubettgehen eingenommen wird.

Frühstück und Mittagessen stellen für Kindertagesstätten die entscheidenden Mahlzeiten dar, in denen bei entsprechender Vorbereitung auf das Ernährungsverhalten der Kinder eingewirkt werden kann. Voraussetzungen dafür sind die Bereitschaft aller Beteiligten (Erzieher, Eltern, Träger, eventuell Küchenpersonal), neben Ihrer Vorbildfunktion die Selbsttätigkeit der Kinder in den Mittelpunkt zu stellen. Dazu gehört auch eine ganzheitliche Erfahrung der Nahrungsmittel, wie sie nun am Beispiel Brot dargestellt wird:

Der Gang an einem Getreidefeld entlang, das Fühlen und Riechen der Ähren, das Probieren von ganzen Körnern, die Feststellung, dass unterschiedliche Getreidearten unterschiedliche Körner (Früchte) hervorbringen, sind Grundlagen, die es den Kindern ermöglichen, dem Ursprung des Brotes ganzheitlich auf die Spur zu kommen. Wenn das Korn dann gemahlen wird, verströmt es einen bestimmten Duft und es staubt. Mehl fühlt sich anders an als Schrot. Beides kann zur Teigherstellung verwendet werden. Das sollte nun in einem nächsten Schritt durchgeführt werden. Alle Zutaten sollten nun wiederum mit möglichst vielen Sinnen (Fühlen, Riechen, Schmecken) wahrgenommen werden. Am Ende steht dann der höchste sinnliche Genuss: das Probieren des fertigen Gebäcks, eventuell mit selbst hergestellter Marmelade, die auf einem ähnlich ganzheitlichen Weg zubereitet wurde.

Im Verlauf dieser Erfahrung sind außerdem vielfältige Außenkontakte möglich: Bauernhof, Mühle, Bäckerei usw.

Nur über diesen Weg können wir langfristig verhindern, dass für Kinder die Kühe lila sind und Bohnen in Dosen wachsen.

---

1. *Sammeln Sie Rezepte, die Sie für sozialpädagogische Einrichtungen nach den Gesichtspunkten der Vollwerternährung für geeignet halten. Fertigen Sie daraus für Ihre Gruppe ein Kochbuch an.*

2. *Für Heranwachsende sind u.a. Kalzium, Eisen, Jod, Vitamin B1, Folsäure und Ballaststoffe wichtige Nahrungsbestandteile. Ermitteln Sie mit Hilfe von Nährwerttabellen/Fachliteratur, wozu diese Stoffe benötigt werden und mit welchen Nahrungsmitteln der Bedarf jeweils gedeckt werden kann.*

■ **Vollwerternährung** ■ **unbehandelte Nahrungsmittel** ■ **Vollkornprodukte** ■ **ganzheitliche Erfahrung** ■ **Selbsttätigkeit**

Handlungsauftrag 1
Für ein verständnisvolleres multikulturelles Miteinander ist es – neben der Kenntnis der Ernährungsgewohnheiten – wichtig zu wissen, welche Schwerpunkte in der Kindererziehung gelegt werden, welche Stellung die Frau/der Mann in der Familie haben. Arbeiten Sie dies für die angesprochenen Nationen vergleichend heraus. Nutzen Sie Informationen auch aus anderen Fachgebieten.

4

Handlungsauftrag 2

Veranstalten Sie in Ihrer Gruppe/Schule/sozialpädagogischen Einrichtung ein multikulturelles Fest! Nutzen Sie die mögliche Kulturvielfalt vor Ort oder schlüpfen Sie in Rollen der verschiedenen Nationen! Überlegen Sie bei Ihrer Planung, was zu einem derartigen Fest alles dazugehört (Essen, Musik, Tänze, Gebräuche usw.), und setzen Sie Ihre Ideen in die Tat um.

Handlungsauftrag 3

„Das Auge isst mit!" „Das Frühstück ist der Einstieg in den Tag!"
Setzen Sie diese beiden praktischen Anforderungen um, indem Sie einen Frühstückstisch für einen ganz normalen Wochentag einer Durchschnittsfamilie mit zwei Kindern (vier und neun Jahre) decken. Wählen Sie die Nahrungsmittel unter Beachtung des Ernährungskreises.

Handlungsauftrag 4

Erstellen Sie für einen jugendlichen Diabetiker einen Ernährungsplan. Legen Sie eine BE-Anzahl von 20 zugrunde. 1 BE (= Broteinheit) entspricht 12 g Kohlenhydraten.

Handlungsauftrag 5

Fehlverhalten im Umgang mit Nahrungsmitteln wird durch die Werbung noch unterstützt, da z.B. Bonbons aufgrund von Vitaminzusätzen als empfehlenswerte Vitaminmahlzeit dargestellt werden, die Milchschnitte – trotz des enormen Zuckergehaltes – als geeignete Zwischenmahlzeit und Weingummi sogar als wichtig für den Aufbau von Knochen und Zähnen angepriesen wird. Das sind gefährliche Halbwahrheiten, über die Eltern aufgeklärt werden sollten. Tun Sie dies. Erläutern Sie schriftlich die Notwendigkeit einer intensiven Elternberatung in diesem Zusammenhang. Welchen ersten möglichen Ansatzpunkt sehen Sie bei dieser Thematik, um mit den Eltern ins Gespräch zu kommen? Stellen Sie ihn dar.

Handlungsauftrag 6

Erläutern Sie mit Hilfe der folgenden Zeitungsartikel mögliche Erziehungsfehler, die für Übergewicht verantwortlich gemacht werden können. Nehmen Sie schriftlich Stellung zu den Aussagen der Texte.

Kindern beim Essen Grenzen aufzeigen

Was Mama und Papa essen, finden die Kleinen toll – Eine „Ernährungsfibel"

Geschmack ist das Ergebnis einer Ernährungserziehung, ganz egal, ob sie absichtlich oder unabsichtlich stattfindet. Eltern sollten die Essensgewohnheiten ihrer Sprösslinge ganz gezielt beeinflussen.

Haben Sie sich einmal überlegt, ob eine Schachtel Pralinen für Ihr Kind etwas Besonderes ist? Wenn ja, haben Sie viel richtig gemacht. Und haben Sie einmal darüber nachgedacht, weshalb die meisten Asiaten Käse ekelhaft finden und Sie vermutlich beim Gedanken an den Genuss von Maden und Würmern schaudern? Die Antwort ist so einfach wie folgenreich: Wir mögen, was die Menschen um uns lecker finden – die Eltern vor allem. Und wir lehnen Speisen ab, die unsere Umgebung widerlich findet.

Eltern prägen Gewohnheiten

Mit anderen Worten: Es ist Sache der Eltern, den Geschmack ihrer Kinder zu beeinflussen – im Positiven wie im Negativen. Ein Elternhaus, das zum Frühstück „nur gerade mal einen Kaffee reinzieht", mittags schnell etwas in die Mikrowelle stellt und das Abendbrot achtlos vor dem Fernseher verbringt, signalisiert klar und deutlich: Essen ist Triebbefriedigung, aber keine Kultur.

Eine ruhige, freundliche Atmosphäre bei Tisch und Eltern und Geschwister, die einander aufmerksam zuhören, sind eine wichtige Voraussetzung, dass ein Kind langsam isst, Zeit zum Erzählen hat und das Essen als angenehmes Ereignis im Alltag empfindet. Kindern, die allein am Tisch sitzen, macht das ebenso wenig Spaß wie Erwachsenen. Frühstücksmuffel sollten rechtzeitig geweckt werden, und bei manchen Kindern meldet sich der Appetit erst, wenn eine kleine Verschnaufpause nach Kindergarten oder Schule und dem Mittagessen liegt.

Ernährungsgewohnheiten sind mit etwa dem achten Lebensjahr gefestigt und werden weitgehend bis ins Seniorenalter beibehalten, wie eine Studie der Universität Gießen zeigt. Eltern, die neugierig auf neue Geschmäcker sind, werden mit hoher Wahrscheinlichkeit auch Kinder haben, die eines Tages gerne mit Aromen experimentieren, und wer seinen Kindern eine gesunde Ernährungsweise vorlebt, hat große Chancen, dass das Kind sie übernimmt und beibehält oder sich wenigstens später darauf besinnt.

Doch das Vorbild alleine genügt nicht. Auch in der Ernährungserziehung – wie überall in der Erziehung – steht und fällt der Erfolg mit der Konsequenz. Das kindliche Betteln, Drängeln und Schmollen setzt punktgenau an elterlichen Schwächen an, die solange bearbeitet werden, bis Papa oder Mama nachgibt. Das funktioniert umso besser, je weniger klar die gemeinsamen Regeln festgelegt sind. Im Zweifelsfall wird auch mal einer gegen den anderen ausgespielt.

Bei übergewichtigen Kindern ist diese Durchsetzungsfähigkeit hinsichtlich Essen und Fernsehen oft besonders ausgeprägt. Tatsächlich brauchen aber Kinder für eine gesunde Entwicklung Grenzen. Fallen diese weg, fühlen sie sich wie ein Autofahrer ohne Mittelmarkierung und Seitenstreifen. Wo ist jetzt die Fahrbahn? Und Kinder verstehen sehr wohl, dass Hartbleiben nichts mit Liebesentzug zu tun hat. Doch Vorsicht: Essen und Trinken sollten möglichst nie als Lohn oder Strafe eingesetzt werden. Dicksein beim Kind beginnt mit dem Bonbon als Belohnung.

Sehr oft kann die Ernährungserziehung kindliche Vorlieben aufgreifen. Lieblingsessen sind nämlich keineswegs immer die statistischen Besonderheiten, sondern unverfälschte Grundnahrungsmittel. So zählte etwa bei Verzehr-Messungen Pommes Frites nicht zu den meist gegessenen Lebensmitteln. Das eindeutige Top-Lebensmittel waren übliche Kartoffeln. Kartoffeln ohne Soße, Nudeln ohne Soße, Reis ohne alles – auch das sind bei Kindern beliebte und durchaus sinnvolle Lebensmittel.

Beim Einkauf aufpassen

Grundlage jeder Ernährungserziehung ist der Einkauf. Ganz selbstverständlich passt sich der kindliche Geschmack der Ernährungsumgebung an, also dem vorhandenen Nahrungsmittelangebot mitsamt seinen Reizen. Wenn ein Kind Durst hat, und es steht jederzeit eine Flasche Limonade oder Cola bereit, dann wird das Kind davon trinken. Und weil beide als Genussmittel entwickelt wurden, trinkt das Kind davon

4

regelmäßig auch über den Durst. Dasselbe gilt für Chips und Süßigkeiten. So sehr die Vorschrift „Der Teller wird leer gegessen" das natürliche Hungergefühl zerstört, so nützlich ist die Regel „Was auf den Tisch kommt, wird probiert" für die Entwicklung eines breiten Geschmackshorizonts. Kindliche Meinung geht davon aus, alles müsse „toll schmecken". Muss es nicht. Es genügt, dass ein Essen ganz einfach „okay" ist und satt macht.

Selbstverständlich sollte sein, dass Kinder, die die Hauptmahlzeit ablehnen, ihren Hunger in der Zwischenzeit bis zum nächsten Essen nicht mit Süßigkeiten stillen. Als „Überbrückungshilfe" eignet sich Obst oder Rohkost, etwa eine Karotte oder ein Stück eines anderen Lieblingsgemüses.

Eine gute Möglichkeit, das Kind in die Essensauswahl miteinzubeziehen, ist die gemeinsame Absprache, wie oft es etwa bis zu drei bestimmte Speisen langfristig ablehnen darf. Denken Sie bei solchen Gesprächen daran, dass auch die Eltern ein „Recht auf ihre Lieblingsspeise" haben, nicht nur die Kinder.

Es mag banal klingen, aber das wichtigste Ziel der Ernährungserziehung besteht darin, dass Kinder Hunger von Sättigung und Appetit von Hunger unterscheiden lernen. Das funktioniert nur, wenn die Eltern den Hunger der Kinder respektieren. Und der kann enorm schwanken. Manche Kinder haben tagelang ganz wenig Hunger,

um dann wieder mächtig „reinzuhauen". Keine Sorge. Das Einzige, was passieren kann, ist eine systematische Fehlernährung, wenn Kinder Hunger mit Süßem, Fettem oder aromastoffhaltiger Fertigkost stillen dürfen und können.

Der Umgang mit Süßigkeiten beginnt im Säuglingsalter. Eine Gewöhnung an süßen Geschmack kann vermieden werden, wenn das Kleinkind seinen Durst mit Wasser oder ungesüßtem oder leicht gesüßtem Tee stillt. Auch süßstoffhaltige Getränke sind abzulehnen, da sich Kinder allzu leicht an den süßen Geschmack gewöhnen und Süßstoff den Appetit anregt.

Wenn es Süßigkeiten gibt, dann am besten in geballter Form, Zwischendurchverzehr oder „Dauerlutschen" ist für die Zähne besonders schädlich: Zuckerhaltige Nahrungsmittel werden am besten nach den Mahlzeiten oder als selbstständige Zwischenmahlzeit (beispielsweise Kuchen) gegessen. Vor den Mahlzeiten verderben sie nur den Appetit. Anschließend müssen immer die Zähne geputzt werden.

Übrigens: Die so genannten „zuckerfreien Süßigkeiten" sind zwar besser für die Zähne, haben aber beinahe ebenso viel Kalorien wie die Zuckervarianten. Solange sich Kinder über eine Süßigkeit noch freuen können, sind die Eltern auf dem richtigen Weg.

(Quelle: Maria Ghoebel, in: Rheinzeitung, 18.10.2005, S. 24)

Weshalb die Kleinen Ungesundes lieben

Aromastoffe in Fertiggerichten und Nahrungsmitteln für Jüngere animieren zum „Futtern"

Kinder essen oft am liebsten das, was ungesund ist. Komisch? Eigentlich gar nicht. Schuld an diesem Phänomen sind Aromastoffe, die den Fertiggerichten und Kinderlebensmitteln beigesetzt sind. Kinder gewöhnen sich sehr schnell an Aromastoffe, die meist einen wesentlich intensiveren Geschmack haben, als man ihn mit natürlichen Zutaten erreichen kann.

Aromastoffe gaukeln etwa den Geschmack von Erdbeeren oder Kirschen vor, sind aber oftmals weit entfernt von jedem natürlichen Anteil – die Chemie schafft das prima. Sofern Kinder nicht allergisch darauf reagieren, gelten Aromastoffe zwar als unbedenklich, aber sie verderben den Kindern im wahrsten Sinn des Wortes den Geschmack: Irgendwann finden sie künstliches Vanillin leckerer als echte Vanille und glauben, dass Kirschjogurt wie Kirschen schmeckt.

Chemie gaukelt Hunger vor

Über den Geschmack holt sich der Körper aber das, was er braucht. Der Körper signalisiert durch Lust auf bestimmte Lebensmittel, welche Nährstoffe er gerade braucht. Genau dies verhindern Aromastoffe. Sie gaukeln Inhaltsstoffe vor, die überhaupt nicht oder nur wenig in dem Essen enthalten sind. So wird die Lust des Körpers auf einen bestimmten Inhaltsstoff nicht gestillt und der Körper animiert, weiter zu essen. Dies führt oft zum Übergewicht. Experten sehen gerade Kinderlebensmittel, die meist viel zu süß und zu fett sind, als Ursache für die massive Gewichtszunahme bei Kindern und Jugendlichen.

Lebensmittelkonzerne verzeichnen gerade bei den Kinderprodukten starke Zuwächse. Jogurts in schrillen Verpackungen, Burger mit Spielzeug-Beigabe, Pizza, Pommes und anderes Fast Food, Süßigkeiten und „gesunde Zwischenmahlzeiten" sind ein Bombengeschäft für die Lebensmittelindustrie geworden. Explosiv ist allerdings auch die Zunahme der Überge-wichtigen: Rund 20 Prozent der Kinder und Jugendlichen in Deutschland sind zu dick. Wiederum etwa 80 Prozent von ihnen nehmen das Übergewicht mit ins Erwachsenenalter – und damit Langzeitfolgen wie Diabetes, Herzinfarkt, Schlaganfall und verschiedene Krebsformen wie beispielswcise Dickdarmkrebs.

Fast Food aus Burger- und Imbissketten gehört für die Kleinen heute zum Alltag und nimmt etwa 25 Prozent Anteil an der gesamten Ernährung ein. Burger & Co. werden dabei als kleiner Imbiss oder als Zwischenmahlzeit gesehen, doch aus Sicht der Kalorien handelt es sich um vollwertige Hauptmahlzeiten. Das sagen die Betreiber natürlich nicht.

Schuld an der Fehlernährung sind aber auch einige gesellschaftliche Veränderungen: In vielen Familien gibt es kein gemeinsames Essen mehr. Jedes vierte Kind kommt ohne Frühstück zur Schule. Kochen findet in der Mikrowelle statt, weil Fertiggerichte schneller zubereitet sind als frisches Gemüse und mit ihren Aromastoffen auch Erwachsene in den Bann ziehen.

4

Müsli-Riegel voller Fett

Dazu kommt die stundenlange Bewegungslosigkeit vor Computer und Fernseher. Vor dem TV-Gerät stopfen sich Kinder dann lieber mit Chips und Süßigkeiten voll als mit Obst und Gemüse. Sollte es statt dessen einmal ein Müsli-Riegel oder Fertigjogurt sein, ist das kein Grund für ein gutes Gewissen. Viele dieser Riegel und Jogurts stecken voller Zucker und Fett.

Zu fettreich ist die Ernährung auch in den Familien: Es gibt mehr tierische als pflanzliche Lebensmittel, mehr fettreiche Vollmilch als fettarme Milch, mehr fettreiche als fettarme Fleisch- und Wurstwaren und nur einen geringen Anteil an Vollkornprodukten.
Fazit: Kinder lieben auch deshalb Ungesundes, weil sie von ihren Eltern nichts Besseres bekommen.

(Quelle: Doris Haselmann, in: Rheinzeitung, 18.10.2005)

Handlungsauftrag 7

In der folgenden Übersicht werden Sie mit den Inhaltsstoffen der „Milchschnitte" vertraut gemacht.
Wie bewerten Sie die Werbeaussage, die dieses Produkt gerade für Heranwachsende als geeignete Zwischenmahlzeit anpreist?
Welche Alternative würden Sie für die „Milchschnitte" empfehlen?
Bedenken Sie dabei auch Aussehen und Geschmack.

Die Milchschnitte

Zutaten: Milch, pflanzliche Öle, Zucker, Weizenmehl, Magermilchpulver, Honig, (5 %) Butterreinfett, Volleipulver, Weizenkleie, fettarmer Kakao, Emulgator, Pflanzeneiweißerzeugnis, Backtreibmittel, natürliche Aromastoffe, Salz, Vanillin, Verdickungsmittel: Johannisbrotkernmehl.

Zum Inhalt: Das braune Vollkorn-Aussehen kommt vom Kakao. Die 33 % Milch sehen nach viel aus, sind aber nicht einmal ein Esslöffel pro Schnitte. Dabei hat diese Milch bereits mehrere Verarbeitungsschritte durchlaufen, bis sie in die Schnitte kommt. Anstatt Butter werden billigeres Butterreinfett und ein „Pflanzeneiweißerzeugnis" verwendet. Dazu kommen dann noch natürliche Aromen und Kunstvanille. Hier handelt es sich eher um ein Creme-Törtchen denn um eine nahrhafte Schnitte.

Zusammenfassung: Die Schnitte besteht zu 26,6 % aus Zuckern verschiedener Art. Bildlich gesprochen: drei Stück Würfelzucker à 2,5 Gramm.

(Quelle: Jenchen, 1992, S. 24)

Handlungsauftrag 8

Fallbeispiel:

Ich esse meine Suppe nicht

Wie ernähren wir unsere Kinder?

Eine Hausfrau und Mutter erwartet ihren achtjährigen Sohn, der aus der Schule kommt, zum Essen. Ihre kleine dreijährige Tochter muss noch vom Kindergarten abgeholt werden. Das Mittagessen steht schon fertig auf dem Herd. Johannes kommt aus der Schule. Ungeduldig knallt er seinen Ranzen in die Ecke.

Joh.:   Oh, hab ich Hunger, was gibt's denn heut' zu essen?

Mutter: Mensch, Johannes, ich hab auch nicht immer Zeit, dir den Ranzen wegzuräumen. Jetzt mach mal endlich, räum' deinen Ranzen weg, zu essen gibt es erst später. Ich muss Lena noch vom Kindergarten abholen gehen.

Die Mutter geht. Johannes schaut neugierig in die Töpfe auf dem Herd.

Joh.:   Hu, heiß. Ach, schon wieder den gleichen Fraß. Wann gibt's denn endlich mal das, was ich will? Na ja, mal sehen, vielleicht ist im Schrank ja noch Schokolade oder irgendwas anderes, was wenigstens genießbar ist.

Johannes geht an den Schrank und holt sich einen Schokoriegel. Er nascht, obwohl er doch weiß, dass er sich damit den Appetit verdirbt.

Die Mutter kommt mit Lena nach Hause. Sie zieht Mantel und Schuhe aus und ruft Johannes über die Schulter zu:

Mutter: Also, Johannes, weißt du was, ich finde ja, du hättest wenigstens schon mal den Tisch decken können. Ich bin doch eben erst gekommen.

Joh.:   Immer ich.

Johannes stellt Teller und Bestecke auf den Küchentisch. Die Mutter holt die Töpfe vom Herd und stellt sie dazu. Sie gibt beiden Kindern das Essen auf den Teller und bindet Lena ein Lätzchen um.

Mutter: Komm her, mein Schatz, schau, was ich für euch Leckeres gekocht habe. Du magst doch gerne Möhrchen. Alles extra für euch gemacht.

Johannes, nun stochere nicht im Essen herum, ich denke, du hast großen Hunger.

Joh.:   Es schmeckt aber nicht.

4

Mutter: Mensch du! Na, wie war's denn in der Schule, erzähl' doch mal, hm? Hast du auch gut aufgepasst? Was war denn so los? Oder muss ich mir wieder was anderes sagen lassen, so von wegen nicht aufgepasst, unaufmerksam, he?

Joh.: Mir schmeckt's nicht, wann kochst du endlich mal, was ich will? Außerdem will ich gar nicht so viel auf dem Teller.

Lena: Ich will auch nicht essen, doofe Möhrchen.

Mutter: Och, nun komm, mein Schatz, schau, Mami hilft dir ein bisschen. Ein Löffelchen für den Papi, ein Löffelchen für die Mami und dann noch ein Löffelchen für die Omi. Johannes, du solltest dich schämen. So'n leckeres Essen, Mensch. Früher wäre ich froh gewesen, wenn ich jeden Tag so etwas Gutes gehabt hätte.

Joh.: Oh, Mann!

Mutter: Mir schmeckt es nun mal auch. Oder denk an die armen Kinder in Afrika. Du, die müssen hungern. Du mäkelst herum hier. Nun esst auf, sonst werdet ihr nicht groß und stark. Den ganzen Morgen hab' ich für euch gekocht, es ist zum Verrücktwerden hier.

Lena: Ich mag nicht, der Johannes mag ja auch nicht. Ich will Pudding.

Mutter: Nun komm' her, hier noch ein Löffelchen für die liebe Lena.

Joh.: Hm, dieses Getue.

Mutter: Iss schön den Teller leer, dann freut sich auch die Mami.

Lena: Igitt.

Mutter: Und du, Johannes, hör auf zu mäkeln und iss endlich. Was ist denn das für ein Zauber heute mittag, es wird gefälligst gegessen hier, was auf den Tisch kommt.

Johannes knallt die Gabel hin und rennt wütend aus der Küche. Auch Lena schreit, klettert von ihrem Stuhl und läuft Johannes nach. Der Mutter ist nun ebenfalls der Appetit vergangen. Sie räumt den Tisch ab, beginnt mit dem Spülen und verzehrt dabei stehend auch noch die Reste aus den Töpfen. Sie weiß sich keinen Rat mehr.

Ergründen Sie, warum die Kinder sich so verhalten, obwohl sie eigentlich hungrig sind.
Beachten Sie dabei auch das Verhalten der Mutter.
Schreiben Sie die Szene auf Grundlage Ihrer konkreten Hinweise um.

4

Handlungsauftrag 9

Erstellen Sie mit Hilfe der folgenden Fingerspiele je eine Angebotsreihe unter ganzheitlichem Aspekt zu dem im Spiel angesprochenen Thema:

Was die Finger mögen

Der dicke Daumen,
ihr wisst, der mag Pflaumen.

Der Lange kann zeigen,
wo sie sind an den Zweigen.

Der Große in der Mitte,
(sagt:) „Ich will lieber 'ne Fritte!"

Dann spricht der mit den Ringen:
„Mit Ketchup, vor allen Dingen!"

Doch der Kleine am Schluss
(sagt:) „Quatsch! Es gibt Pflaumenmus!"

(Quelle: Dillenburg-Groß, 1995, S. 19)

Apfelmus

Der Erste muss die Sorte wählen.

Der Zweite muss den Apfel schälen.

Der Dritte macht Feuer unterm Topf.

Dann mascht und stampft der vierte Tropf.
Und ist das Mus dann schön püriert,
kommt der (kleine) Fünfte und probiert.

(Quelle: Dillenburg-Groß, 1995, S. 19)

Literatur

Bass, Jules:	Kochen mit Herz. Der vegetarische Drache, Baumhaus Medien AG, Frankfurt, 2001
von Cramm, Dagmar.:	Was sollen unsere Kinder essen?, in: Kindergarten heute, 2/95, S. 18 ff.
Dillenburg-Groß, Ursula:	Ein Korb voller Früchte, Dreieck-Verlag, Wiltingen, 1995
Elmadfa, Ibrahim:	Die große GU Nährwert-Kalorien-Tabelle, Gräfe und Unzer, München, 2003
Erkert, Andrea:	Naschkatze & Suppenkaspar, Ökotopia, Münster, 2005
Fröleke, Hartmut:	Kleine Nährwerttabelle der Deutsche Gesellschaft für Ernährung e.V., Neuer Umschau Buchverlag, Neustadt, 2004
Ghoebel, Maria:	Kindern beim Essen die Grenzen aufzeigen, in: Rhein-Zeitung, 18.10.2005, S. 24
von Gramm, Dagmar (Hrsg.):	Das große GU Familienkochbuch, Gräfe und Unzer, München, 2000
Haselmann, Doris:	Weshalb die Kleinen Ungesundes lieben, in: Rhein-Zeitung, 18.10.2005, o. S.
Jenchen, Hans-Joachim:	Ökologie im Schulalltag. Grundlagen, Aktivitäten und Unterrichtshilfen, Ökotopia Verlag, Münster, 1992

4

Klammrodt, Friedrich:	Unkonzentriert, Aggressiv, Überaktiv, Verlag Grundlagen und Praxis, Leer, 2004
Moser, Sabine:	Kochen macht uns Kindern Spaß. Kochbuch für Kinder mit und ohne Diabetes, Kirchheim, Mainz, 2001
Schlieper, Cornelia, A.:	Ernährung heute, Verlag Handwerk und Technik, Hamburg, 1999
Stiftung Warentest (Hrsg.):	Kochbuch durchs Jahr, Econ Verlag, München, 2002

Links:

www.dge.de
www.aid.de
www.verbraucher.org

Anschlussthemen

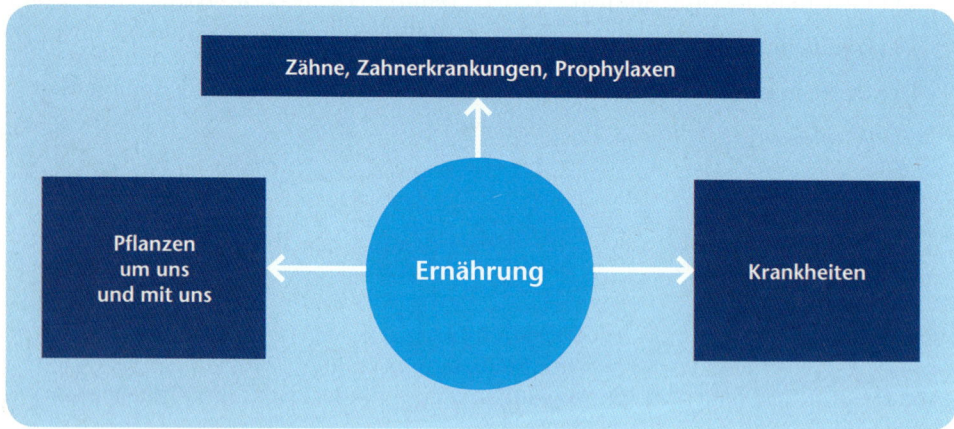

„Eine Zeit der Chancen und Risiken"

Das Bebi.

Ein Bebi braucht Lihbe und ein Schnuller.

Bebis ohne Fäter sind unehelich. Vor der Haustür sind Bebis Findelkinder.

Für ein Bäbi hat die Mutter das Ei und der Mann braucht den Samen und die Potenz. Wenn es mehr ist, gibt es Zwillinge.

Vorher braucht man Lust und Liebe. Mein Vater sagt, es gibt aber auch Lust ohne Bebis.

(aus: Schäffler/Schmidt, Mensch Körper Krankheit, 2. Auflage 1995, Gustav Fischer Verlag, Stuttgart)

Führen Sie in Ihrer Gruppe ein Brainstorming zum Thema „Gesundheitliche Einflussfaktoren (vor- und nachgeburtlich) auf die Entwicklung des Kindes" durch. Sortieren Sie im Anschluss die genannten Fakten.

5

Die Entwicklung des Menschen aus einer einzigen befruchteten Eizelle ist ein komplizierter Vorgang, der erst mit dem Tod abgeschlossen ist. Dabei unterscheidet man zwischen der pränatalen – als vor der Geburt stattfindenden – und der postnatalen Entwicklung, die alle Vorgänge, die sich nach der Geburt abspielen, vom Wachsen über das Altern bis zum Tod, umfasst.

5.1 Die pränatale Entwicklung

Sie lässt sich grob in drei Stadien unterteilen:

- Das erste Stadium umfasst die Befruchtung und die Einnistung der Eizelle mit den ersten Zellteilungen. Es ist etwa mit dem zehnten Tag nach der Befruchtung abgeschlossen.

- Das zweite Stadium umfasst das Embryonalstadium. Es beginnt in der zweiten Woche und endet mit der Anlage der Organe in der zwölften Schwangerschaftswoche.

- Ab der 13. Schwangerschaftswoche wird der Keim als Fetus bezeichnet. Während des Fetalstadiums erreicht die Frucht Geburtsreife; gerade die letzten zwei Monate führen zu einer erheblichen Gewichtszunahme.

Während der zweiten Hälfte der Schwangerschaft bildet sich auch das kindliche Immunsystem aus, das mit der Geburt aber noch nicht voll funktionstüchtig ist. Die während der Schwangerschaft aus dem mütterlichen Kreislauf übernommenen Antikörper schützen das Kind in der ersten Zeit nach der Geburt.

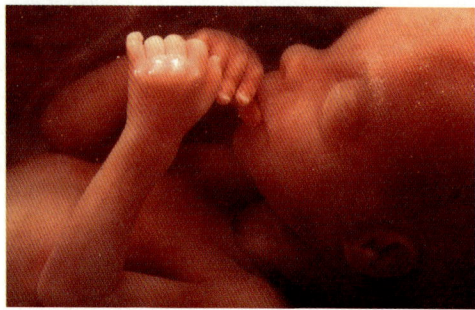

Die Nabelschnur, die die Verbindung zwischen Plazenta und Embryo darstellt, enthält Venen und Arterien, über die das Kind mit Sauerstoff und Nährstoffen versorgt wird.

Stellvertretend für viele Leistungen, die ein Fetus im Mutterleib schon kann, soll die Hörfähigkeit betrachtet werden:

Die Entwicklung des kindlichen Hörapparats ist bis zum Ende der zwölften Schwangerschaftswoche abgeschlossen. Was das Ungeborene über die Ohren empfängt, ist sehr diffus, verwaschen und reduziert. Die Schwingungen des Trommelfells sind minimal und durch das Fruchtwasser behindert. Dennoch hört der Fetus sehr genau, indem er die guten Leitungseigenschaften sowohl der mütterlichen als auch der eigenen Knochen nutzt. Knochen leiten sowohl die Körpergeräusche als auch von außen kommende Geräusche umso besser, je höher die Frequenz der Geräusche ist. Ab dem sechsten Schwangerschaftsmonat beginnen die Feten die Gebärmutter auszufüllen und mit ihrer Schädeldecke am mütterlichen Beckenknochen aufzuliegen. Über die Knochen bekommen sie nun direkt die Schwingungen mit und „beantworten" sie z. B. mit plötzlichen Bewegungen, die die Mutter spüren kann.

Ca. ab dem sechsten Schwangerschaftsmonat wird regulär die Steißlage verlassen, und die Babys liegen schwerpunktmäßig mit dem Kopf nach unten, wobei die Wirbelsäule als zusätzliche Geräuschleitung fungiert.

5

Neugeborene erinnern sich nach der Geburt insbesondere an das, was sie gut gehört haben, also an die hohen Frequenzen. Sie hören ab dem zweiten Lebenstag über das Trommelfell. Sie nutzen aber weiterhin auch ihre Schädelknochen (sie strampeln sich z. B. mit dem Kopf nach oben an Wiege oder Bettchen).

Am angenehmsten sind natürlich Geräusche, die sie schon kennen, unbekannte Töne können sie sehr erschrecken. Aber auch hier ist ganz deutlich feststellbar, dass gerade die überraschenden neuen Geräusche das Gehirn veranlassen, neue Nervenbahnen anzulegen. Für erwachsene Bezugspersonen heißt das: Ein Wechsel zwischen Gewohntem und Neuem sollte beachtet werden, solange sich die Kinder die Reize nur bedingt selber verschaffen können.

1. *Welche Einflussmöglichkeiten sind während der Schwangerschaft in Bezug auf das Hören möglich? Bearbeiten Sie dies in Partnerarbeit schriftlich.*

2. *Warum ist es durchaus nicht selten, dass Neugeborene eine kurzfristige Gelbsucht aufweisen können? Benutzen Sie zur Beantwortung die weiterführende Fachliteratur.*

■ **pränatal** ■ **postnatal** ■ **Embryo** ■ **Fetus** ■ **Nabelschnur** ■ **Plazenta**
■ **Knochenleitung**

5.2   Neurobiologie

Die Ergebnisse der PISA-Studie (Programme for International Student Assessment) haben unter Fachleuten eine Diskussion u.a. darüber in Gang gesetzt, wie viel Bildung der Mensch zu welcher Zeit seiner Entwicklung benötigt und wie das deutsche Bildungssystem zu verbessern ist.

Unbestritten ist, dass derjenige, der in der modernen Gesellschaft sicher bestehen will, lebenslang lernen und immer wieder Neues entdecken muss. Unser Gehirn ist darauf eingestellt – es lernt immer –, es kann gar nicht anders. Somit stellt sich die entscheidende Frage nach dem Zeitpunkt und den Bedingungen für einen „erfolgreichen" Lernprozess. Allerdings ist das große Ziel jeder Bildung nicht das Anhäufen von immer mehr auswendig gelernten Fakten (die nach ihrer Nutzung wieder vergessen werden), sondern der Erwerb von Orientierungskompetenzen für die Umsetzung von Wissen in Handeln. Wer ein ausreichendes Repertoire an Kompetenzen besitzt, kann die unterschiedlichsten Anforderungen meistern.

Sozialpädagogische Fachkräfte müssen sich dieser Thematik genauso stellen wie alle an Bildung Beteiligten.

Nehmen Sie Stellung zu folgendem Zitat von Peter Sloterdijk:
„Lernen ist Vorfreude auf sich selbst."

Ein Grundverständnis über die Anatomie und Physiologie des Gehirns ist dabei elementare Voraussetzung, um Chancen und Grenzen der Leistungsfähigkeit dieses Organs zu verstehen.

5

Das Zentrale Nervensystem des Menschen, zu dem Gehirn und Rückenmark gehören, ist wohl das erstaunlichste Organ, das das Leben hervorgebracht hat. Leistungen wie Denken, Fühlen, Empfinden, Lernen, Erinnern, Bewusstsein und Unterbewusstsein spielen sich hier ab. Zwar besteht das Zentrale Nervensystem wie alle anderen Teile des menschlichen Körpers aus einzelnen Zellen (100 Milliarden Nervenzellen allein im Gehirn), aber erst die gebildeten Netzwerke der Zellen untereinander haben die Eigenschaft, die genannten Leistungen zu vollbringen.

5.2.1 Anatomie und Physiologie

Nähern wir uns dem Gesamtverständnis über die Anatomie und Physiologie an:
Das Gehirn liegt in der Schädelhöhle, geschützt von einer knöchernen Kapsel (Schädelknochen). Das Gewicht liegt bei etwa 1 250–1 500 g, wobei dies keine Rückschlüsse auf die Intelligenz des Trägers zulässt. Das Gehirn besteht aus zwei Hälften, den Hemisphären, die vielfältig durch Nervenbahnen verbunden sind. Nachdem es in der Embryonalzeit eine komplizierte Entwicklung durchlaufen hat (s. auch Kap. 5.4), besteht es beim Menschen u. a. aus folgenden Teilen:

Großhirn, Zwischenhirn mit Hypophyse, Mittelhirn, Kleinhirn und dem Hirnstamm mit Brücke und verlängertem Mark.

Die untenstehende Abbildung informiert Sie über die jeweilige Lage der Gehirnteile.

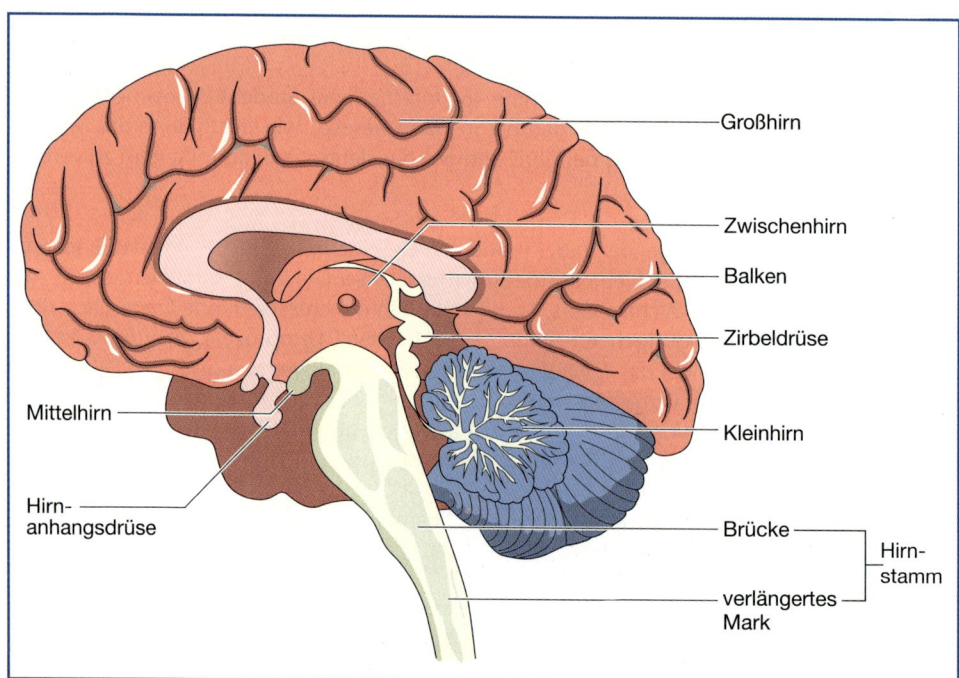

Übersicht über das Gehirn

Die CD-ROM zeigt Ihnen eine vertiefendere Darstellung, in der Sie die Lage der Hirnteile nochmals überprüfen können.

Dabei kommen den einzelnen Teilen des Gehirns jeweils besondere Aufgaben zu, die allerdings nicht isoliert zu verstehen sind, sondern erst im Zusammenspiel die Gesamtfähigkeit des Organs ermöglichen:

- Großhirn: z. B. Informationsaufnahme und -verarbeitung der eingehenden Reize
- Mittelhirn: z. B. Regulation der Kreislauffunktion
- Kleinhirn: z. B. Bewegungs- und Gleichgewichtskoordination
- Verlängertes Mark: z. B. Übergang vom Gehirn ins Rückenmark mit Sitz des Atemzentrums

> *Ergänzen Sie die Aufgaben der Hirnteile mit Hilfe der weiterführenden Fachliteratur.*

Die CD-ROM zeigt Ihnen beispielhaft die Lage und Funktion einiger Verarbeitungszentren im Großhirn mit Hilfe einer Seitenansicht. Weitere Ausführungen liefern Ihnen Informationen zum Gehirnstoffwechsel.

Um seine eigentliche Aufgabe der Nachrichtenübermittlung erfüllen zu können, braucht es im Nervensystem eine Vielzahl von vernetzten Nervenzellen. Sie bestehen – wie andere Zellen auch – aus einem Zellkörper, einem Zellkern und Organellen (Zellorgane).

Doch hier enden die Gemeinsamkeiten schon. Abweichend von allen anderen Zellen des Körpers können die Nervenzellen sich nicht durch Teilung regenerieren. Sind sie abgestorben, besteht ein Defekt. Sichtbare Erholungen z.B. nach einem Schlaganfall entstehen durch die Ausbildung neuer Verknüpfungen zwischen den verbliebenen Zellen im Nervensystem.

Die Reizaufnahme erfolgt grundsätzlich mit den Dendriten, den zahlreichen kleinen Fortsätzen, während die Weitergabe von Reizen über den langen Fortsatz, den Neuriten, erfolgt. Er wird durch eine Zellschicht (Myelinscheide) vor schädlichen Einflüssen (z.B. Giften) geschützt.

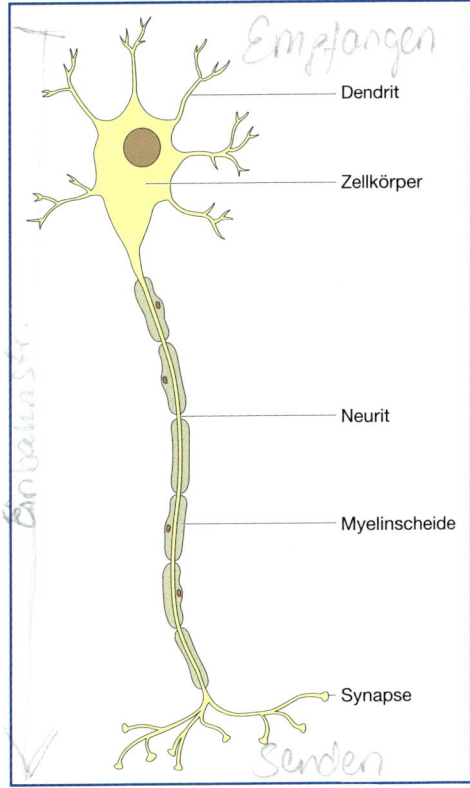

Nervenzelle

Eine schematische Zeichnung zweier Nervenzellen zeigt Ihnen auf der CD-ROM zusätzlich die Verknüpfungsmöglichkeit auf.

5

Um die Weiterleitung von Reizen (z.B. das Bellen eines Hundes) nach der Aufnahme über das jeweilige Organ im Nervensystem zu ermöglichen, sind an den Enden der Neuriten spezielle Kontaktstellen – die Synapsen – ausgebildet. Die Reizübertragung erfolgt chemisch über so genannte Überträgerstoffe (Transmitter), die je nach Reizstärke in unterschiedlichen Mengen von den Nervenzellen gebildet und ausgeschüttet werden.

 Die Schemazeichnung auf der CD-ROM verdeutlicht Ihnen die einzelnen Phasen der Reizübertragung.

Auf diese Art und Weise wird eine außerordentliche Vielfalt von Funktionen ermöglicht:

- willkürliche und unwillkürliche Muskelbewegungen
- Steuerung von Drüsenfunktionen
- Informationsverarbeitung mit oder ohne Überschreitung der Schwelle des Bewusstseins

So werden jeden Tag Millionen von Reizen aufgenommen und verarbeitet bzw. weitergeleitet und beantwortet. Die Informationsmengen, die täglich über unsere Sinnesorgane aufgenommen werden, müssen aufgrund der Masse im Gehirn einer kritischen Auswahl unterworfen, zugeordnet und zu einem geringen Teil gespeichert werden.

Zusammengefasst lassen sich die Leistungen des Nervensystems auf drei Funktionen zurückführen:

- Aufnahme von Reizen (z.B. hören, riechen, schmecken, fühlen)
- Weiterleitung der aufgenommenen Reize
- Verarbeitung der Reize

1. *Erläutern Sie, warum Nervenzellen aufgrund ihres Baus Einbahnstraßen sind.*

2. *Um Reize möglichst schnell zu transportieren, sind sie in der Lage, über den Neuriten zu springen. Informieren Sie sich in der Fachliteratur über die Funktionsweise dieser „saltatorischen Erregungsleitung".*

3. *Die Stärke eines Reizes kann beim Transport durch den Körper nicht verloren gehen. Erklären Sie, warum wir Reize dennoch äußerst unterschiedlich wahrnehmen können.*

Auf eine weitere Vertiefung der Anatomie und Physiologie des Zentralen Nervensystems muss an dieser Stelle verzichtet werden. Sollten sich aus den gemachten Ausführungen weitere Fragen ergeben, so wird auf die weiter gehende Fachliteratur verwiesen.

5.2.2 Auswirkungen auf die Lernvorgänge

Nachdem das Grundverständnis der Anatomie und Physiologie des Zentralen Nervensystems gelegt ist, erfolgt nunmehr die Übertragung auf die Lernvorgänge in unserem Alltag.

Lernen ist ein aktiver und meist assoziierter Vorgang. Das heißt: Nur auswendig lernen und nicht anwenden dürfen lohnt sich nicht. Vielmehr pickt sich das Gehirn aus der Flut der Reize jene heraus, die ihm bedeutsam erscheinen, und das sind vorwiegend Fakten, Klänge, Bilder, die mit früheren Erfahrungen zusammenhängen. Bewusstseinsinhalte werden umso effektiver im Gedächtnis niedergelegt, je anschlussfähiger sie sind – also je mehr Vorwissen vorhanden ist. Dabei spielt auch die Vielfalt an unterschiedlichen Aufnahmekanälen (z.B. Hören und Sehen und Handeln) eine entscheidende Rolle für die Nachhaltigkeit.

Die nebenstehende Abbildung zeigt, dass sich mit zunehmendem Alter nicht die Anzahl, sondern die Verknüpfungsmasse unter den Nervenzellen erhöht.

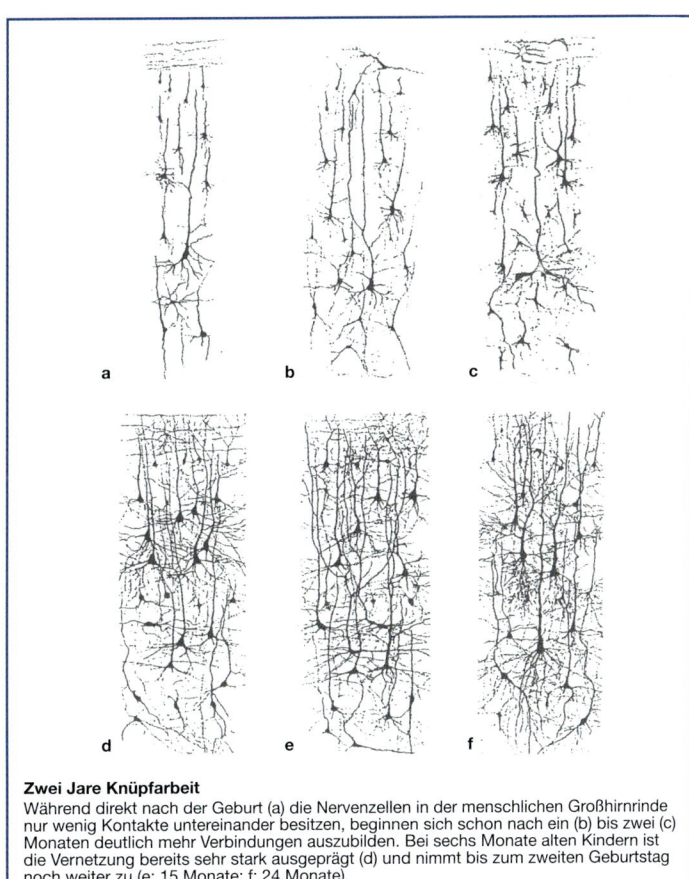

Zwei Jare Knüpfarbeit
Während direkt nach der Geburt (a) die Nervenzellen in der menschlichen Großhirnrinde nur wenig Kontakte untereinander besitzen, beginnen sich schon nach ein (b) bis zwei (c) Monaten deutlich mehr Verbindungen auszubilden. Bei sechs Monate alten Kindern ist die Vernetzung bereits sehr stark ausgeprägt (d) und nimmt bis zum zweiten Geburtstag noch weiter zu (e: 15 Monate; f: 24 Monate).

Entwicklung der Verknüpfungen der Nervenzellen im Laufe von 0–24 Monaten

Die zu Beginn des Kapitels genannte Zahl von 100 Milliarden Nervenzellen, die wir bereits bei der Geburt besitzen, reduziert sich sogar im Laufe des Lebens leicht. Jede Nervenzelle entwickelt in den ersten beiden Lebensjahren die Fortsätze, über die Signale zu über 1 000 weiteren geschickt werden können. Über 100 Billionen solcher synaptischer Verbindungen schließen sich zu Netzwerken zusammen. Es gilt also, die Synapsenentwicklung bei Kindern möglichst früh und vielseitig zu fördern.

5

Je früher also vielfältige Erfahrungen (Nutzung verschiedener Aufnahmekanäle) ermöglicht werden, desto leichter können dauerhafte Verknüpfungen auch später noch angelegt werden. In den ersten 15 Lebensjahren entscheidet es sich, welche Nervenzellen mit welchen verbunden sind. Dann ist die Gehirnreifung weit gehend abgeschlossen, und die Bahnen, in denen der Erwachsene später denkt, sind zumindest grob vorgegeben. Dennoch zeigt die Hirnforschung, dass auch das Gehirn von Senioren noch formbar bleibt, teilweise sogar noch neue Nervenzellen angelegt werden können. Aber mit zunehmendem Alter wird Lernen immer anstrengender.

Bleibt noch die Frage nach den Bedingungen für eine positive Lernatmosphäre:

Das limbische System (Lage im Schläfenbereich), das Affekte, Gefühle und Motivation vermittelt, ist der eigentliche Kontrolleur des Lernerfolgs. Negativer Stress (Distress) ausgelöst z.B. durch Angst, gereizte Arbeitsatmosphäre, Lärm, Langeweile, Unter- oder Überforderung (s. S. 54) dämpfen die dem Gehirn innewohnende Neugier. Eine reizvolle Umgebung und eine positiven Lernatmosphäre sind die besten Voraussetzungen für einen gelungenen Bildungsstart, der hoffentlich nicht erst in der Schule beginnt.

■ **PISA** ■ **Zentrales Nervensystem** ■ **Gehirn** ■ **Nervenzelle** ■ **Reize** ■ **Synapsen** ■ **Lernen** ■ **Lernatmosphäre**

5.3   Schwangerenvorsorge

Das Ziel der normalerweise zehn Vorsorgeuntersuchungen ist die Erkennung und Verminderung von Risiken für Mutter und Kind. Dieses Minimalprogramm wird bei Bedarf (z.B. so genannten Risikoschwangerschaften) ausgeweitet.

Die Schwangere erhält einen Mutterpass, in den alle Befunde der durchgeführten Untersuchungen eingetragen werden. Eine durchgängige Beratung der Schwangeren bezüglich der Ernährung, des Genussmittelkonsums, der Sportmöglichkeiten und der eventuell weiter gehenden Hilfen wird durchgeführt.

Bei der Erstuntersuchung erfolgen neben einer Anamnese (= Vorgeschichte) eine gynäkologische Untersuchung, eine Urin- und Blutuntersuchung und eine Allgemeinuntersuchung.

Bei allen folgenden Vorsorgeuntersuchungen werden dann routinemäßig Gewichtskontrolle, Ödem- und Krampfaderprüfung, Blutdruckmessung, Harn- und Blutuntersuchung, Lage und Herzaktion des Kindes sowie Stand der Gebärmutter überprüft.
Ab der 16.–20. Schwangerschaftswoche finden Ultraschalluntersuchungen statt.

Die Ernährungsberatung für die Zeit der Schwangerschaft sieht vor:

● eine ausgewogene Mischkost (Vollwertkost)

● die Mahlzeiten sollten reich an Obst und Gemüse sein

● Vermeidung zu energiereicher Kost (v.a. zu viel Fett und zu viele Süßigkeiten) wegen der Gefahr des Übergewichts

- Beachtung des Hunger-Sättigungsmechanismus

- ausreichende Bewegung gerade nach den Mahlzeiten (Kreislauf, Verdauung und Gewichtszunahme werden positiv beeinflusst)

- vorsichtiger Umgang mit Salz wegen der Ödemgefahr

Für viele Schwangere kann das im optimalen Fall bedeuten, dass sie sich genauso wie vorher ernähren können.

Wichtige Nährstoffe sind v.a. Kalzium, Eisen und viele Vitamine, wobei diese durch die oben genannte ausgewogene Ernährung durchaus annähernd gedeckt werden können. Insgesamt sollte bei der Ernährung bedacht werden, dass sich das heranwachsende Kind alles, was es braucht, von der Mutter holt. Die Schwangere erleidet somit zuerst eine mögliche Mangelerscheinung.

---

1. *Diskutieren Sie die folgenden zwei Aussagen.*
   „In der Schwangerschaft musst du für zwei essen!"
   „Jede Schwangerschaft kostet die Schwangere einen Zahn!"
   Untersuchen Sie diese Aussagen auf ihre mögliche Gültigkeit.

2. *Erstellen Sie für Schwangere eine Liste mit weniger zu empfehlenden (kritischen) Nahrungsmitteln.*
   Ermitteln Sie (evtl. mit Hilfe einer Nährwerttabelle), wo jeweils die Gefahren stecken.

■ **Vorsorgeuntersuchung** ■ **Mutterpass** ■ **Risikoverminderung**
■ **Ernährungsberatung**

5.4 Besonderheiten der frühkindlichen Entwicklung und ihrer Störungen

Je jünger ein Organismus ist, desto störanfälliger ist er, da die Entwicklung der eigenen Körperabwehr noch nicht abgeschlossen ist.

Zwar heilen Störungen durch die hohe Bereitschaft zur Zellvermehrung und Differenzierung schneller und besser als bei Erwachsenen, aber gleichzeitig liegt hier auch ein hohes Risiko für bleibende Störungen mit starker Ausprägung.

Solange die Differenzierung der Organe nicht abgeschlossen ist, kann man nicht genau vorhersagen, wie sich eine Störung/Krankheit auf die Gesamtentwicklung auswirkt. Je früher der Zeitpunkt einer Störung liegt, desto vielfältiger wird auch das nachfolgende Störungsbild sein.

Die folgende Abbildung verdeutlicht die Besonderheiten pränataler Entwicklung und ihrer Störungen.

5

postnatal

| Risikofaktoren Schädigungsmöglichkeiten | | Mögliche Folgen |

Mütterliche Probleme:
Geburtshindernisse: Körperbau, Hormonschwäche, Wehenschwäche, Stoffwechselstörung

Geburt

Anpassungsstörungen der Organe, Folgen von Geburtsverletzungen

9. Monat

Kindliche Probleme:
Falsche Geburtslage, Untergewicht, Atemschwierigkeiten, Gelbsucht

8. Monat

30–50 % aller Behinderungen entstehen perinatal (während der Geburt), insbesondere Hirnschädigungen

Frühgeburt:

DURCH

Infektionen, manche Medikamente, mütterliche Diabetes, mütterliche Herz- und Kreislaufprobleme, Stress

7. Monat

Hirnstörungen durch Sauerstoffmangel bei unreifer Atmung; häufig Hirnblutung, Infektionsgefahr, Gedeihstörungen

6. Monat

5. Monat

Wachstums- und Gedeihstörungen des ganzen Kindes, Funktionsstörungen der Organe, die jetzt fertig ausgebildet sind.
Nur das Gehirn ist weiterhin in Entwicklung und besonders störanfällig.

pränatal

Fetus

4. Monat

Embryo

Rötelnvirus, Alkohol, viele Medikamente, Hormonstörung, Hormongaben

3. Monat

„Kleinere" Fehlbildungen, da Organe schon weiter ausgereift sind

2. Monat

Die meisten chemischen Stoffe: Medikamente, Drogen, Nikotin; Hormonstörungen

1. Monat

„Große" Fehlbildungen, da die Organe noch nicht fertig ausgebildet sind: Fehlen von Gliedmaßen, große Spaltbildungen

Störung der Einnistung des befruchteten Eis, z.B. durch Hormonmangel oder anatomische Probleme

Einnistung 1. Woche

Spontane Fehlgeburt bei Einnistungsstörung

Chromosomenstörung, z.B. M-Down, in der ersten Zellteilungsphase nach der Befruchtung

Krankheit/Gesundheit der Eltern, besonders der Mutter; soziale Verhältnisse, psychische Einstellung zum Kind, genetisches Material, Erbkrankheiten ...

Befruchtung

... begleiten die gesamte gesundheitliche Entwicklung des Kindes

pränatal

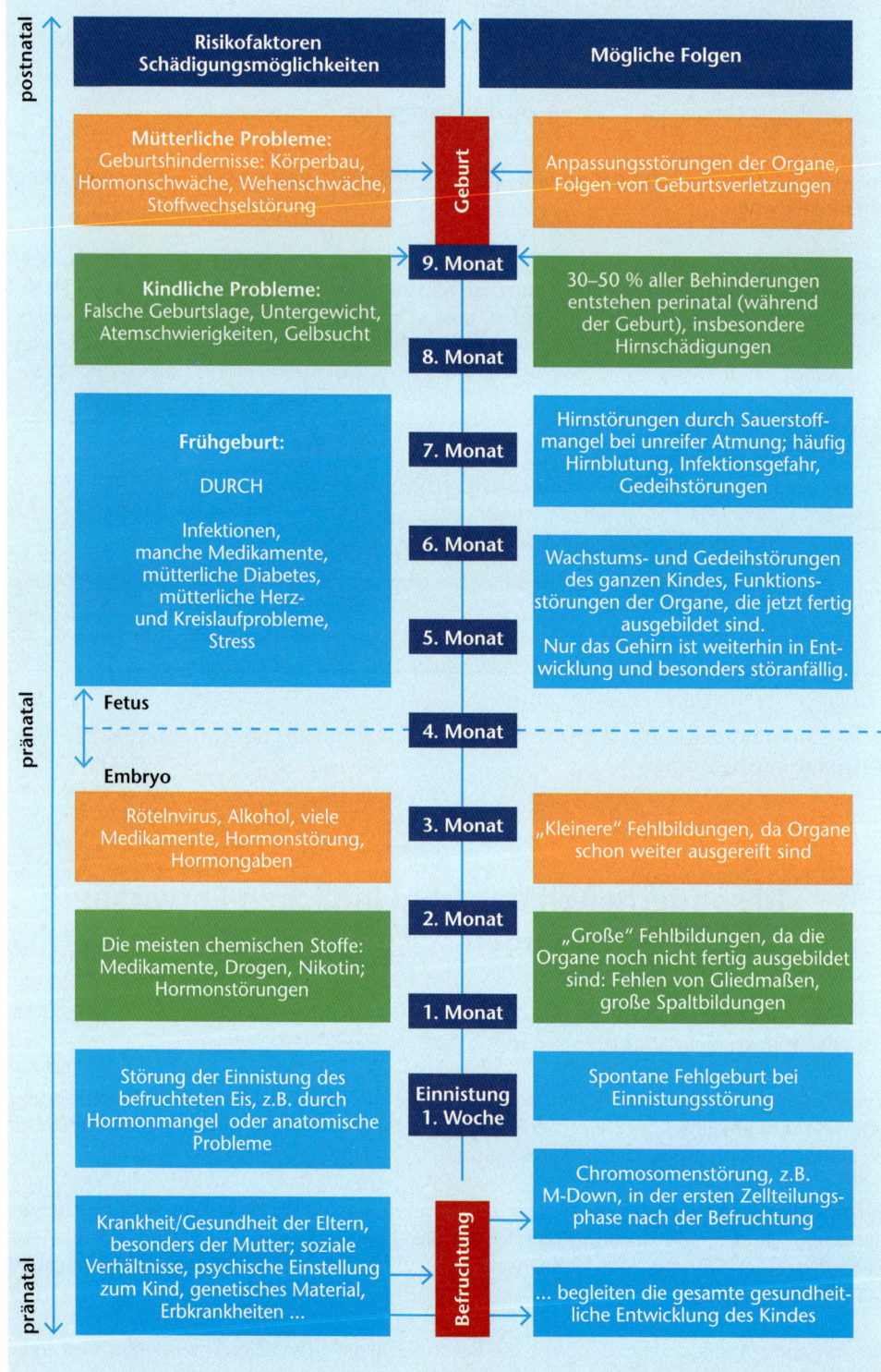

Bearbeiten Sie diese Abbildung mit Hilfe der folgenden Fragen:

1. *Warum sind Schädigungen, die im ersten Monat der Schwangerschaft eintreten, so stark ausgeprägt?*

2. *Inwiefern können die sozialen Verhältnisse der Mutter/der Eltern einen Risikofaktor für das ungeborene Leben darstellen?*

3. *Warum ist das Gehirn auch nach dem fünften Monat weiter störanfällig?*

4. *Warum können gerade während der Geburt (= perinatal) häufig Hirnschädigungen auftreten?*

Die folgende Abbildung zeigt Ihnen weitere Einflussmöglichkeiten auf die kindliche Entwicklung.

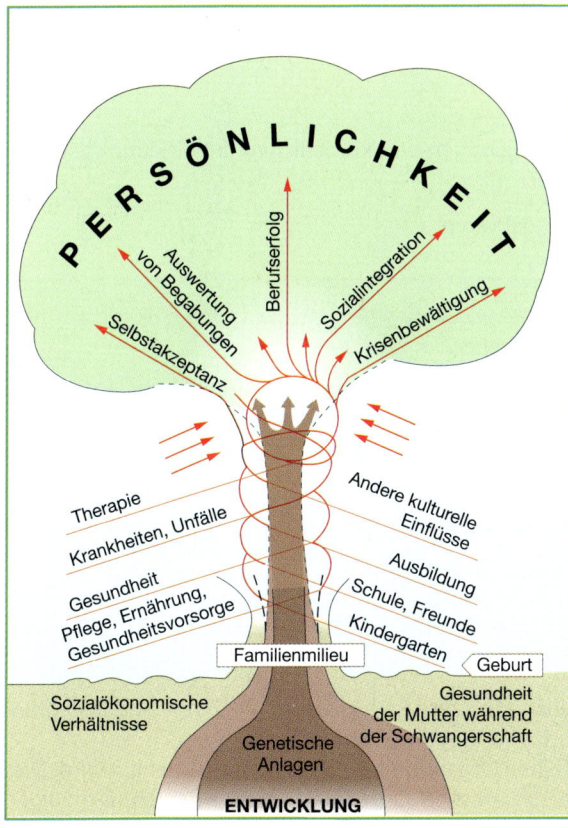

1. *Arbeiten Sie schriftlich die Unterschiede und Gemeinsamkeiten der beiden Abbildungen heraus.*

2. *Vergleichen Sie diese Inhalte mit dem Brainstorming zu Beginn des Kapitels.*

3. *Diskutieren Sie die folgenden zwei Feststellungen:*
   – *„Entwicklung ist so multifaktoriell, dass man nie alle Einflüsse kontrollieren könnte."*
   – *„Für eine optimale Entwicklung muss man alle Faktoren so weit wie möglich kontrollieren, da das Kind sonst keine Chancen in unserer Leistungsgesellschaft hat."*

Dokumentieren Sie Ihre Ergebnisse. Beachten Sie hierbei mögliche Querverbindungen zu anderen Fachgebieten.

■ **perinatal** ■ **Störungsbild** ■ **Fehlbildungen** ■ **Wachstumsstörungen**

5

5.5 Störungsmöglichkeiten im Einzelnen

Aus der Vielzahl an Störungsmöglichkeiten werden nun einige mit unterschiedlichem Ausprägungsgrad besprochen.

5.5.1 Nikotin

Das Kind raucht über die Plazenta mit. Das bedeutet, dass Kohlenmonoxid, das bei der Verbrennung der Zigarette entsteht, über die Blutbahn an die Plazenta und von dort über die Nabelvene in den kindlichen Kreislauf gelangt. Die roten Blutkörperchen transportieren normalerweise den Sauerstoff zu den Zellen und das Kohlendioxid als Abfallgas von den Zellen weg. Liegt nun neben dem lebensnotwendigen Sauerstoff auch Kohlenmonoxid vor, dann bindet sich dieses vorrangig an die Erythrozyten (= rote Blutkörperchen). Somit kommt es im gesamten heranwachsenden Organismus zu einer Sauerstoffunterversorgung.

Als Folgen dieser Unterversorgung sind zu verzeichnen:

- ein um 150–250 g geringeres Körpergewicht

- eine um 1–3 cm geringere Körpergröße

- eine Mitbeeinträchtigung der späteren geistigen und körperlichen Entwicklung (teilweise noch im elften Lebensjahr nachweisbar)

- ein Anstieg der Zahl der Früh- und Totgeburten

HA 1

1. *Stellen Sie den Vorgang der Sauerstoffunterversorgung bei gleichzeitigem Vorhandensein von Kohlenmonoxid an den roten Blutkörperchen zeichnerisch dar.*

2. *Begründen Sie den Anstieg der Tot- und Frühgeburten in diesem Zusammenhang mit Hilfe der Darstellung der „Besonderheiten frühkindlicher Entwicklung und ihrer Störungen" (s. S. 108).*

■ **Plazenta** ■ **Kohlenmonoxid** ■ **Sauerstoff** ■ **Erythrozyten (rote Blutkörperchen)** ■ **Sauerstoffunterversorgung**

5.5.2 Alkohol

Alkohol schadet, wenn er zum Missbrauch führt. Die Folgen dieses Alkoholmissbrauchs während der Schwangerschaft sind allerdings vielfältig und weit reichend.
Alkohol stellt ein Gift dar, das im ausgereiften Organismus durch die Leber abgebaut wird. Dies ist im heranwachsenden embryonalen bzw. fetalen Organismus nicht möglich. Die Folgen werden unter der Gesamtbezeichnung Alkoholembryopathie zusammengefasst.

Dabei kann das Ausmaß der Schädigung je nach Menge, Dauer und Häufigkeit des Alkoholkonsums sehr vielfältig sein:

- Missbildungen an Kopf, Gesicht, Herz, Geschlechtsorganen

- Störungen im Knochenbau (Minderwuchs)

● Hirnschädigung in Form des Mikrocephalus, d.h., dass das Gehirn nicht ausreift, sondern klein bleiben kann (und zwar jeweils im Entwicklungsstadium der Schädigung). Die Folgen des Mikrocephalus liegen u.a. in einer mehr oder weniger starken Verzögerung (Stillstand) der geistigen und körperlichen Entwicklung und in Verhaltensauffälligkeiten.

---

1. *Klären Sie die Fachbegriffe „Alkoholembryopathie" und „Mikrocephalie". Nutzen Sie Lexika oder weiterführende Literatur.*

2. *Erarbeiten Sie in Partnerarbeit schriftlich mit Hilfe der Darstellung „Besonderheiten pränataler Entwicklung und ihrer Störungen" (s. S. 108), welche unterschiedlichen Ausprägungen der Alkoholmissbrauch haben kann, wenn er bereits ab dem ersten Schwangerschaftsmonat bzw. erst ab dem fünften Schwangerschaftsmonat stattfindet.*

HA 2

■ **Alkoholmissbrauch** ■ **Alkoholembryopathie** ■ **Mikrocephalie**

5.5.3 Röteln und Toxoplasmose

Da es sich bei beiden Risikokrankheiten im Verlauf der Schwangerschaft um Infektionskrankheiten handelt, soll ein direkter Vergleich sowohl die Gemeinsamkeiten als auch die Unterschiede zwischen beiden deutlich machen.

	Röteln	Toxoplasmose
Art der Krankheit	Infektionskrankheit	Infektionskrankheit
Erreger	Virus	Sporentierchen
Übertragungsweg	Tröpfcheninfektion	– Schmierinfektion (z.B. durch Katzen, die sich frisch infiziert haben, v.a. über deren Ausscheidungen) – Nahrungsmittelinfektion (rohes oder ungenügend erhitztes Fleisch, v.a. vom Schwein) – verschmutztes Wasser
Impfung	bei Mädchen vor der Pubertät dringend anzuraten, falls man Röteln selber nicht gehabt hat (= lebenslange Immunität)	ist nicht möglich
Verlauf	meist als harmlose Krankheit, sehr ansteckend	weit verbreitet mit oft symptomarmem oder -losem Verlauf
Gefahren	für Schwangere mit massiven Schäden der Embryos: Augenschäden, Taubheit, Herz- und Gehirnschäden, Tot- oder Frühgeburten	für Schwangere mit massiven Schäden der Embryos: Augenschäden, Wasserkopf, Verkalkungen im Gehirn mit starken geistigen Schäden

5

Erarbeiten Sie für beide Infektionskrankheiten Schutzmaßnahmen. Zeigen Sie dabei deutlich auf, zu welchen Zeitpunkten die jeweiligen Maßnahmen greifen sollten.

HA 3

- ■ **Infektionskrankheit** ■ **Tröpfcheninfektion** ■ **Schmierinfektion**
- ■ **Nahrungsmittelinfektion** ■ **Impfung**

5.5.4 Rhesusunverträglichkeit

Der Rhesusfaktor ist ein Blutgruppenmerkmal, das neben dem ABO-System die Verträglichkeit von verschiedenen Blutsorten bestimmt. Erstmals wurde der Faktor bei den Rhesusaffen entdeckt, somit erklärt sich die Namensgebung. 85 % aller weißen Mitteleuropäer besitzen die Eigenschaft rhesuspositiv auf den roten Blutkörperchen (Erythrozyten) – sie sind Rhesuspositiv (= RH+). 15 % sind rhesusnegativ (= rh –).
Gegen diese Eigenschaft bildet das rhesusnegative Blut Antikörper, wenn es in Kontakt mit rhesuspositivem Blut kommt. Wiederholt sich dies, steigt die Zahl der Antikörper. Sie zerstören im rhesusnegativen Blut die Erythrozyten. Es kommt zu einer Anämie (= Blutarmut), wobei als zusätzliche Gefahr große Mengen an rotem Blutfarbstoff (= Hämoglobin) frei werden. Diese werden in giftigen Gallenfarbstoff umgewandelt, der nun im Blutkreislauf durch den gesamten Organismus geschleust wird. Dies führt zur Gelbsucht. Im Gehirn kommt es unter der Einwirkung dieses giftigen Stoffes zu Krämpfen, Hirnschäden und zum Tod.
Von einer Rhesusunverträglichkeit im Verlauf der Schwangerschaft und Geburt spricht man zunächst nur, wenn bei Vater und Mutter folgende Rhesusverteilung vorliegt und es mindestens zu zwei Schwangerschaften kommt, bei denen die Neugeborenen RH+ sein müssen:

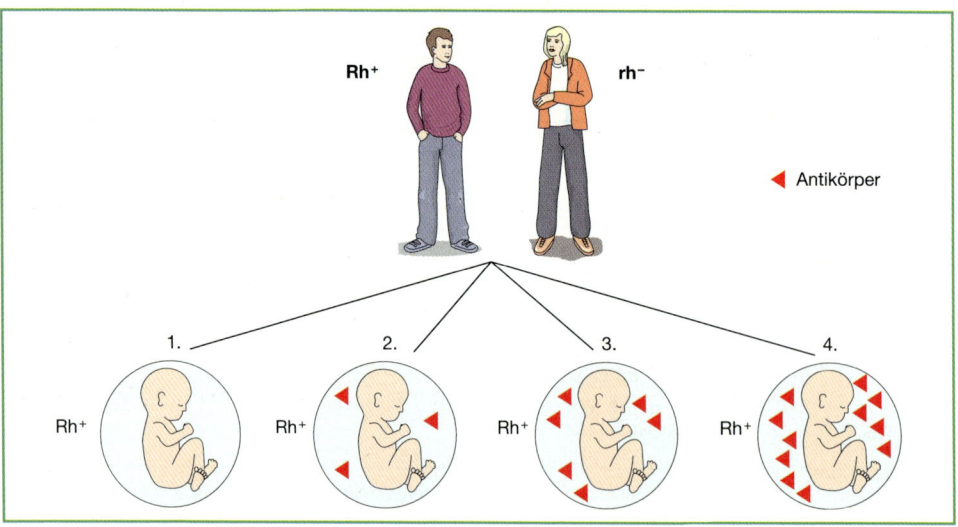

Verteilung des Rhesusfaktors

Beim Geburtsvorgang des ersten Kindes (RH+) gelangt kindliches Blut in den mütterlichen Kreislauf.
Die Mutter entwickelt auch noch nach der Geburt des ersten Kindes Antikörper gegen den Rhesusfaktor. Kommt es nun zu weiteren Schwangerschaften, gelangen die Antikörper über die Plazenta in den kindlichen Kreislauf. Sie wirken dort wie bereits erwähnt.

Folgende Gegenmaßnahmen sind möglich:

- Vorverlegung des Geburtstermins

- Blutaustausch nach der Geburt

- Rhesusantiserum, das der Mutter entweder während der Schwangerschaft und/oder innerhalb von ca. 48 Stunden nach der Entbindung verabreicht wird. Es blockiert den Rhesusfaktor und verhindert so die Bildung der Antikörper.

---

*1. Neben dem Übertragungsweg RH+ (als Spender) an rh – (als Empfänger) gibt es noch drei
weitere Übertragungsmöglichkeiten.*
Ermitteln Sie in Partnerarbeit diese Möglichkeiten mit den damit verbundenen Konsequenzen.
Vergleichen Sie Ihre Ergebnisse untereinander.

*2. Besprechen Sie in Ihrer Gruppe die Inhalte von Blutspenderausweisen. Mit welchen Abkürzun-
gen wird gearbeitet? Was bedeuten Sie? Welche Aussage können Sie zu Ihrer eigenen Blut-
gruppe machen?*

■ **Blutgruppenmerkmal** ■ **rhesuspositiv** ■ **rhesusnegativ**
■ **Antikörperbildung** ■ **Erythrozyt** ■ **Anämie** ■ **Hämoglobin** ■ **Gelbsucht**

5.5.5 Genetische Störungen

„Genetische Störungen führen unweigerlich zu schwersten Behinderungen, die ein normales
Leben in unserer Gesellschaft unmöglich machen."

---

*Diskutieren Sie diese provokante These. Beachten Sie dabei auch den Aspekt der zunehmenden
Geldknappheit im Bereich integrativer Maßnahmen.*

Für das Verständnis der vielfältigen Krankheitsbilder, die aufgrund von genetischen Störungen
entstehen können, ist Grundlagenwissen über Chromosomen, Gene und ihre Rolle bei der
Vererbung eine notwendige Voraussetzung.

Chromosomen und Gene

Der kleinste lebende Baustein unseres Organismus ist die Zelle. Sie besitzt in ihrem Zellkern 23
Eiweißkörperchen (Chromosomen), von denen jedes mehrere tausend Merkmale oder Einzel-
nachrichten (z.B. über Form, Funktion, Größe der jeweiligen Zelle) enthält. Die Informations-
einheit für ein Merkmal nennt man Gen. Der gesamte Chromosomensatz, den man auch als
„genetischen Code" bezeichnet, hat etwa 50 000 Gene. Diese Zahl erscheint zunächst unvor-
stellbar hoch. Bedenkt man aber, wie differenziert unser Organismus gebaut ist und funktioniert, wird die Zahl verständlicher.

5

Die Rolle in der Vererbung

Vererbung bedeutet die Weitergabe genetischer Informationen an die Nachkommen. Voraussetzung dafür ist, dass sich die beiden Keimzellen (Ei- und Samenzelle) vereinigen, wobei der mütterliche und der väterliche Chromosomensatz verschmelzen. So ergibt sich eine Neukombination von Chromosomen mit einer Merkmalsmischung in den Nachkommen. Dadurch erklärt es sich, dass Kinder im Erscheinungsbild und im Wesen ihren Eltern und auch Geschwistern mehr oder weniger stark ähneln.

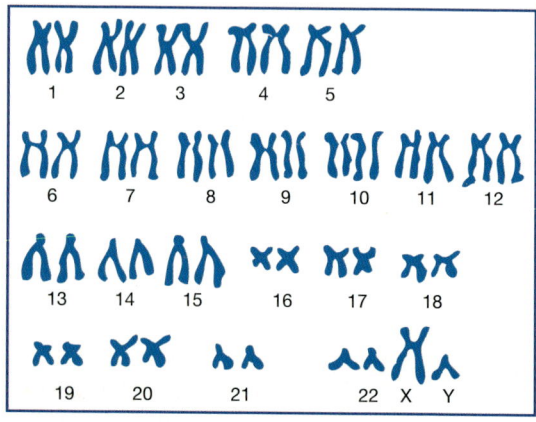

Chromosomensatz (22 Chromosomen und die Geschlechtschromosomen x, y)

Gehen Sie auf Spurensuche nach Ähnlichkeiten/Unterschieden im körperlichen und charakterlichen Erscheinungsbild zu Ihren Eltern/Geschwistern. Tauschen Sie Ihre Erkenntnisse untereinander aus.

Die erwähnte Neukombination der Chromosomen ist zufällig. Da die Anzahl der Gene jedoch begrenzt ist, lassen sich statistische Wahrscheinlichkeiten errechnen, mit denen bestimmte Merkmale in den Nachkommen auftreten. Dies hat Gregor Mendel in seinen nach ihm benannten Mendel'schen Gesetzen dargelegt. Nach der Befruchtung trägt das neu entstandene Individuum in jeder Zelle seinen artspezifischen genetischen Code. Enthält dieser gestörte Chromosomen oder Gene, können sie die Ursache von Erbkrankheiten sein.

Ursachen von Chromosomen- oder Genstörungen

HA 4   Durch Schädigungen von außen können sie jederzeit auch bei bisher gesunden Menschen entstehen. Schädigungsmöglichkeiten kommen von Röntgenstrahlen und radioaktiver Belastung in hoher Dosis (z.B. Reaktorunfall in Tschernobyl 1986), von chemischen Stoffen (z.B. Medikamente der Krebstherapie) und von manchen Viren.

Auch Spontanmutationen können zu Störungen an Chromosomen und Genen führen. Das bedeutet, dass sie zum einen ohne erkennbaren Anlass (spontan) auftreten. Zum anderen versteht man allgemein unter einer Mutation die Neuentstehung einer erblichen Veränderung an Chromosomen oder Genen. Spontanmutationen steigen mit zunehmendem Alter erheblich an. Dies ist z.B. an der steigenden Zahl der Kinder mit Down-Syndrom von Müttern ab 35 Jahren und Vätern ab 40 Jahren zu beobachten. Selbstverständlich kann dies aber auch schon bei Jüngeren vorkommen.

Die Vererbung stellt die dritte Ursachengruppe dar, wobei nur diejenigen Chromosomen- und Genstörungen erblich sind, die in den Keimzellen der Eltern existieren oder unmittelbar nach der Befruchtung eintreten. Die dann einsetzenden Teilungen der Zelle führen die Störung in alle Zellen des neuen Individuums über. Verändert dagegen eine Spontanmutation ein einzelnes Chromosom oder Gen einer Körperzelle (nicht einer Keimzelle), so kann diese erkranken, aber die Krankheit wird nicht weitervererbt.

5

1. Erstellen Sie für das Kapitel 5.5.5 „Genetische Störungen" eine Gliederung/ein Mind-Map.

2. Erläutern Sie schriftlich, warum Mutationen durchaus nicht immer erblich sein müssen.

Auswirkungen von Chromosomen- und Genstörungen

Die Auswirkungen sind so vielfältig, dass auf eine komplexe Darstellung an dieser Stelle verzichtet werden muss. Zum besseren Verständnis und aufgrund der Übersichtlichkeit sollen zwei Krankheiten näher betrachtet werden, die ihre Ursache jeweils in der Chromosomen- und in der Genstörung haben.

Als Beispiel für eine Zahlenabweichung der Chromosomen soll die Erkrankung „Down-Syndrom" oder „Trisomie 21" herangezogen werden.

Aus dem Bereich der Genstörungen wird die häufigste erbliche Stoffwechselkrankheit „Mukoviszidose" die Arbeitsgrundlage darstellen.

Down-Syndrom oder Trisomie 21

Hier verklebt das 21. Chromosom direkt vor der Befruchtung und teilt sich danach unvollständig. Dadurch hat ein Zellkern zu viele, der andere zu wenig Chromosomen. Das 21. Chromosom ist dreifach (= trisom) vorhanden. Die Zelle mit dem einfachen 21. Chromosom ist nicht lebensfähig.

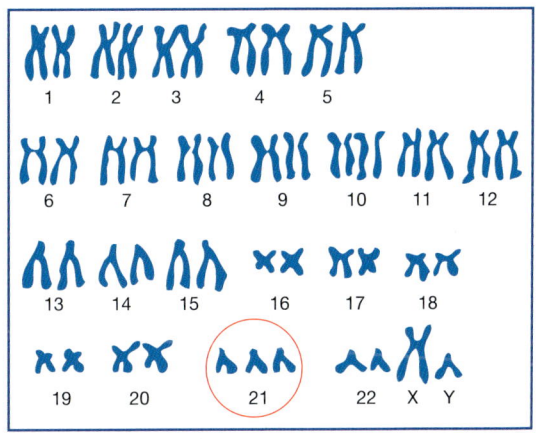

Chromsomensatz bei Trisomie 21

Das sich daraus entwickelnde Störungsbild kann je nach Ausprägungsgrad sehr unterschiedlich sein und reicht vom angeborenen Herzfehler über geistige Behinderung, Schilddrüsenstörungen, Magen-Darm-Fehlbildungen, verminderte Abwehr gegen Infektionen, erhöhte Leukämierate, Schwerhörigkeit, Sehstörungen bis hin zum schlaffen Muskeltonus und dem typischen äußeren Erscheinungsbild mit schrägen Augen, flacher Nase, rundem Kopf, oft hellem und strohigem Haar, kurzem gedrungenen Körper und verkürzten Fingern.

HA 5

1. Informieren Sie sich in der weiterführenden Fachliteratur über den Verlauf, den Grad der geistigen Behinderung und die Therapieansätze des Down-Syndroms.

2. Erstellen Sie in Kleingruppen einen Hinweiskatalog für die integrative Arbeit mit Down-Kindern. Berücksichtigen Sie hierbei die bereits erwähnten Symptome dieses Krankheitsbildes.

5

Mukoviszidose

Da Genstörungen einzelne Merkmale betreffen, haben sie sehr unterschiedliche Auswirkungen. Bei der Mukoviszidose ist ein Enzym gestört, so dass das Sekret aller Körperdrüsen zu zähflüssig ist. Die sich daraus ergebenden Hauptfolgen sind ständige Verstopfung von Nasenrachenraum und Bronchien mit zähem Schleim, verbunden mit Atemschwierigkeiten und quälendem Husten. Bakterien verursachen ständige chronische Nasennebenhöhlenentzündung, Bronchitis und Lungenentzündung. Massive Verdauungsstörungen mit kolikartigen Bauchschmerzen, Blähungen, massiven Stuhlentleerungen und Heißhungeranfällen führen zu einer Mangelversorgung des Körpers.

1. *Informieren Sie sich in der weiterführenden Literatur über Krankheitsverlauf und Belastbarkeit der Betroffenen im Alltag. Worauf muss hier besonders geachtet werden? Tauschen Sie sich darüber in Kleingruppen aus.*

2. *Husten ist für Mukoviszidose-Kranke lebensnotwendig und darf nicht unterdrückt werden. Begründen Sie dies unter Zuhilfenahme der Fachliteratur.*

Genetische Beratung

Genetische Beratungsstellen haben die Aufgabe, Wissen weiterzuvermitteln und dort zu beraten, wo Ängste bestehen.

Für jede Schwangerschaft besteht ein Basisrisiko von etwa 3 % für die Geburt eines nicht gesunden Kindes. Diese freiwillige Beratung kann nicht jedes Risiko erfassen, weil jederzeit neuartige Störeinflüsse von außen die Entwicklung des Kindes gefährden können. Aufgabenstellung und Bedeutung der genetischen Beratung sind vielfach nicht bekannt oder werden aus unterschiedlichen Ängsten abgewehrt. Hier besteht hoher Aufklärungsbedarf.

Inhalte der Beratung können sein:

● Klärung der Frage, ob die vorliegenden Krankheitszeichen erblich sind oder von Umweltfaktoren (mit-)verursacht sind.

● Feststellung, wie der Erbgang ist und wie hoch das Wiederholungsrisiko für die Kinder und alle Verwandten ist.

● Ermittlung (möglichst vor Beginn der Schwangerschaft), ob jemand Überträger einer Erbkrankheit ist.

● Durchführung der pränatalen Diagnostik (= vorgeburtliche Diagnostik) bei schon eingetretener Schwangerschaft mit der Möglichkeit eines Abbruchs im Falle einer schweren unheilbaren Erkrankung des Kindes.

● Ausführliche Besprechung aller einzelnen Schritte mit einem schriftlichen Abschlussbericht an die Rat Suchenden selbst.
Über die genetische(n) Beratungsstelle(n) der jeweiligen Bundesländer kann bei Bedarf spezielles Informationsmaterial angefordert werden (Stand: Januar 2008):

– Genetische Beratung des Landes Rheinland-Pfalz, Hafenstr. 6, 55118 Mainz,

– Institut für Humangenetik und Anthropologie der Universität Düsseldorf, Universitätsstr. 1, 40225 Düsseldorf,

– Institut für Humangenetik und Anthropologie der Universität München, Richard-Wagner-Str. 10/I, 80333 München.

---

1. *Informieren Sie sich in der weiterführenden Fachliteratur, welche Untersuchungen zur pränatalen Diagnostik gehören (Klärung und Erörterung in Kleingruppen).*

2. *Diskutieren Sie im Plenum die Chancen/Risiken genetischer Beratung. Beachten Sie dabei auch den Hinweis auf Ängste, aus denen heraus die genetische Beratung nicht in Anspruch genommen wird.*

■ **Chromosom** ■ **Gen** ■ **genetischer Code** ■ **Chromosomensatz** ■ **Vererbung**
■ **Erbkrankheiten** ■ **Mutation** ■ **Down-Syndrom** ■ **Trisomie 21**
■ **Mukoviszidose** ■ **Stoffwechselstörung**

5.6　Geburt und weitere postnatale Entwicklung

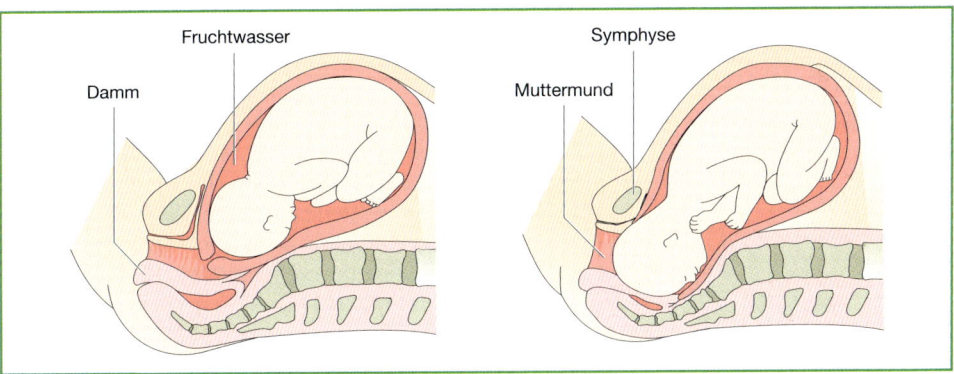

Aufdehnung des Gebärmutterhalses während der Eröffnungsperiode. Das Fortschreiten der Geburt erkennt man am Weiterwerden des Muttermundes (bis 10 cm Durchmesser). Das Kind tritt mit dem Kopf in den Geburtskanal ein.

Mit dem Einsetzen der regelmäßigen Wehen beginnt die Eröffnungsphase der Geburt. Meist zerreißt an ihrem Ende die Fruchtblase, und das Fruchtwasser fließt nach außen ab.

Während der nun folgenden Austreibungsphase gelangt das Kind Schritt für Schritt nach außen. Ist der Kopf durch den Damm (s. Abbildung) herausgeglitten, wird der Rest des Körpers oft in einer einzigen Wehe geboren.

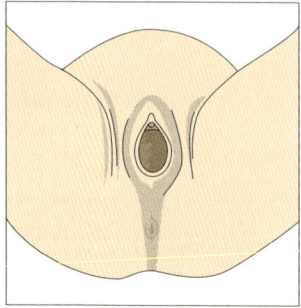 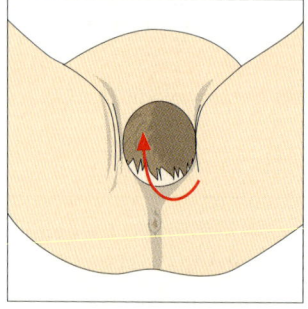 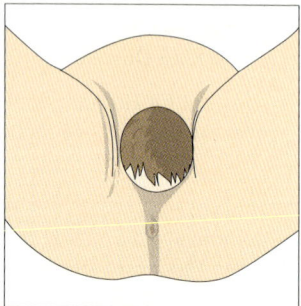

1. Kind steht mit dem Hinterkopf auf dem Beckenboden

2. Kopf führt eine bogenförmige Bewegung um die Symphyse durch

3. Geburt des Kopfes, Dammschutz durch die Hebamme ist wichtig

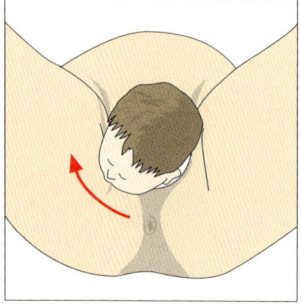 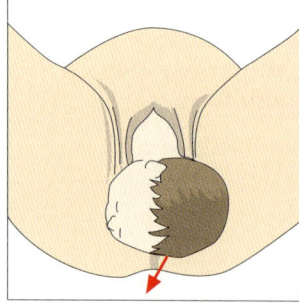 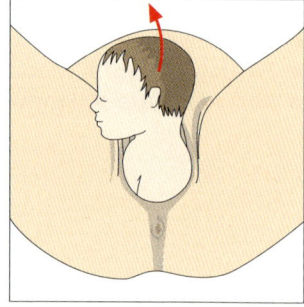

4. Schultergürtel tritt schraubenförmig in das Becken ein; die Drehung überträgt sich auf den Kopf, so dass dieser sich ebenfalls dreht

5. Geburt der vorderen Schulter unterstützt durch Herunterziehen des Kopfes durch die Hebamme

6. Geburt der hinteren Schulter durch Heben des Kopfes durch die Hebamme

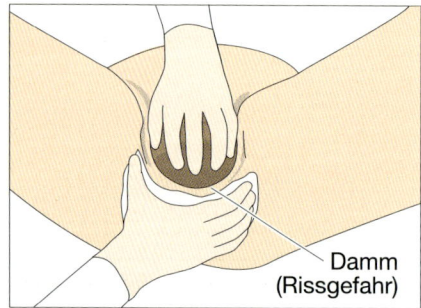

Damm (Rissgefahr)

Dammschutz: Um ein möglichst schonendes Herausgleiten des Kindes zu ermöglichen, führt die linke Hand der Hebamme den Kopf, während die rechte den Damm schützt.

Die Geburt und die ersten Stunden danach sind eine sehr risikoreiche Zeit im Leben des Neugeborenen. Der Übergang von der Fremdversorgung durch die mütterliche Plazenta auf die Eigenversorgung mit allen lebensnotwendigen Stoffen erfordert eine tief greifende Umstellung des Stoffwechsels und des gesamten Atem- und Herz-Kreislauf-Systems. Der erste Atemzug kann durch viele verschiedene Reize im Stammhirn ausgelöst werden: Kälte, Berührungen des Kindes, Absinken des O_2-Gehaltes und Anstieg des CO_2-Gehaltes im Blut. Die Lunge füllt sich mit Luft, und nach und nach entfalten sich die Lungenbläschen. Damit hat sich der fetale Kreislauf auf den bleibenden Kreislauf umgestellt.

Veränderungen der Druckverhältnisse im Lungenkreislauf bewirken, dass sich die Öffnung in der Herz-Scheidewand (Foramen ovale) schließt. Um dauerhaft zwei getrennte Kreisläufe zu erhalten (Lungen- und Körperkreislauf), muss sich auch der zweite Kurzweg schließen, der Ductus botalli.

Fetalkreislauf

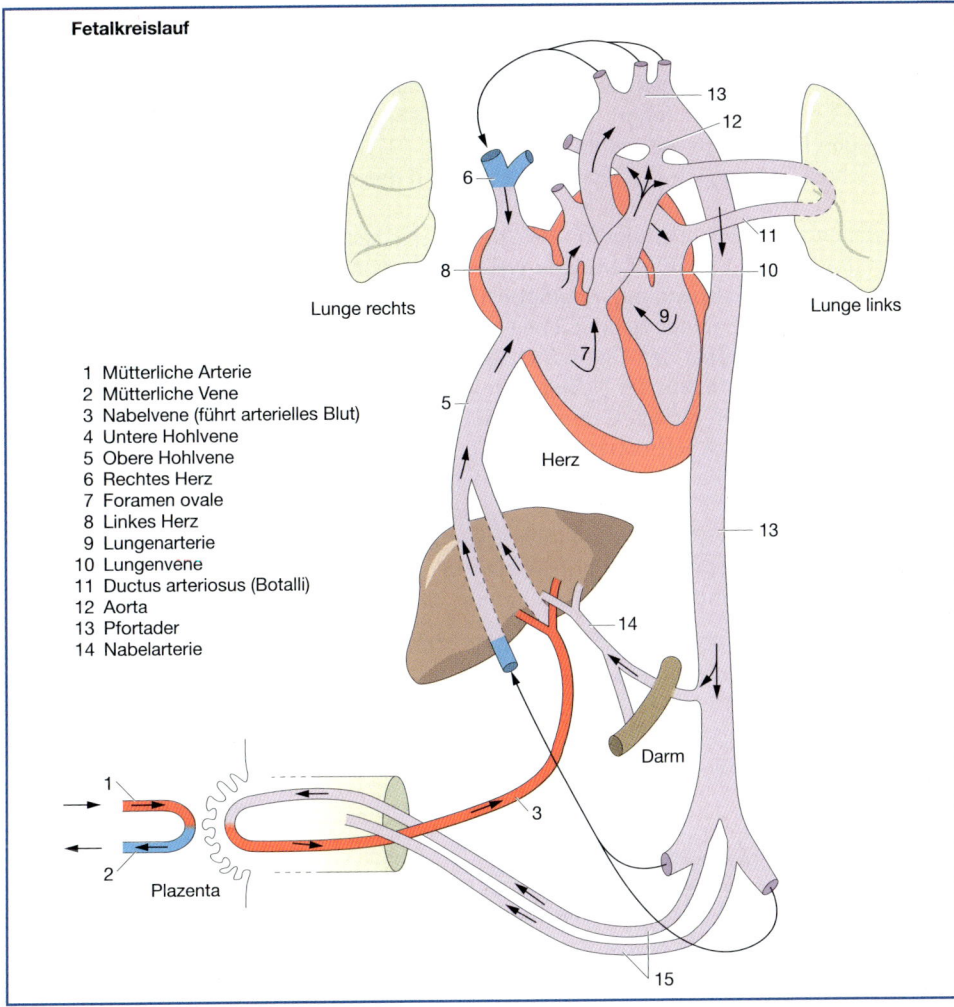

1 Mütterliche Arterie
2 Mütterliche Vene
3 Nabelvene (führt arterielles Blut)
4 Untere Hohlvene
5 Obere Hohlvene
6 Rechtes Herz
7 Foramen ovale
8 Linkes Herz
9 Lungenarterie
10 Lungenvene
11 Ductus arteriosus (Botalli)
12 Aorta
13 Pfortader
14 Nabelarterie

Beschreiben Sie schriftlich die in der Zeichnung dargestellten Verhältnisse der Blutversorgung vor der Geburt mit eigenen Worten.

Durch Abkühlung und zunehmende Sauerstoffsättigung des Blutes ziehen sich die Nabelschnurgefäße zusammen, und das Blut gerinnt in diesem Bereich. Die funktionslos gewordene Nabelschnur kann durchgeschnitten werden (= abnabeln). Damit ist das Neugeborene von der Energiezufuhr der Mutter abgeschnitten. Es muss nun auf seine Energiereserven zurückgreifen, die allerdings nicht lange ausreichen. Rechtzeitiges und ausreichendes Füttern ist dann lebenswichtig, um ein gefährliches Absinken des Blutzuckerspiegels zu vermeiden. Bereits 24 Stunden nach der Geburt erfolgt beim normal entwickelten Säugling der erste Stuhlgang.

Die Leber ist noch nicht voll in Funktion, so dass es auch beim gesunden Neugeborenen durch den erhöhten Abbau der roten Blutkörperchen zu einer leichten Gelbsucht kommen kann (= physiologische Neugeborenengelbsucht).

5

Nach einer Übergangsphase von ca. drei bis zehn Tagen, in der das Kind bis zu 15 % seines Körpergewichts (also bis zu 500 g) verliert, haben sich die Verdauungsorgane, Leber und Nieren den neuen Bedingungen angepasst. Das Kind nimmt jetzt wieder zu und wächst. Schon vor dieser Übergangsphase (unmittelbar nach der Geburt) beginnen die Früherkennungsuntersuchungen (U1 bis U9) mit der Erstuntersuchung (U1). Sie stellt gewissermaßen eine Zustandsbeschreibung dar, wie das Kind die Geburt und den Umstellungsprozess bewerkstelligt hat.

Die Beurteilung der Vitalität erfolgt mit Hilfe des APGAR-Tests 1,5 und zehn Minuten nach der Geburt. Für folgende Lebensäußerungen werden jeweils null bis zwei Punkte verteilt: Herzschlag, Atmung, Muskelspannung, Hautfarbe, Grimasse (Reflex beim Absaugen des Schleims). Ca. 70 % aller Neugeborenen haben sieben bis zehn Punkte.

Zusätzliche Sicherheit über den Gesundheitszustand des Kindes erhält man über die Bestimmung des Blut-pH-Wertes aus der Nabelarterie. Ein zu niedriger ph-Wert zeigt eine Übersäuerung des Blutes an (Maß für den Geburtsstress) und muss ärztlich behandelt werden.

Neben der Schwangerschaftsdauer ist das Geburtsgewicht, es liegt zwischen 2 500 und 4 200 g, ein wichtiges Maß für die Reife des Neugeborenen.

Voraussetzung für eine weitere gesunde Entwicklung sind die physiologischen Neugeborenenreflexe, die nicht nur richtig ausgelebt werden müssen, sondern teilweise auch wieder verschwinden müssen, damit ein Lernen bestimmter Bewegungsmuster überhaupt möglich ist.

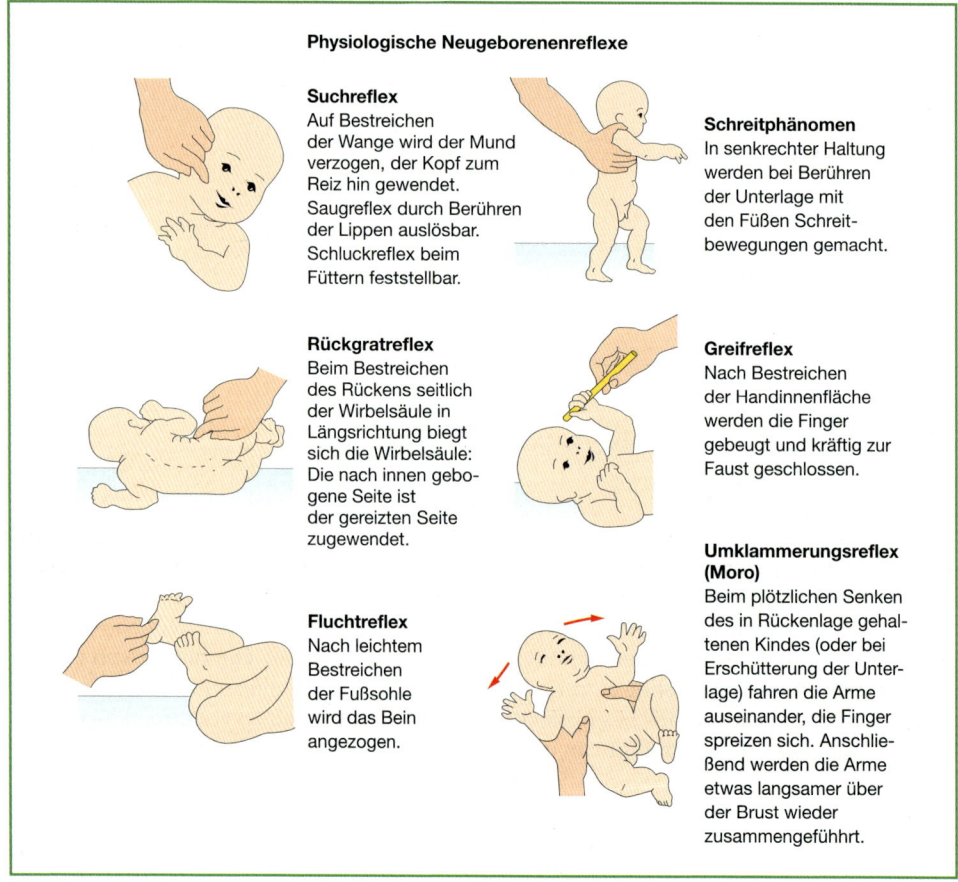

Physiologische Neugeborenenreflexe

Suchreflex
Auf Bestreichen der Wange wird der Mund verzogen, der Kopf zum Reiz hin gewendet. Saugreflex durch Berühren der Lippen auslösbar. Schluckreflex beim Füttern feststellbar.

Schreitphänomen
In senkrechter Haltung werden bei Berühren der Unterlage mit den Füßen Schreitbewegungen gemacht.

Rückgratreflex
Beim Bestreichen des Rückens seitlich der Wirbelsäule in Längsrichtung biegt sich die Wirbelsäule: Die nach innen gebogene Seite ist der gereizten Seite zugewendet.

Greifreflex
Nach Bestreichen der Handinnenfläche werden die Finger gebeugt und kräftig zur Faust geschlossen.

Umklammerungsreflex (Moro)
Beim plötzlichen Senken des in Rückenlage gehaltenen Kindes (oder bei Erschütterung der Unterlage) fahren die Arme auseinander, die Finger spreizen sich. Anschließend werden die Arme etwas langsamer über der Brust wieder zusammengeführt.

Fluchtreflex
Nach leichtem Bestreichen der Fußsohle wird das Bein angezogen.

5

1. *Ermitteln Sie in Partnerarbeit die Reflexe, die verschwinden bzw. uns erhalten bleiben. Warum sind beide Variationen jeweils von entscheidender Wichtigkeit für eine gesunde Entwicklung?*

2. *Erläutern Sie mit Hilfe der Fachliteratur schriftlich, was man unter einem Reflex versteht. Welche Bedeutung spielen Reflexe in unserem Leben?*

Die U2 findet im Zeitraum vom dritten bis zehnten Lebenstag statt und umfasst als Basisuntersuchung der Neugeborenen die Kontrolle der Organfunktionen (v.a. Lungenfunktion), die Feststellung möglicher angeborener Anomalien sowie das Trinkverhalten (vgl. Kap. 2.5) und eventuelle Schluckstörungen. Die U3 (vierten bis sechsten Lebenswoche) bis U9 (fünf bis 5,5 Jahre) umfassen Untersuchungen der Stoffwechsellage, der Sinnesorgane, Prüfungen der geistigen und motorischen Entwicklung, Kontrolle des Impfschutzes bis hin zur Prüfung der Schultauglichkeit.

So war ich, so bin ich und so werde ich einmal sein
Lebensalter in Jahren

1	2	3	4	5	6	7	8	9	10	11	12	13	14	15	16	17	18	19	20	21	22 ...

Lebensphase

Säugling	Klein-kind	Kinder-garten-kind	Schulkind		Jugendlicher		Erwachsener
				Vor-Pubertät	Pubertät		

Wachstum

gleichmäßiges Wachstum	Wachs-tums-schub	gleichmäßiges Wachstum	starkes Wachs-tum (♀)	Wachstumsverlangsa-mung, Rundung des Körpers durch Fettansatz	Wachstums-verlangsamung und Stillstand
			starkes Wachs-tum (♂)	Wachstumsverlangsa-mung, Muskelbildung, Verbreiterung des Brustkorbs	Wachstums-verlangsamung und Stillstand

Was ich bin, bin ich auch durch andere, z.B. durch

Mutter Familie	Kinder-garten	Schule Freund/Freundin, Clique, Verein, Partner	Universität Betrieb (Beruf)

Entwicklung heißt, älter zu werden und sich dabei physisch und psychisch zu verändern. Große Bedeutung daran hat das soziale Umfeld, die Kommunikationspartner. Ein wichtiger Lebensabschnitt ist dabei die Pubertät, die von vielen auch als „zweite Geburt" bezeichnet wird.

HA 6

Neben den Hormonumstellungen beginnt auch der Prozess der Loslösung vom Elternhaus und der wachsenden Selbstständigkeit. An dieser Stelle müssen zur weiteren Vertiefung Querverbindungen zu anderen Fachgebieten gezogen werden (Pädagogik, Psychologie u. a.).

■ **Eröffnungsphase** ■ **Austreibungsphase** ■ **Fremdversorgung** ■ **Eigenversorgung** ■ **Lungenatmung** ■ **Körper- und Lungenkreislauf – Neugeborenengelbsucht** ■ **Früherkennungsuntersuchung U1–U9** ■ **APGAR-Test** ■ **physiologische Neugeborenenreflexe** ■ **soziales Umfeld** ■ **Hormonumstellung** ■ **Pubertät** ■ **Selbstständigkeit**

5

Handlungsauftrag 1

Es kommt vor, dass Ärzte starke Raucherinnen davor warnen, mit Beginn der Schwangerschaft das Rauchen aufzugeben.
Ermitteln Sie (Fachliteratur, Ärzte in Ihrem Umfeld) den Sinn dieser Vorgehensweise.

Handlungsauftrag 2

Befragen Sie einen Arzt in Ihrem Umfeld, ob man von medizinischer Seite bei alkoholabhängigen Schwangeren auch dazu rät, während der Schwangerschaft ein bestimmtes Maß an Alkohol weiter zuzuführen.
Ist es ratsam, mit Beginn der Schwangerschaft einen Alkoholentzug durchzuführen?

Handlungsauftrag 3

Entwerfen Sie in Kleingruppen Plakate, die zu einem kritischen Umgang mit den Infektionskrankheiten Röteln und Toxoplasmose auffordern.
Nutzen Sie möglichst vielfältige Formen der Dokumentation: Schrift, Symbole, Abbildungen usw.

Handlungsauftrag 4

Noch heute ist das Ausmaß der gesundheitlichen Schäden durch den Reaktorunfall von Tschernobyl vom 26.04.1986 nicht auszumachen. Diskutieren Sie in Ihrer Gruppe, warum das so ist und welche persönlichen Ängste/Hoffnungen/Meinungen Sie zu drohenden Katastrophen dieser Art haben. Wie gehen Sie damit um?

Handlungsauftrag 5

Nehmen Sie Kontakt zu einer integrativ arbeitenden Einrichtung, Förderschule oder sonstigen Behinderteneinrichtung in Ihrer Nähe auf.
Interviewen/begleiten Sie die dort arbeitenden sozialpädagogischen Fachkräfte hinsichtlich ihres Umgangs mit „Down-Kindern" oder „Down-Erwachsenen".

Handlungsauftrag 6

Erstellen Sie für sich eine Lebenslinie, auf der Sie zunächst die einzelnen Altersangaben eintragen. Ergänzen Sie diese Darstellung nun um Ereignisse, die für Sie eine besondere Bedeutung in Ihrer Entwicklung hatten.
Welche Personen spielten hier für Sie eine besondere Rolle (positiv/negativ)? Tauschen Sie Ihre Ergebnisse auf freiwilliger Basis untereinander aus.

5

Literatur

Bauer, Joachim:	Warum ich fühle, was du fühlst, Heyne, München, 2006
Bauer, Joachim:	Prinzip Menschlichkeit, Hoffmann und Campe, Hamburg, 2006
Graf, Dieter:	Gesundheitserziehung im Kindesalter, Verlag Handwerk und Technik, Hamburg, 2002
Jaenicke, Joachim:	Biologie heute entdecken, Schroedel, Braunschweig, 2004
Kast, Bas:	Wie der Bauch dem Kopf beim Denken hilft, Fischer, Frankfurt 2007
Ministerium für Kultur, Jugend, Familie und Frauen, Rheinland-Pfalz (Hrsg.):	Chronisch kranke und behinderte Kindergartenkinder. Medizinische Arbeitshilfen, Mainz, 1990
Ministerium für Bildung, Frauen und Jugend in Rheinland-Pfalz:	Bildungs- und Erziehungsempfehlungen für Kindertagesstätten, in Rheinland-Pfalz, Weinheim, Beltz, 2002
Schäffler, Arne (Hrsg.):	Mensch, Körper, Krankheit, Jungjohann Verlag, Neckarsulm, 1995
Spitzer, Manfred (Hrsg.):	Wie funktioniert das Gehirn? Auf dem Weg zu einer neuen Lernwissenschaft, Schattauer, Stuttgart/New York, 2004
Spitzer, Manfred:	Lernen, Spektrum Akademischer Verlag, Heidelberg/Berlin, 2002
Vester, Frederic:	Denken, Lernen, Vergessen, DTV, München, 2004
Weber, Christine:	Spielen und Lernen mit 0- bis 3-Jährigen, Beltz, Weinheim, 2004

Anschlussthemen

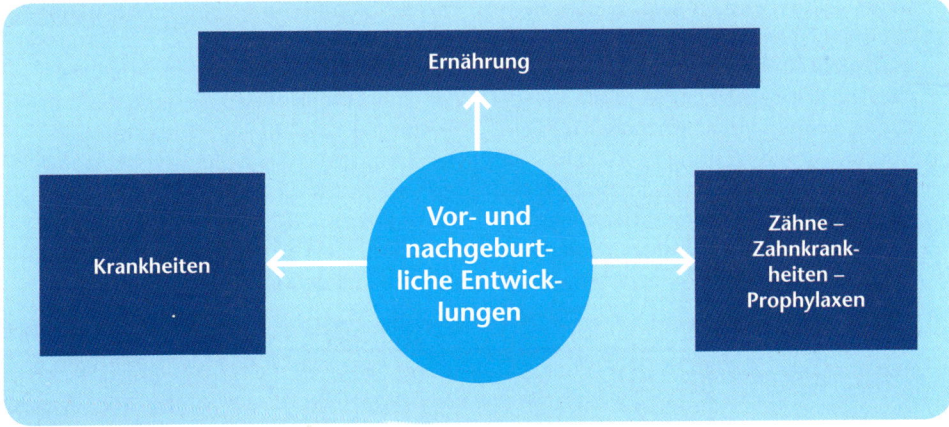

„Eine Diktatur des Zuviel"

(Weber-Hagedorn/Siller, 1988, Titelseite)

Der Umgang mit Problemen und Konflikten
soll trainiert werden

Starke Kinder brauchen starke Erwachsene

Das ist der Tenor von aktuellen Kampagnen zur Sucht-Vorbeugung, die es sich zum Ziel gesetzt haben, über einen ganzheitlichen Ansatz die Stärkung der Lebenskompetenz in den Vordergrund zu stellen. Hintergrund für diese umfassendere Präventionsarbeit ist die Tatsache, dass sich die Fachkräfte in der neuen Zielformulierung einig sind: Vorgebeugt werden soll grundsätzlich einem Kontrollverlust bzw. weitergehend einem sozial-abweichenden Verhalten. Es geht um mehr als nur um die Verhinderung von Missbrauch der klassischen Suchtmittel. Vorgebeugt werden soll auch einer Flucht in Sekten oder Gewalt. Dabei spielt die Erziehung zur Eigenverantwortlichkeit die Hauptrolle. In der aktiven Umsetzung bedeutet das ganz konkret: weg von den Diskussionen und hin zur aktiven Auseinandersetzung der Konfliktfälle im szenischen Spiel: Wie spreche ich ein Mädchen an ohne mir vorher Mut anzutrinken? Wie widerstehe ich dem Gruppendruck, wenn gekifft wird? Wie löse ich einen Streit ohne Gewalt anzuwenden?

Es ist nicht einfach, diese veränderte Denkweise im Rahmen der Präventionsarbeit bei Eltern, Lehrern, Schülern oder Politikern ins Bewusstsein zu bringen. Zu sehr steht dort noch der Wunsch einer schnellen und radikalen Problemlösung im Vordergrund. Dabei haben die Erfahrungen längst gezeigt, dass Aufklärungskampagnen, die das Ziel der Abschreckung verfolgen, potentiell Suchtgefährdete nicht davon abhalten, letztlich den einzigen Ausweg im Gebrauch von Suchtmitteln zu finden. Auch der Legalisierungsdebatte weicher Drogen stehen die Fachkräfte leidenschaftslos gegenüber, da dies allein nichts ausrichten wird. Solange dem Suchtgefährdeten keine Handlungsalternativen beigebracht werden, erschließt sich ihm letztlich kaum ein anderer Ausweg.

Von Seiten der Fachkräfte wird gehofft, dass immer mehr Einzelpersonen und Institutionen sie als frühzeitige Anlaufstelle nutzen. Bereits im Kindergarten und in den Grundschulen laufen vielerorts Projekte, die sich genau diesem Thema verschrieben haben: Persönlichkeitsstärkung, Körperbewusstsein entwickeln, Konfliktstrategien trainieren. Leider fehlen diesen Projekten immer wieder die Übertragungsbezüge in den Alltag. Was gelernt wird, muss im Alltag angewendet, geübt und letztlich gelebt werden. Dann macht die ganzheitliche Präventionsarbeit im Sinne der Stärkung der Lebenskompetenz Sinn.

Bleibt letztlich noch eine wichtige Säule der Präventionsarbeit, die eine zentrale Bedeutung darstellt: die Vorbildfunktion der Eltern bzw. der Erziehungsberechtigten. Starke Kinder brauchen nicht nur starke Erwachsene, sondern vor allem die Liebe und das Vertrauen ihrer Eltern bzw. ihrer Erziehungsberechtigten.

Diskutieren Sie in Ihrer Gruppe den Arbeitsansatz „Stärkung der Lebenskompetenz" als Möglichkeit der Suchtprävention.

Hinterfragen Sie das Motto „Starke Kinder brauchen starke Erwachsene" hinsichtlich seiner Inhalte. Dokumentieren Sie Ihre Ergebnisse.

6

Jeder, der sich mit dem Thema „Sucht" auseinandersetzt, wird sehr bald feststellen, dass unser Verstand uns hier nur bedingt weiterhilft.

Bei der Entstehung einer „Abhängigkeit" (nach WHO als Synonym verwendet) sind die Persönlichkeit des Betroffenen, seine Umwelt und das Suchtmittel selbst beteiligt.

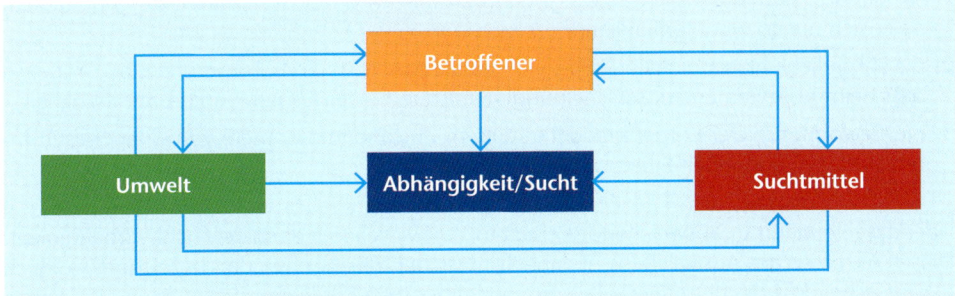

Beim Umgang mit gefährdeten oder abhängigen Personen stoßen wir schnell an unsere Grenzen, da der gut gemeinte Ratschlag, das Aufzeigen von Folgen oder die Methode der Abschreckung durch drastische Detaildarstellung wenig oder gar nichts bewirken. Die Folge kann sogar eine massive Abwehr sein, die zu weiterem Konsum drängt. Die Vorgehensweisen zielen immer auf das Suchtmittel selbst. Der Mensch, der mit seinen Gefühlen, Einstellungen, Erfahrungen dahinter steht, wird dabei außer Acht gelassen. Nach Ansicht vieler Experten muss endlich der Mensch, der die Droge konsumiert, in den Vordergrund gestellt werden.

6.1 Einteilung der Drogen

Im Folgenden können lediglich einige verbreitete Drogen genannt werden.

Haschisch, Marihuana, LSD, Kokain, Heroin sowie die so genannten Designerdrogen (z.B. Ecstasy) gehören in die Kategorie der illegalen Drogen. Ihr Besitz und Konsum werden strafrechtlich verfolgt. Nicht verfolgt werden hingegen legale Drogen. Hierunter fallen Alkohol, Nikotin und Medikamente. Sie sind im Prinzip für jeden frei zugänglich, obwohl weithin bekannt ist, dass auch sie in eine Abhängigkeit führen können.

> *Informieren Sie sich über weitere Suchtmittel (z.B. auch Schnüffelstoffe) sowie die Wirkungsweisen der Drogen im menschlichen Körper.*

6.2 Der Suchtbegriff

Ziel dieser kurzen Exkursion in die Begriffsklärung ist es, Missverständnissen und Unklarheiten rechtzeitig zu begegnen.

Grundsätzlich kann alles zur Sucht werden: Alkohol, Medikamente, Nikotin, Drogen, Essen, Fernsehen, Tanzen, Geschwindigkeit, Sexualität, Spielen, Glaube usw. Bei den folgenden Begriffsklärungen soll zunächst mit der „Gewohnheit" begonnen werden. Hierunter ist eine

6

Verhaltensweise zu verstehen, die mehr oder weniger oft wiederholt wird, aber auch fast mühelos unterlassen werden kann. Damit unterscheidet sie sich von der Abhängigkeit, die ohne große Mühe nicht mehr aufgegeben werden kann. Dabei müssen drei Aspekte der Abhängigkeit unterschieden werden:

1. die geistige Abhängigkeit: Sie zwingt den Betroffenen dazu, das „Mittel" zu gebrauchen, da er sich nur so wohl fühlen kann;

2. die körperliche Abhängigkeit: Sie bezeichnet die Anpassung des Körpers an eine Droge, so dass beim Absetzen Entzugserscheinungen auftreten – der Körper reagiert mit Krankheit;

3. die Gewöhnung: Der Körper braucht in diesem Zustand immer mehr von einem bestimmten Stoff, um denselben Effekt wie vorher zu erzielen.

Über das so genannte „ausweichende Verhalten" entwickelt sich dann die Sucht/Abhängigkeit. Dieses Verhalten des Ausweichens ist zunächst wertneutral zu sehen und bezeichnet lediglich die Tatsache, dass die betreffende Person unangenehmen Konflikten, Situationen oder Personen aus dem Weg geht. Schreitet dieses Verhalten fort, kann sich Sucht entwickeln. Bestimmte Stoffe (s.o.) werden immer regelmäßiger, in immer stärkeren Dosen eingesetzt, um das Verhalten zu kontrollieren. Die ursprünglichen Ursachen, die zur Sucht geführt haben, sind dabei in den Hintergrund getreten.

Die folgende Übersicht zeigt Ihnen den möglichen Suchtprozess:

(Quelle: Bilstein/Voigt, 1997, S. 7)

HA 1, 2,
3, 4

1. *Nehmen Sie in Ihrer Gruppe mit diesem Kenntnisstand Stellung zu dem Titel dieses Kapitels: „Sucht – eine Diktatur des Zuviel".*

2. *Fassen Sie den Unterschied zwischen „ausweichendem Verhalten" und „Sucht" an einem selbstgewählten Beispiel zusammen.*

■ **illegale/legale Drogen** ■ **Gewohnheit** ■ **körperliche Abhängigkeit**
■ **geistige Abhängigkeit** ■ **Gewöhnung** ■ **ausweichendes Verhalten** ■ **Suchtprozess**

Im Folgenden soll der Schwerpunkt auf den Ursachen, den Folgen und der Prävention von Suchtverhalten liegen. Im Rahmen unserer Arbeit mit Kindern, Jugendlichen und Erwachsenen liegen Chancen, bereits im Vorfeld die Persönlichkeiten so zu stärken, dass die Bewältigung alltäglicher – auch existenzieller – Konflikte ohne chemische Mittel oder Flucht in süchtiges Verhalten möglich ist.

Die dazu notwendige Sachkenntnis (z.B. Drogenarten, spezielle Wirkungen, Symptome) muss an dieser Stelle vorausgesetzt werden. Hier sollte gegebenenfalls zur Vertiefung die angegebene Fachliteratur genutzt werden. Beachten Sie eine mögliche Zusammenarbeit mit den Fachleuten der Kripo, etwa in den Fachbereichen Sozialkunde, Rechtslehre und Heimerziehung.

6.3   Ursachen und Folgen

Kinder, Jugendliche und auch Erwachsene werden nicht plötzlich aus heiterem Himmel süchtig. Sucht hat immer eine Vorgeschichte, die meist schon in der Kindheit beginnt.

Sucht als „Bewältigungsstrategie"

Unzureichendes Selbstbewusstsein, mangelnde Konfliktfähigkeit, Zweifel am Sinn der Dinge, das Gefühl, es nicht zu schaffen, Ängste usw. können ebenso Gründe für Sucht sein wie Probleme im familiären und sozialen Umfeld oder suchtfördernde Verhältnisse in der Gesellschaft. Kinder und Jugendliche haben im Verlauf ihrer Entwicklung eine Vielzahl an Aufgaben zu lösen: Sie sollen in die Welt der Erwachsenen hineinwachsen, sich vom Elternhaus lösen, psychische, soziale und materielle Unabhängigkeit erlangen, eine eigene Persönlichkeit und eine reife Sexualität entwickeln. Es ist eine Zeit vielfältiger Belastungen, in der viele an ihrer eigenen Kraft zweifeln. Es liegt nahe, dass Personen, die sich dem nicht gewachsen fühlen, nach Auswegen suchen. Die jeweilige Art der Entlastung richtet sich nach ihren Einstellungen, ihrer entwickelten Persönlichkeit, ihren Fähigkeiten, mit Belastungen umzugehen. Den einen gelingt es, notwendige Enttäuschungen auszuhalten, Rückschläge hinzunehmen und es auf einem anderen Weg erneut zu versuchen. Diese Personen finden – ohne Suchtmittel – eigene Möglichkeiten, mit Konflikten und Problemen umzugehen. Sie nutzen z.B. Gespräche, Freizeitangebote und einen Freundeskreis für ihre Art der Bewältigung.

Anderen scheint dieser Weg versperrt zu sein. Sie suchen Entspannung und Entlastung durch Suchtstoffe und laufen oft in eine Sackgasse, in der die Umkehr immer schwieriger wird. Sie sehen weniger die „tiefer liegende" Funktion als Problemlöser in den Stoffen, sondern die unmittelbar spürbaren „positiven" Effekte. Damit bewegen sie sich in einem Teufelskreis, den sie immer schwerer verlassen können, je länger sie sich darin befinden.

6

Auswirkungen auf den Körper

Diese Übersicht zeigt, welche massiven Folgen durch Drogenkonsum im menschlichen Organismus auftreten können.

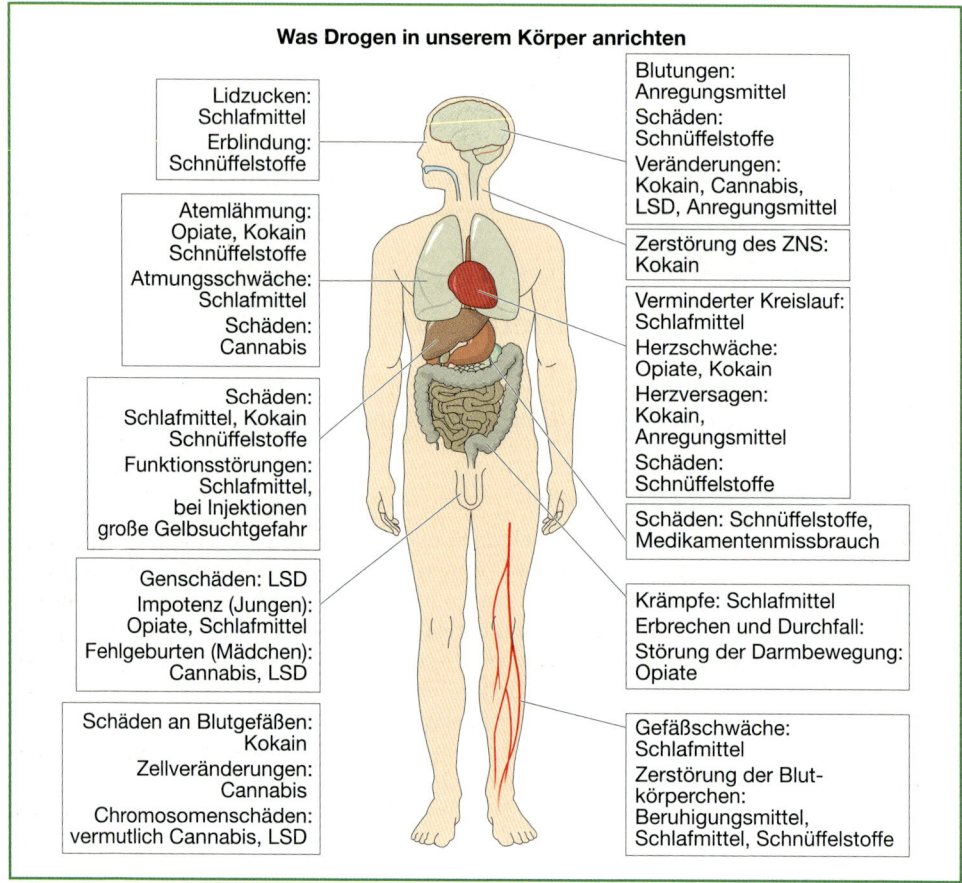

Was Drogen in unserem Körper anrichten

Lidzucken:
Schlafmittel
Erblindung:
Schnüffelstoffe

Atemlähmung:
Opiate, Kokain
Schnüffelstoffe
Atmungsschwäche:
Schlafmittel
Schäden:
Cannabis

Schäden:
Schlafmittel, Kokain
Schnüffelstoffe
Funktionsstörungen:
Schlafmittel,
bei Injektionen
große Gelbsuchtgefahr

Genschäden: LSD
Impotenz (Jungen):
Opiate, Schlafmittel
Fehlgeburten (Mädchen):
Cannabis, LSD

Schäden an Blutgefäßen:
Kokain
Zellveränderungen:
Cannabis
Chromosomenschäden:
vermutlich Cannabis, LSD

Blutungen:
Anregungsmittel
Schäden:
Schnüffelstoffe
Veränderungen:
Kokain, Cannabis,
LSD, Anregungsmittel

Zerstörung des ZNS:
Kokain

Verminderter Kreislauf:
Schlafmittel
Herzschwäche:
Opiate, Kokain
Herzversagen:
Kokain,
Anregungsmittel
Schäden:
Schnüffelstoffe

Schäden: Schnüffelstoffe,
Medikamentenmissbrauch

Krämpfe: Schlafmittel
Erbrechen und Durchfall:
Störung der Darmbewegung:
Opiate

Gefäßschwäche:
Schlafmittel
Zerstörung der Blut-
körperchen:
Beruhigungsmittel,
Schlafmittel, Schnüffelstoffe

Neben den gesundheitlichen Folgen, die bis zum Tod führen können, treten z.B. auch Einsamkeit, finanzieller Ruin und Beschaffungskriminalität als soziale Folgen auf.

In diesen Sog ziehen sie unweigerlich ihr engstes Umfeld (v.a. Familienangehörige, engste Freunde) mit hinein.

HA 5, 6   *Informieren Sie sich in der Fachliteratur über die Folgen von Ecstasy-Einnahme und arbeiten Sie sie schriftlich heraus.*

■ **Suchtvorgeschichte** ■ **Belastungen** ■ **Bewältigungsstrategien – Einsamkeit**
■ **Ruin** ■ **Beschaffungskriminalität**

6.4   Prävention

Um präventiv tätig sein zu können, sollten Sie sich zunächst mit den folgenden Grundhaltungen auseinander setzen, deren Verständnis und innerliche Annäherung für diese Art der Arbeit Voraussetzung sein sollten (vgl. Weber-Hagedorn, 1988):

1. **Drogen selbst sind ungefährlich.**
   Es handelt sich um passive Stoffe, die erst dann gefährlich werden, wenn sie konsumiert werden. Das Motiv für den Konsum einer Droge ist also entscheidend.

2. **Der Konsum von Drogen liefert dem Konsumenten individuellen, subjektiven Gewinn.**
   Zumindest in der ersten Zeit halten sie, was sie versprechen (z.B. Leistungssteigerung, Beruhigung usw.). Erst wenn wir das verstanden haben, ist es uns möglich, ungefährlichen „Ersatz" zu finden.

3. **Leben ohne Drogen, aber wie?**
   Diese Frage ist durchaus existenziell. Will man z.B. bei Alkoholikern die Krankheit stoppen, muss der Alkoholiker abstinent leben! Das Argument gegen die Droge kann letztlich nur das bewusste Leben sein.

4. **Abschreckung nützt nichts, oder: Niemals vom Ende her denken!**
   Kein Abhängiger begann ursprünglich mit dem Drogenkonsum, um abhängig zu werden. Abschreckende Fotos (z.B. aus der Fixerszene) haben nicht die gewünschte Wirkung. Für die so genannten Einsteiger ist die Distanz viel zu groß, sie fühlen sich einfach subjektiv wohl mit ihrer Droge. Gerade Jugendliche im Alter zwischen 13 und 16 Jahren verarbeiten Informationen anders als Erwachsene, „kaputte Typen" sind „in" und werden eher zum Idol als der „Gesundheitsfanatiker".

5. **Eigene Sucherfahrungen erkennen und mit anderen darüber ins Gespräch kommen.**
   Jedes Verhalten kann süchtig entarten (z.B. schnell Auto fahren, besonders viel rauchen, essen oder trinken). Erst wenn der Berater, Freund oder Elternteil sein eigenes ausweichendes Verhalten erkennt, ergibt sich zwischen ihm und dem Suchtgefährdeten das gemeinsame Thema. Jetzt kann über eigene Schwächen und Ängste geredet werden und möglicherweise voneinander gelernt werden, wenn die Gesprächspartner einander akzeptieren.

6. **Den Gesprächspartner akzeptieren – sich auf Lebenswelten einlassen, die einen selbst verunsichern!**
   Diese Möglichkeit besteht, wenn man mit anderen Menschen und ihren Problemen umzugehen versucht. Dabei ist die Selbstreflexion des eigenen Verhaltens unabdingbare Grundlage.

7. **Suchtmittel sind kein Jugendproblem!**
   Bei vielen Menschen, v.a. den 35- bis 45-Jährigen hat sich im Laufe der Zeit ihr früher ausweichendes Verhalten zur Sucht entwickelt.

8. **Kein Süchtiger lebt allein!**
   Wenn wir es mit Süchtigen zu tun haben, müssen wir auch die engeren Mitmenschen im Auge behalten. Sie leiden oft extrem an der Suchtkarriere und an allen damit verbundenen Konsequenzen. Sie sind in ihrer Angst um den Süchtigen genauso einsam wie der Betroffene selbst.

6

9. Die Kinder der Süchtigen: Sie haben keine Lobby.

Sie werden unmittelbar mit Sucht, süchtigem Verhalten, Wünschen nach Abstinenz, Versprechungen, Rückfällen und Enttäuschungen konfrontiert. In den sozialpädagogischen Einrichtungen des Elementarbereichs fallen sie durch Unkonzentriertheit, aggressives Verhalten, Imponiergehabe, Kommunikationsschwäche, Hypermotorik oder Angeben auf. Sie vermeiden das Gespräch über zu Hause und laden ungern jemanden nach Hause ein. Eine positive Unterstützung oder Kompensation der häuslichen Schwierigkeiten erhalten diese Kinder nicht. Da die Eltern Wärme, Liebe, Anerkennung und Orientierung selbst nicht haben und somit auch nicht vermitteln können, wachsen diese Kinder seelisch behindert auf. Diese häusliche Erziehungssituation wird durch das soziale Umfeld oft noch verschärft. So finden sie sich schnell dort wieder, wo ihr abweichendes Verhalten weniger auffällt – in den sozialen Randgruppen.

Suchtprävention kann und muss somit heißen: leben lernen!

Dazu gehören z.B. die folgenden Ziele:

- Liebesfähigkeit fördern,
- Selbstständigkeit und Selbstverantwortung entwickeln,
- Selbstwertgefühl und Selbstvertrauen anbahnen,
- Möglichkeiten zur Konfliktfähigkeit aufbauen,
- Kontakt- und Beziehungsfähigkeit fördern,
- Frustrationstoleranz erhöhen,
- Genussfähigkeit und emotionale Erlebnisfähigkeit ermöglichen,
- gesunde Leistungsfähigkeit unterstützen.

Hierfür scheint der Elementarbereich in besonderer Weise geeignet:

- Im Stadium der kindlichen Entwicklung kommt dem Einfluss von Eltern und Erziehern noch große Bedeutung zu.
- In der KITA-Phase ist das Bedürfnis der Eltern nach Kontakt, Erfahrungsaustausch und Informationen über Erziehungsfragen noch vergleichsweise groß.
- Im Gegensatz zur Schule (Leistungsorientierung und Wissensvermittlung) bietet die Kindertagesstätte mehr Raum für die gezielte Förderung der psychosozialen Entwicklung der Kinder.

Im Sinne der pädagogischen Konsequenz muss die Grundschule die bereits gegangenen Schritte weiterführen. Nur so kann – durch das Umfeld gestützt – ein Selbstkonzept entwickelt werden, das Kinder stark macht – zu stark für Suchtmittel!

HA 7,
8, 9

1. *Erläutern Sie in Partnerarbeit die genannten Ziele zum „Lebenlernen" als Präventionsbaustein zur Suchtgefährdung.*

2. *Ergänzen Sie mögliche Beispiele, so dass alle Teilziele vertreten sind.*

3. *Begründen Sie in Partnerarbeit, warum Angebote zur Wahrnehmung und zum Ausdruck von Gefühlen Präventionsbausteine zur Suchtvorbeugung sind. Entwickeln Sie jeweils Angebote für möglichst unterschiedliche Altersstufen.*

4. *Diskutieren Sie in Ihrer Gruppe die Eignung des folgenden Werbeplakats zur Suchtprophylaxe. Werten Sie Ihre Diskussionsergebnisse aus.*

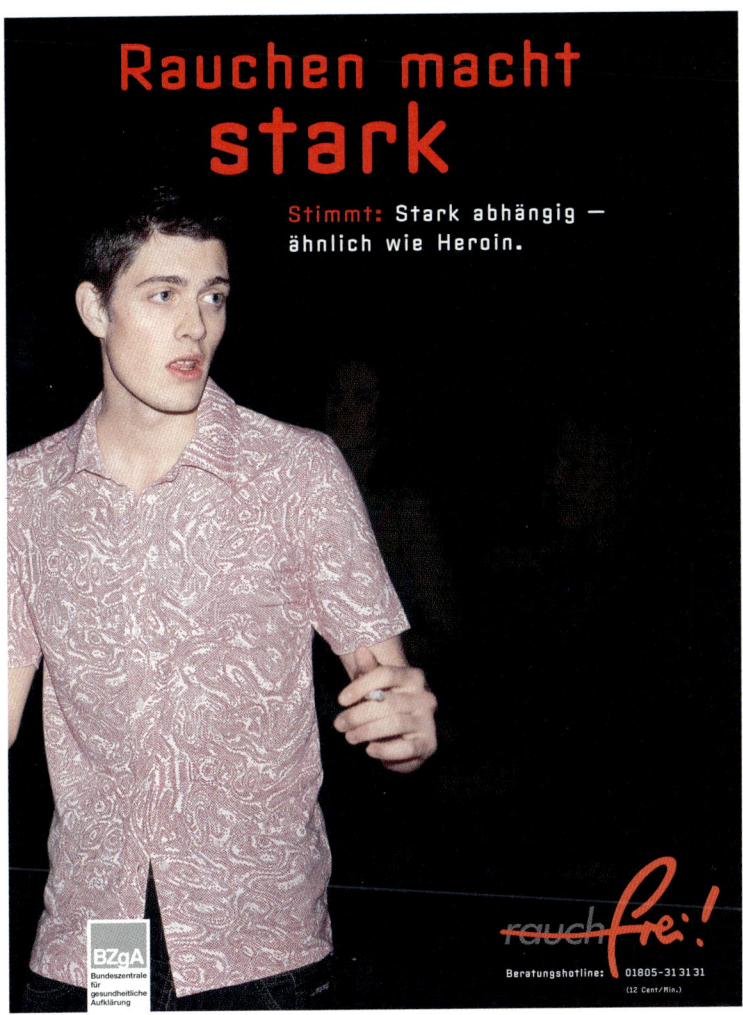

Rauchen macht **stark**

Stimmt: Stark abhängig — ähnlich wie Heroin.

rauchfrei!

Beratungshotline: 01805-31 31 31
(12 Cent/Min.)

BZgA
Bundeszentrale
für
gesundheitliche
Aufklärung

■ Prävention ■ Selbstreflexion ■ leben lernen ■ Liebesfähigkeit ■ Selbstständigkeit ■ Selbstwertgefühl ■ Konfliktfähigkeit ■ Kontakt- und Beziehungsfähigkeit ■ Frustrationstoleranz ■ Genussfähigkeit ■ gesunde Leistungsfähigkeit

Handlungsauftrag 1

Erstellen Sie eine Plakatwand mit Abbildungen und Texten, die Personen im alltäglichen Umgang mit suchtauslösenden Stoffen zeigt. Setzen Sie dabei Schwerpunkte.

Handlungsauftrag 2

Besuchen Sie eine Drogenberatungsstelle. Informieren Sie sich über Drogenprobleme in Ihrer Stadt. Welche Präventionsansätze gibt es?

6

Handlungsauftrag 3

Überprüfen Sie in Kleingruppen Ihr persönliches Suchtverhalten, indem Sie mit Hilfe der folgenden Vorgaben Ihr individuelles Suchtprofil erstellen:

Suchtmittel	Situationen	Häufigkeit
z.B. Nikotin, Essen, Alkohol	z.B. Stress, Beruf, Frust Langeweile	z.B. nie, selten, häufig, regelmäßig

Erweitern Sie zunächst die Spalten „Suchtmittel" und „Situationen" und ordnen Sie danach das für Sie zutreffende zu (z.B. Alkohol – Stress – selten). Besprechen Sie Ihre Gruppenergebnisse im Plenum.

Handlungsauftrag 4

Die folgende Übung dient der Auseinandersetzung mit der eigenen Person und sollte deshalb in Einzelarbeit durchgeführt werden.

Überlegen Sie sich, was für ein Mensch Sie sind. Sind Sie ein Möbelstück, eine Farbe, ein Tier, eine Blume, eine Reise, ein Gedicht, ein Traum, eine Erinnerung, ein Wunsch, etwas, worauf man stolz sein kann, ein Geschmack, eine Eigenschaft, eine Landschaft oder ein Haus? Entscheiden Sie sich nun in einem weiteren Schritt für eine genauere Angabe: Bei einem Möbelstück sind Sie z.B. eine schwere Eichentruhe, bei einer Blume ein kleines Gänseblümchen. Tragen Sie Ihre Gedanken in einer Tabelle mit den folgenden beiden Überschriften ein.

Stellen Sie sich vor, Sie wären ...	Dann wären Sie ...

(vgl. Bilstein/Voigt, 1997, S. 10)

Entscheiden Sie gemeinsam, ob anschließend ein Austausch in der Gesamtgruppe oder mit einem Partner stattfinden soll.

Handlungsauftrag 5

Diskutieren Sie zunächst mit einem Partner, welche Möglichkeiten Sie für sich gefunden haben, mit belastenden Situationen umzugehen.

Tauschen Sie sich im Plenum aus und entwickeln Sie daraus weiter gehend z.B. auf einer Wandzeitung erste Schritte für die Präventionsarbeit. Nutzen Sie möglicherweise das folgende Raster:

Gefährdende Situationen jeweils für	Umgangsmöglichkeiten
Kinder	
Jugendliche	
Erwachsene	

6

Handlungsauftrag 6

Bauen Sie z.B. aus Schuhkartons eine Mauer. Sie symbolisiert die Mauer, die Abhängige um sich errichten, wenn sie den Kontakt zur Wirklichkeit allmählich verlieren. Schreiben Sie auf eine Seite der Kartons eine mögliche Angst, die in dieser Mauer stecken könnte, z.B.: „Ich bin der Arbeit im Beruf nicht mehr gewachsen!" oder „Ich habe Angst, in die Schule zu gehen!" Halten Sie die entstandene Mauer für einige Minuten aus. Versuchen Sie nun, für jeden beschrifteten Stein der Mauer einen Gegenvorschlag/eine Maßnahme zu entwickeln. Nehmen Sie danach den jeweiligen „Stein" heraus und beobachten Sie, wann und wie die Mauer zusammenbricht.

Handlungsauftrag 7

Erstellen Sie einen Fragebogen, mit dessen Hilfe Sie das Gesundheitsverhalten der Mitglieder Ihrer Einrichtung (Thema „Sucht" beachten!) ermitteln können. Beachten Sie dabei, dass „Gesundheitsverhalten" nicht nur die Ernährung beinhaltet.
Führen Sie die Befragung durch und werten Sie sie aus.

Handlungsauftrag 8

Bewerten Sie schriftlich das folgende Angebot im Hinblick auf seine Umsetzbarkeit.

Brüll die Wut zum Fenster raus
Mutter, Ulli und Ulrike sitzen beim Mittagessen.
„Nach dem Essen geh ich raus spielen", sagt Ulrike.
„Nein, das glaub' ich nicht", antwortet die Mutter.
„Wieso denn nicht?", fragt Ulrike.
„Weil du heute dein Zimmer aufräumen wirst."
„Das mach ich morgen", sagt Ulrike. „Heute ist so schönes Wetter."
„Und morgen ist sicher auch wieder schönes Wetter und dann hast du wieder eine Ausrede!"
„Ich kann ja erst spielen und dann aufräumen", schlägt Ulrike vor.
„Kommt überhaupt nicht in Frage", sagt die Mutter energisch. „Das Zimmer wird jetzt aufgeräumt. Jetzt sofort!"
Ulrike wird immer wütender.
„Dann muss Ulli mir aber helfen!", schimpft sie.
„Nein", sagt Mutter. „Ulli hat vorige Woche aufgeräumt. Heute bist du dran."
„Tschüss! Ich geh jetzt spielen", sagt Ulli und steht auf.
„So'ne Gemeinheit!", brüllt Ulrike. „Ulli darf spielen und ich muss aufräumen. Aufräumen ist das Blödeste auf der ganzen Welt!"
Ulrike rennt in ihr Kinderzimmer. Unterwegs brüllt sie laut: „Und ihr seid auch alle doof!"
Krachend wirft sie die Tür hinter sich zu.
Ulli ist ganz erschrocken und geht ihr nach. Vor der Kinderzimmertür bleibt er stehen und lauscht. Aus dem Kinderzimmer hört er dumpfe, klopfende Geräusche. Es klingt wie bei einem Boxkampf. Vorsichtig öffnet er die Tür. Er sieht, wie Ulrike wütend auf ihr Kopfkissen einboxt.
„Was machst du denn da?", fragt er.
„Das siehst du doch, ich verprügel euch", antwortet Ulrike.
„Das ist gut", sagt Ulli. „Besser, du verprügelst das Kissen als mich, das tut mir wenigstens nicht weh."

6

„Und bei mir geht die Wut weg", erklärt Ulrike. Das versteht Ulli.

„Du verhaust das Kissen und denkst, das wären wir. Und dann bist du nicht mehr wütend. Ich mach das anders."

„Wie denn?", fragt Ulrike neugierig.

„Na, ganz einfach: Ich mach' das Fenster auf und schrei und schimpf auf das, was mich wütend gemacht hat. Dann ist meine Wut weg."

(Quelle: Andreas-Siller, 1991, S. 67)

Handlungsauftrag 9

Teilen Sie sich in Kleingruppen auf und entwickeln Sie präventive Angebote für den Elementar- und Jugendbereich (Ziele sollen dabei beachtet werden). Nutzen Sie hierfür auch die Fachliteratur.

Erproben Sie alle Angebote und überprüfen Sie sie auf ihre Umsetzbarkeit. Sortieren Sie danach die geeigneten Materialien und erstellen Sie für sich eine Angebotskartei zur Suchtprävention.

Literatur

Andreas-Siller, Petra:	Kinder und Alltagsdrogen. Suchtprävention in Kindergarten und Grundschule, Hammer Verlag, Wuppertal, 1991
Bilstein, Eva/Voigt, Annette:	Ich lebe viel. Materialien zur Suchtprävention, Verlag an der Ruhr, Mülheim an der Ruhr, 1997
Bühringer, Gerhard:	Drogenabhängig, Herder Verlag, Freiburg, 1992
Bundeszentrale für gesundheitliche Aufklärung, 51101 Köln	„Wir können viel dagegen tun, dass Kinder süchtig werden." „Suchtmittel, Behandlungsmöglichkeiten, Beratungsstellen." „Ich will mein Kind vor Drogen schützen."
Haug-Schnabel, Gabriele:	Wie man Kinder von Anfang an stark macht, Oberstebrink, Ratingen, 2002
Schaef, Anne Wilson:	CO-Abhängigkeit, Heyne, München, 2003
Roland Hedewig (Hrsg.):	Drogenwirkungen, Erhard Friedrich Verlag, Seelze, 1994
Vogt, Felicitas:	Sucht hat viele Gesichter, Aethera, Stuttgart, 2000
Weber-Hagedorn, Bertram/ Siller, Gabriel:	Sucht – Die Diktatur des Zuviel. Mit Übungen und Spielen für Berater, Betroffene und Angehörige, Burckhardthaus-Laetare Verlag, Offenbach, 1988

Bilder und Jugendbücher

Aliki:	Gefühle sind wie Farben, Beltz & Gelberg Verlag, Weinheim, 1989
Enders, Ursula/Wolters, Dorothee:	Li-Lo-Le Eigensinn und ihre Freunde, Volksblatt Verlag, Köln, 1992
Hüttner, Doralies:	Der falsche Freund, Synanon International, Berlin, 1992
Jörg, Sabine/Kellner, Ingrid:	Der Ernst des Lebens, Thienemann, Stuttgart, 1993
McBratney, Sam/Jeram, Anitz:	Weißt du eigentlich, wie lieb ich dich hab?, Verlag Sauerländer, Aarau, 1995

6

Schwarz, Andrea:	Der kleine Drache Hab – mich – lieb, Herder, Freiburg, 1992
Seyer-Sauke, Karin/ Lochner, Margret:	Olli Krachmacher entdeckt die Stille, Kaboni Verlag, Nürnberg, 1995
Voelter, Ingeborg:	Alex lernt Neinsagen, Lentz, München, 1992

Beratungsstellen
(Stand: Januar 2008)

Al-Anon Familiengruppen, Gruppen für Angehörige und Jugendliche, Emilienstr. 4, 45128 Essen, Tel. 02 01/77 30 07
Anonyme Alkoholiker Deutschland, Postfach 460227, 80910 München, Tel. 0 89/3 16 43 43
Anonyme Esssüchtige Deutschland, Postfach 106206, 28062 Bremen, Tel. 04 21/32 72 24
Anonyme Spieler Deutschland, Eilbekerweg 20, 22089 Hamburg, Tel. 0 40/2 09 90 09/19
Bundesverband der Elternkreise drogengefährdeter und drogenabhängiger Jugendlicher (Geschäftsstelle), Westring 2, 59065 Hamm, Tel. unter der Nummer der Deutschen Hauptstelle gegen die Suchtgefahren e.V.: 0 23 81/9 01 50
Malteser-Telefon, Auskunft über Selbsthilfegruppen, Hilfsorganisationen und Beratungsstellen, Tel. 02 21/34 10 11
Nationale Kontakt- und Informationsstelle zur Anregung und Unterstützung von Selbsthilfegruppen (NAKOS), Albrecht-Achilles-Str. 65, 10709 Berlin, Tel. 0 30/8 91 40 19

Anschlussthemen

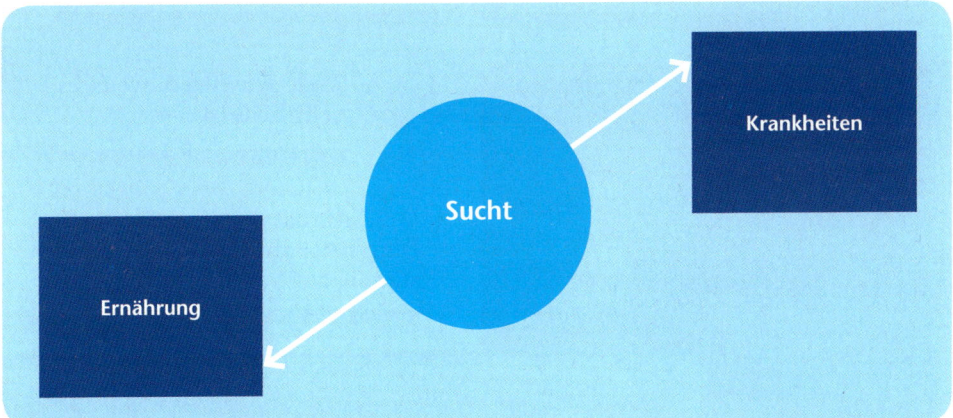

„Wenn etwas kleiner ist als das Größte,
so ist es noch lange nicht unbedeutend."
(Seneca)

Nur die Säugetiere sind gleichwarm

Im Bienenstock herrschen im Winter fast konstant 25 ° C.

Ein Maulwurf muss spätestens alle zwölf Stunden etwas fressen – daher kann er im Winter nicht schlafen

Eine Eidechse wird im Winter so hart wie Stein – und lebt!

Bei ständigen größeren Temperaturschwankungen kann ein Igel im Winter sterben

Es ist zeitig genug, den Vögeln im Januar Futter anzubieten

Zitronenfalter können im Winter ohne Schutz –20 °C überstehen

Alle Igel, die im November noch draußen herumlaufen, müssen ins Haus geholt werden

Im Winter schlafen alle Tiere

Der Regenwurm gehört zu den Wirbeltieren

Tiere schwitzen, wenn es sehr heiß ist

Weil sich das Eichhörnchen kein Fettpolster anfressen kann, muss es ständig auf Nahrungssuche gehen

Schreiben Sie die Informationen auf Papierstreifen und ergänzen Sie die Liste mit eigenen Ideen. Verteilen Sie die Papierstreifen in Ihrer Gruppe und sortieren Sie sie aufgrund Ihres augenblicklichen Kenntnisstands nach: „Stimmt" und „Stimmt nicht".
Treten Sie untereinander in Diskussion und korrigieren Sie gemeinsam die zwei entstandenen Informationsspalten.

7.1 Systematik des Tierreiches

Nachdem gegen Ende des 18. Jahrhunderts mit Carl von Linné erste Hinweise auf mögliche Abstammungen von Pflanzen untereinander und von Tieren untereinander deutlich wurden, begannen mit Charles R. Darwin konkrete Dokumentationen, dass die Entwicklung der Tier- und Pflanzenarten allein durch die Abstammung untereinander ihre natürliche Erklärung findet.

Daraus abgeleitet bezeichnet der Verlauf der Evolution den stammesgeschichtlichen Werdegang, den Organismen von einfach organisierten (z.B. Einzeller) zu komplex organisierten Strukturen (z.B. Qualle) erfahren haben.

Die Evolution der Tiere und des Menschen betrifft nicht allein deren morphologische (= äußere) Erscheinung, sondern auch die Veränderung der Nervenstrukturen, die es z.B. dem Menschen ermöglichen, Lern- und Denkvorgänge in logischen Zusammenhängen zu leisten und neben der kognitiven auch eine emotionale Intelligenz zu entwickeln.

Die folgende Übersicht zeigt den stammesgeschichtlichen Werdegang von Tieren und Mensch in stark vereinfachter Form:

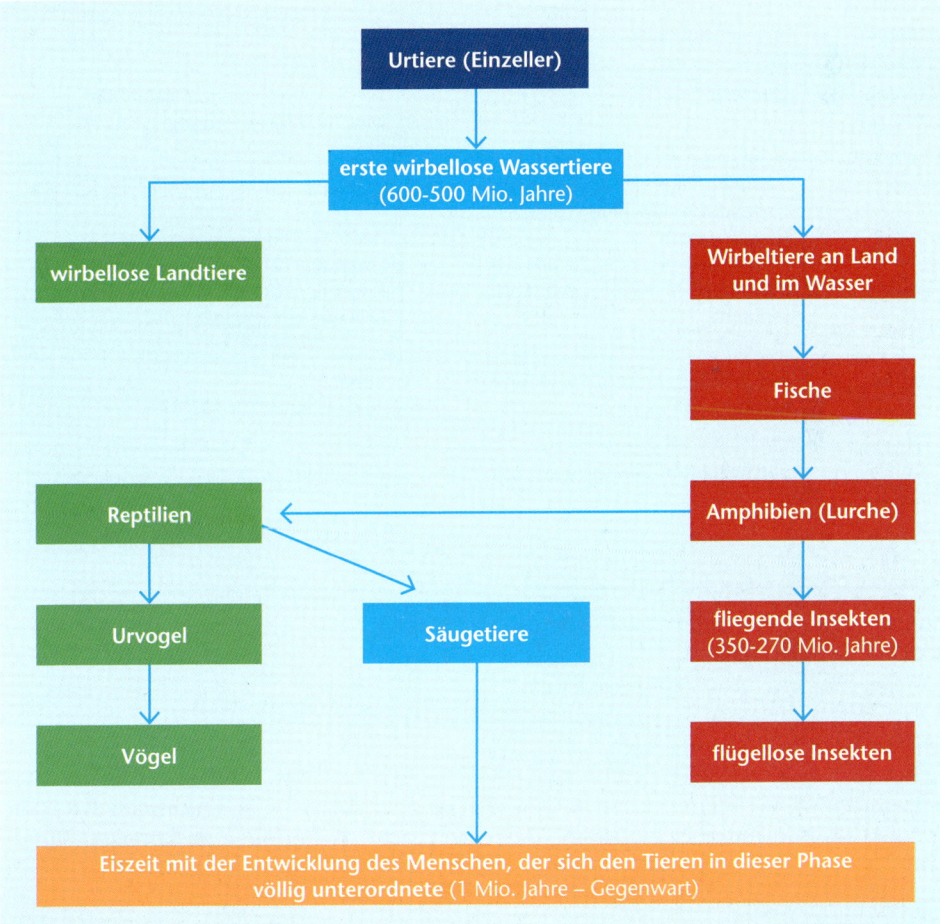

Ordnen Sie mit Hilfe der „Systematik des Tierreichs" und der Fachliteratur Tierbeispiele den einzelnen Stationen der Evolution zu.

7

Aufgrund ihrer Abstammung ergibt sich die Möglichkeit, Tiere in Stämme zusammenzufassen und uns dadurch z.B. ihre Leistungen oder ihren Körperbau leichter zu erklären. Ausgehend vom ersten Unterreich mit den Urtieren (Einzellern), wie z.B. Pantoffeltierchen, Bakterien, Viren, folgt im zweiten Unterreich bereits die Zuordnung von Vielzellern, Gewebetieren und der höheren Tiere, denen im Folgenden unser Interesse gilt.

Aufgrund der unterschiedlichen Möglichkeiten, eine Festigkeit des Körpers zu erreichen, haben sich die Nichtwirbeltiere (= wirbellose Tiere) von den Wirbeltieren getrennt. Während die Nichtwirbeltiere ihren Halt z.B. in Form eines Chitinpanzers (Insekten), eines Kalkgehäuses (z.B. Muscheln) oder eines Hautmuskelschlauches (z.B. Würmer) erhalten, besitzen die Wirbeltiere eine Wirbelsäule, die gelenkig mit Kopf, Gliedmaßen und Rippen verbunden ist.

Die folgende Übersicht informiert Sie über die wichtigsten Tierklassen im Bereich der:

	Nichtwirbeltiere	**und Wirbeltiere**
Stamm:	Schwämme	Fische
Stamm:	Quallen	Lurche (Amphibien): Salamander, Molche, Kröten, Frösche
Stamm:	Würmer: Plattwürmer (Bandwurm) Hohlwürmer (Trichinen) Ringelwürmer (Regenwurm)	
Stamm:	Weichtiere: Schnecken, Muscheln, Tintenfische	Kriechtiere (Reptilien): Schildkröten, Schlangen, Krokodile
Stamm:	Gliederfüßer: Krebse, Tausendfüßer, Insekten, Spinnen	Vögel
Stamm:	Stachelhäuter: Seesterne, Seeigel	Säugetiere

Erarbeiten Sie in Partnerarbeit mit Hilfe der Fachliteratur typische Merkmale für die einzelnen Stämme der Wirbeltiere.
Tauschen Sie Ihre Ergebnisse im Plenum aus.

■ Evolution ■ wirbellose Tiere ■ Wirbeltiere ■ Wirbelsäule ■ Chitinpanze ■ Kalkgehäuse ■ Hautmuskelschlauch ■ Fische ■ Lurche ■ Reptilien ■ Vögel ■ Säugetiere

7.2   Exemplarische Darstellung: Honigbiene und Fuchs

Biene

Aus dem Stamm der Gliederfüßer wird an dieser Stelle die Honigbiene als Vertreterin der Insektenklasse näher betrachtet. Dies soll sich auf die Inhalte beschränken, die für die Arbeit in sozialpädagogischen Einrichtungen notwendig sind.

Die Honigbiene stellt aufgrund ihrer Sozialstruktur im Volk, ihrer Fähigkeit der Honigproduktion und der Metamorphose (= vollständige Umwandlung) ein ideales Beobachtungs- und Lernfeld dar.

Für alle Insekten, somit auch für die Honigbiene, gilt, dass sie bis zum Erwachsenenstadium eine Metamorphose durchlaufen. Diese Vorgänge, die von einem Hormon kontrolliert werden, verlaufen über die Stadien: Ei – Larve – [Puppe] – Imago (= fertiges Insekt). Das Puppenstadium findet nicht unbedingt bei allen Insekten statt.

Faszinierend sind dabei die Wandlung des äußeren Erscheinungsbildes und die ideale Anpassung der einzelnen Stadien an die jeweilige Umgebung.

> *Tragen Sie in Form einer offenen Ideensammlung zusammen, was Sie bereits über die Honigbiene wissen. Ergänzen Sie Ihre Ergebnisse durch den nachfolgenden Text.*   HA 1

Ein Volk der Honigbienen umfasst ungefähr 40 000 bis 70 000 Bienen, die, im Gegensatz zu anderen Bienenarten, Wespen oder Hummeln, als Volk überwintern.

Jedes Volk hat eine Königin, die drei bis fünf Jahre alt wird. Sie wird einmal in ihrem Leben auf dem so genannten Hochzeitsflug begattet und kann danach bis zu 1 500 Eier pro Tag legen (im Zeitraum von April bis Juni). Durch die dauernde Abgabe eines so genannten Weiselstoffs (= Königinsubstanz) wird verhindert, dass eine neue Königin herangezogen wird. Sind zwei Königinnen vorhanden, teilt sich das Volk. Geschieht dies bei einem kleinen Volk, kann das z.B. für die Überwinterung den Tod bedeuten. Daher ist es wichtig, dass die herrschende Majestät quasi selbst bestimmen kann, wann ein Ei in die so genannte „Weiselzelle" (= Königinzelle) gelegt wird und besondere Nahrung aus Gelee royale (= Futtersaft aus den Kopfdrüsen der Arbeiterinnen) erhält. Dies wird geschehen, wenn die Königin schon älter oder das Volk zu groß geworden ist.

Neben der Königin besteht der Hauptteil des Volkes aus den Arbeiterinnen. Sie werden von wenigen Wochen bis zu neun Monaten alt, wenn sie z.B. überwintern. Es handelt sich um Weibchen mit verkümmerten Geschlechtsorganen, die sich aus befruchteten Eiern entwickeln. Sie durchlaufen in ihrem Leben verschiedene Aufgabenbereiche als Putz- und Ammenbienen, später als Bau- und Wächterbienen und am Ende als Tracht- oder Sammelbienen.

7

Im Volk leben außerdem einige hundert Drohnen (männliche Bienen). Sie werden nur einen Sommer alt, besitzen keinen Stachel, mit dem sie sich verteidigen können, und sind nicht in der Lage, sich selbst zu ernähren. Die männlichen Bienen schlüpfen aus unbefruchteten Eiern. Ihre einzige Aufgabe besteht darin, die Königin auf ihrem Hochzeitsflug zu begatten. Haben die Drohnen diese Arbeit geleistet, werden sie im Hochsommer im Verlauf der so genannten „Drohnenschlacht" aus dem Stock vertrieben oder getötet. Sie würden für das Volk gerade im Winter eine zu große Belastung darstellen.

Sammeln Sie Informationen über Lebensgemeinschaften und Sozialstrukturen anderer Tierarten.

Die Honigbiene ist ein Nützling. 90 % unserer Obstbäume werden von ihr bestäubt. Zwischen Pflanzen und Honigbiene besteht eine Symbiose, d.h., dass beide Partner füreinander da sind, keiner erleidet einen Schaden. J. W. Goethe schreibt dazu:

„Ein Blumenglöckchen
vom Boden hervor
war früh gesprosset
in lieblichem Flor;
da kam ein Bienlein
und naschte fein: –
die müssen wohl beide
füreinander sein."

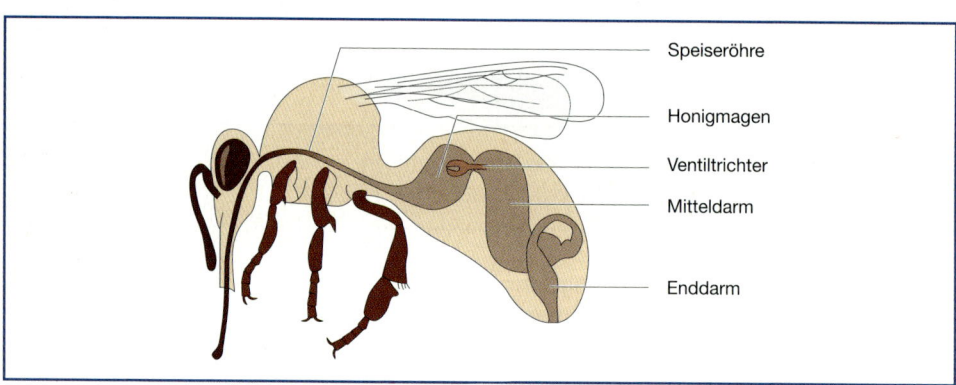

Bei ihrem Besuch an einer Pflanze saugt die Biene mit ihrem Saugrüssel den Zuckersaft (= Nektar) vom Blütenboden.

Der Nektar gelangt danach über den Rüssel in den Honigmagen (= spezieller zusätzlicher Magen) als Transportgefäß und wird hier mit Verdauungssäften vermischt.

Im Stock wird er in Waben gefüllt. Bei etwa 35 °C im Stock verdunsten 80 % des Wassers und Honig bleibt zurück. Nektar dient als schnelle Nahrungsquelle für die Arbeiterinnen auf ihren Flügen, als Vorrat und direkte Nahrung für die im Stock lebenden Bienen.

Bei ihrem Versuch, an den Nektar zu gelangen, bleibt Pollen (= Blütenstaub = Samen der Pflanzen) am Haarpelz hängen. Dieser wird mit Hilfe von Pollenschiebern und Pollenkamm in so genannte „Höschen" (= Aussparungen an den Hinterbeinen) geschoben: Die Biene „höselt".

Besucht die Arbeiterin nun die nächsten Pflanzen, überträgt sie zwangsläufig die Pollen und sorgt somit für eine Befruchtung und Verbreitung der Art. Die Polleninhalte der Höschen werden im Stock in Waben gelegt.

Er ist der eigentliche Eiweißlieferant für die Bienen und wird pur verzehrt oder mit Honig vermischt als „Bienenbrot" vor allem für die Brut verwendet.

Bienen sind blütenstet. Haben sie eine ertragreiche Blütensorte gefunden, so bleiben sie ihr treu, solange der Vorrat reicht.

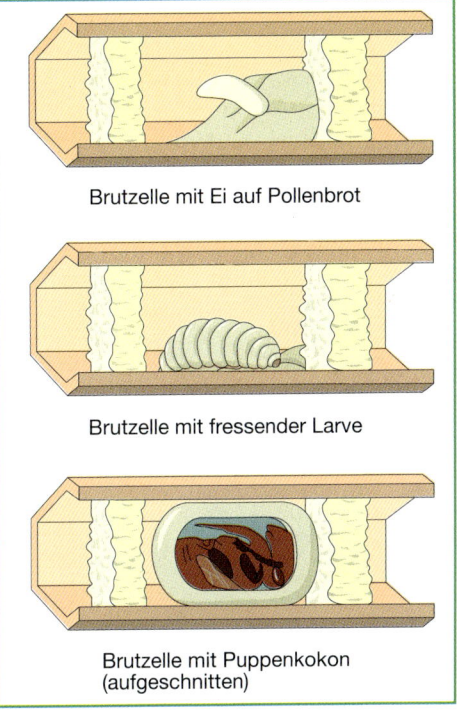

Brutzelle mit Ei auf Pollenbrot

Brutzelle mit fressender Larve

Brutzelle mit Puppenkokon (aufgeschnitten)

Pollen wird in die Wabe gepresst

Einblick in die Bienenkinderstube

1. *Die Bienen haben eine Sprache entwickelt, die es ihnen ermöglicht, ihre lebensnotwendigen Informationen auf tänzerische Art und Weise an ihre Artgenossen weiterzugeben. Informieren Sie sich in Kleingruppen in der Fachliteratur über die (Tanz-)Sprache der Bienen. Erarbeiten Sie sich die Inhalte schriftlich. Präsentieren Sie Ihre Ergebnisse in Form eines Rollenspiels.*

2. *Nehmen Sie Kontakt zu Imkern in Ihrer Umgebung auf. Nutzen Sie die Ansprechpartner zu gegenseitigen Besuchen. Bereiten Sie die Besuche durch Fragestellungen vor, die sich für sozialpädagogische Einrichtungen ergeben könnten.*

HA 2, 3, 4

3. *Die Teilnehmer Ihrer Gruppe wählen sich einen Begriff aus den Fachinformationen dieses Kapitels aus und schreiben ihn auf einen Kreppstreifen. Jeder klebt seinen Zettel auf den Rücken eines beliebigen Teilnehmers (pro Teilnehmer ein Zettel). Nun versuchen alle, durch Fragen herauszubekommen, um welchen Begriff es sich handelt. Die gegenseitige Befragung darf jeweils nur mit „Ja" oder „Nein" beantwortet werden.*

■ **Metamorphose** ■ **Königin** ■ **Hochzeitsflug** ■ **Arbeiterin** ■ **Drohne** ■ **Drohnenschlacht** ■ **Symbiose** ■ **Nektar** ■ **Pollen** ■ **Tanzsprache**

7

Fuchs

Der heimische Rotfuchs gehört durch seinen nahen Lebensraum zu unserer direkten Umwelt. In Kontakt treten wir mit ihm indirekt über Tollwutwarnhinweise oder die Gefahrenquelle des Fuchsbandwurmes. Direkt erleben wir ihn meist in der Ferne, da er sehr gute Sinnesleistungen besitzt und die Nähe des Menschen meidet.

Er gehört wie Wolf, Hund und Schakal zur Unterfamilie der hundeartigen Raubtiere und ist ein typischer Fleischfresser.

Im Folgenden soll verdeutlicht werden, welche Hauptkontaktpunkte mit dem Fuchs für uns heute bestehen und welche Gefahren davon ausgehen.

Fuchs im Lebensraum, Beutetiere und pflanzliche Nahrung

Zum einen erleben wir den Fuchs als Verbreiter der Tollwut. Bei jedem Tollwutausbruch sterben tausende von Füchsen. Gegen die Tollwut (Nervenkrankheit) gibt es einen Impfschutz. Diese Hilfe ist auch noch nach der Infektion möglich. Durch intensive Tollwutimpfung wurde erreicht, dass die Fuchspopulation stark angestiegen ist. Damit wächst in hohem Maße die Gefahr, den Fuchs als Verbreiter des lebensgefährlichen Fuchsbandwurmes zu erleben.

Hier sieht die Gefahr, vor allem für den Menschen, schon bedrohlicher aus. Während das infizierte Tier durchaus weiterleben kann, beginnt für den Menschen die Schwierigkeit damit, dass er nicht merkt, ob er sich infiziert hat.

Der kleine Fuchsbandwurm lebt im Dünndarm seiner Endwirte Fuchs, Hund und Katze als Parasit, ohne diese zu töten. Mit dem Kot gelangen die Eier ins Freie und werden mit dem Wind oder über Insekten weit verbreitet. Sie können bis zu zwei Jahre entwicklungsfähig bleiben. Gelangen die Eier über den Kontakt zu infizierten Tieren oder infizierten Beeren, Pilzen o.Ä. in den Körper des Menschen, so verursachen die in der Leber des Menschen neu heranwachsenden Larven (Finnen) des Bandwurms tumorartige Wucherungen bis hin zur völligen Zerstörung der Leber. Aufgrund der langen Inkubationszeit von zehn bis 15 Jahren ist eine rechtzeitige Behandlung unmöglich. Ist die Krankheit einmal ausgebrochen, führt sie innerhalb von ungefähr fünf Jahren unweigerlich zum Tod. Deshalb ist es wichtig, Vorsichtsmaßnahmen, wie z.B. einen toten Fuchs nicht anzufassen, gesammelte Beeren und Pilze auf mindestens 60 °C zu erhitzen und eigene Hunde und Katzen vorschriftsmäßig zu entwurmen, genau zu beachten.

Der Fuchs als Verbreiter der Tollwut

Dichteabhängig

Tollwut-Virus ca. 200µ lang

Viren im Speichel

Viren gelangen in die Blutbahn, z.B. durch Lecken (Streicheln) Beißen

Viren im Blut und Körpergewebe

Einmal ausgebrochen, ist die Krankheit nicht mehr heilbar und führt zum Tode des infizierten Lebewesens!

Tod

Entwicklungsgang und Übertragungswege des Fuchsbandwurmes

Erwachsene Bandwürmer

Sylvatischer Zyklus

Endwirt

Eier im Kot

Finnen (Larven) im Zwischenwirt

Finnen im Irrwirt

Finnen im Irrwirt

Urbaner Zyklus

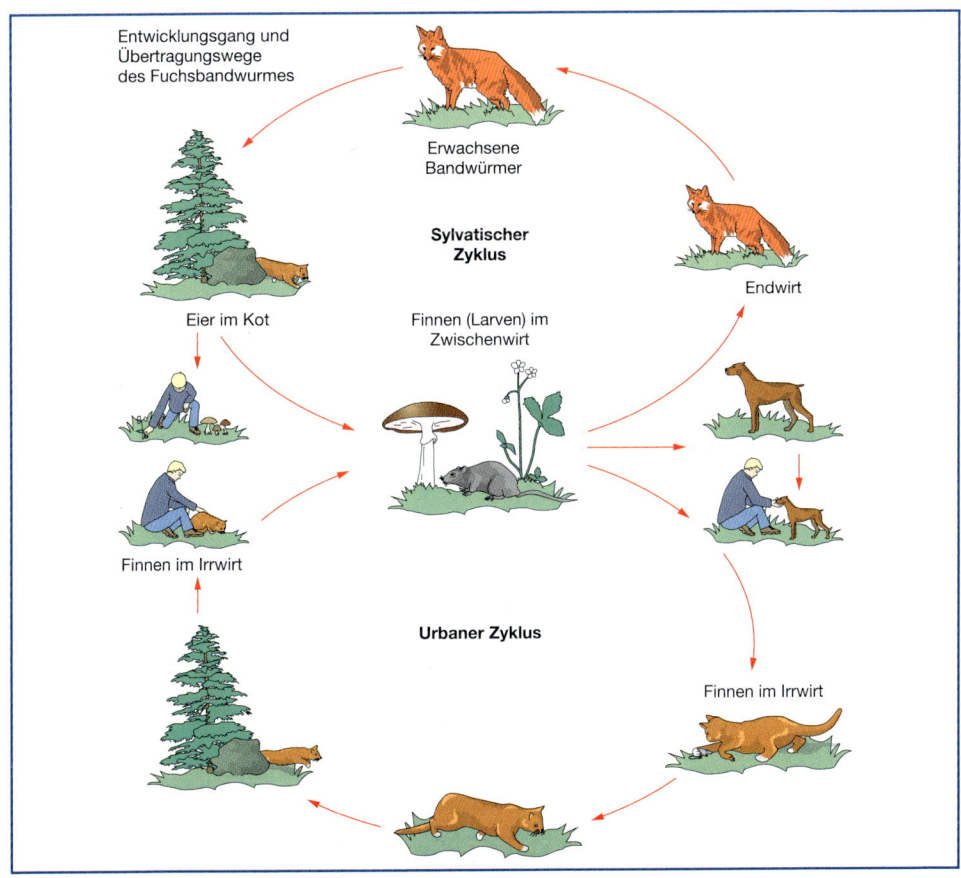

7

Alternativen

Werden künftig Waldspaziergänger vom Tod begleitet? Mit der anwachsenden Fuchspopulation steigt auch das Risiko für den Menschen, sich mit den Eiern des Fuchsbandwurms Echinococcus multilocularis zu infizieren. Dazu reicht die Berührung eines infizierten Tieres (auch Hund oder Katze) oder sogar das Einatmen aus. Letzteres ist allerdings schon eine eher unwahrscheinliche Infektionsquelle.

Die Annahme, dass es einen direkten Bezug zwischen Tollwutimpfung und Anstieg der Fuchspopulation mit der Ausbreitung des Bandwurms gibt, kann als gesetzte Größe angesehen werden. Im Umkehrschluss heißt dies: Aufhören mit der Immunisierung der Füchse gegen Tollwut und damit den Weg freigeben für eine natürliche Reduzierung dieser Tiere und damit auch des Risikos „Fuchsbandwurm". Die eingesparten

Kosten der geimpften Tollwutköder könnten z.B. für Abschussprämien gebraucht werden.

Einen möglichen Anstieg des Tollwutrisikos kann jeder für sich selbst einschränken: Es reicht ein intakter Impfschutz und der direkte Gang zum Arzt im Falle einer Verletzung (z.B. Biss) durch ein Tier.

Während das Risiko einer Tollwutinfektion gut eingrenzbar ist, handelt es sich bei der Infizierung mit den Eiern des Fuchsbandwurms um eine unbemerkte Aufnahme und einen schleichenden Tod. Das zu erwartende jahrelange Siechtum wird nur noch übertroffen von den Gefahren und Nebenwirkungen der notwendigen Chemotherapie.

Die Alternative heißt also: Tollwut akzeptieren und so die Ausbreitung des Fuchsbandwurms verhindern.

HA 4, 5, 6, 7

1. Bringen Sie in Partnerarbeit die beiden grafischen Darstellungen der Übertragungswege der Tollwut und des Fuchsbandwurms in Textform. Klären Sie dabei mit Hilfe der Fachliteratur die Begriffe: Irrwirt – Zwischenwirt – Endwirt.

2. Diskutieren Sie den Text „Alternativen" mit verteilten Rollen im Rahmen einer gespielten regionalen Fernsehsendung mit dem Titel „Der Wald lebt": Rollenverteilung:
   – KITA-Leiter einer Einrichtung, die in unmittelbarer Waldnähe liegt
   – Förster
   – Elternvertreter
   – Ortsbürgermeister der Gemeinde, in der sich die KITA befindet
   – Vertreter des Gesundheitsamtes
   – Fernsehmoderator
   – Regisseur

   Besetzen Sie jede Rolle doppelt, so dass ein gegenseitiges Unterstützen möglich ist. Dabei sollten Sie hintereinander sitzen. Beraten Sie sich zunächst mit Ihrem Partner, wie Sie die jeweilige Rolle ausfüllen wollen. Machen Sie sich gegebenenfalls Notizen.
   Alle anderen Teilnehmer sind Beobachter. Legen Sie gemeinsam Schwerpunkte fest, unter denen die Rollenspieler beobachten werden (z.B. Durchsetzungsvermögen, Realitätsbezug der Argumente).
   Werten Sie Ihre Diskussion im Anschluss aus.

3. Übertragen Sie das eingangs verwendete Zitat von Seneca auf Biene und Fuchs.

■ **Tollwut** ■ **Virus** ■ **Impfschutz** ■ **Fuchsbandwurm** ■ **Inkubationszeit** ■ **Leberzerstörung** ■ **Vorsichtsmaßnahmen**

7.3 Lebensraumbeobachtungen

Viele unserer Wald- und Gartentiere sind gefährdet, weil ihr Lebensraum bedroht ist. Oft ist es Unkenntnis, die uns veranlasst, draußen Ordnung zu schaffen, kein Unterholz zurückzulassen, Hecken zu beseitigen zugunsten einer Steinmauer usw. Gefährdet werden dadurch z.B. der Igel, Singvögel (wie Zaunkönig, Rotkehlchen), Amphibien und Reptilien. Sie brauchen Reisighaufen, Holzstapel oder Laubberge, um sich zu verstecken, zu brüten oder auch zu überwintern.

1. *Beschaffen Sie sich zum Thema „Lebensraum" Informationsmaterial, z.B. bei den am Ende des Kapitels angegebenen Ansprechpartnern. Werten Sie es unter dem Gesichtspunkt der Eignung für Ihre Arbeit in unterschiedlichen sozialpädagogischen Einrichtungen aus.*

2. *Konstruieren Sie in Kleingruppen verschiedene Modelle für artgerechte Lebensraumgestaltung, z.B. in Holzkisten oder Wannen. Achten Sie auf mögliche Vielfalt in Ihrer Auswahl der Lebensräume. Nutzen Sie Querverbindungen zum Fach Werkerziehung.*
   Präsentieren Sie Ihre Ergebnisse einer möglichst großen Öffentlichkeit (z.B. Schule, sozialpädagogische Einrichtungen).
   Finden Sie dabei Ansprechpartner für eine mögliche Umsetzung Ihrer Ideen.

HA 8

■ **Lebensraum** ■ **Brutplatz** ■ **Schutz** ■ **Überwinterungsplatz**

7.4 Überwinterung von Tieren

Mit Beginn der kalten Jahreszeit zeigen alle Tiere ein typisches Verhalten. Sie suchen Orte mit optimalen Temperaturen auf. Dieses Präferenzverhalten kann z.B. bei einem Salamander das Aufsuchen einer Mauerritze, bei einem Frosch des Schlamms oder bei einem Igel des Laubhaufens sein.
Welche Vorbereitungen die Tiere treffen und wie sie in ihrem Versteck den Winter überstehen, ist davon abhängig, ob es sich um gleich- oder wechselwarme Tiere handelt.

Bei den gleichwarmen Tieren bleibt die Körpertemperatur bis auf kleine Schwankungen von 5 bis 10 °C relativ konstant, unabhängig von Außentemperaturen. Nur Vögel und Säugetiere bringen die dafür notwendigen Voraussetzungen mit: Fähigkeit zum Nestbau, Vorhandensein von Federn oder Fell als Schutz, Anfressen einer Fettschicht, Sammeln von Vorräten, Wegziehen in wärmere Regionen. Alle anderen Tiere sind wechselwarm, d.h., ihre Körpertemperatur reagiert sehr stark auf die herrschende Außentemperatur und kann zwischen 5 und 45 °C im Verlauf eines Jahres schwanken. Diese Tiere sind bei extremen Kälteperioden besonders hart betroffen, da sie im Verhältnis zu ihrer Körpergröße eine relativ große Körperoberfläche haben, durch die viel Wärme verloren geht.

Die wechselwarmen Tiere verfallen im Winter meist in eine Kältestarre. Dies ist ein erzwungener totenähnlicher Zustand mit extrem herabgesetztem Stoffwechsel. Dazu vergraben sich die Tiere z.B. im Boden. Schnecken mit Gehäuse verschließen dieses mit einer Kalk- oder Schleimschicht. Frösche vergraben sich im Schlamm. Viele Fische, z.B. Forellen, bleiben während des ganzen Winters aktiv, manche jedoch mit reduzierter Aktivität.

7

Insekten überwintern in verschiedenen Entwicklungsstadien:

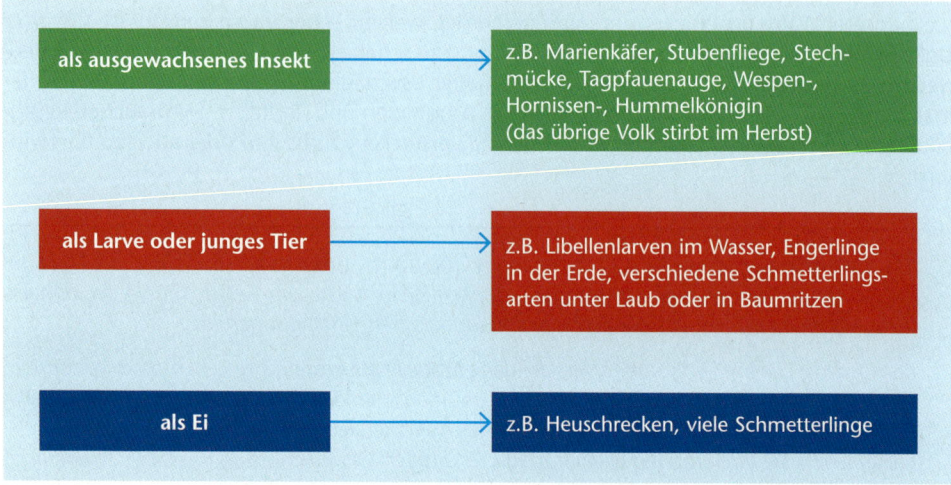

als ausgewachsenes Insekt	z.B. Marienkäfer, Stubenfliege, Stech-mücke, Tagpfauenauge, Wespen-, Hornissen-, Hummelkönigin (das übrige Volk stirbt im Herbst)
als Larve oder junges Tier	z.B. Libellenlarven im Wasser, Engerlinge in der Erde, verschiedene Schmetterlings-arten unter Laub oder in Baumritzen
als Ei	z.B. Heuschrecken, viele Schmetterlinge

Ameisen und Honigbienen stellen insofern eine Besonderheit dar, da bei ihnen das ganze Volk überwintert. Bei den Ameisen werden die oberflächlichen Nestteile aufgegeben und tiefere aufgesucht, in denen die Tiere weit gehend inaktiv den Winter überleben.
Das Volk der Honigbienen (bei anderen Bienenarten verhält sich die Biene als Einzelinsekt, wie z.B. die Wespe) schließt sich zu einer dichten Traube zusammen, in deren Mitte die Königin sitzt. Sinkt die Temperatur unter 13 °C ab, beginnen die Arbeiterinnen mit den Flügeln zu schlagen und nehmen Nahrung auf. Die durch die Muskelarbeit erzeugte Wärme heizt den Stock auf ungefähr 25 °C auf. Das Ganze wiederholt sich in unterschiedlichen Zeitabständen. Die Honigbienen sind die einzigen Insekten, die im Winter nicht in die Kältestarre verfallen, sondern lediglich eine Ruhezeit verbringen.

Die gleichwarmen Tiere treffen zunächst unterschiedliche Vorbereitungen, von denen nun einige exemplarisch aufgelistet werden:

- Sie legen sich einen Wintervorrat an: Mäuse sammeln Wurzeln, Samen und andere Pflan-zenteile und tragen sie in ihren Bau; Eichelhäher und Eichhörnchen vergraben Nüsse im Boden; der Maulwurf versteckt viele Regenwürmer in seiner Höhle (er kann keinen Winter-schlaf halten, da er spätestens alle zwölf Stunden etwas fressen muss).

- Sie bekommen ein Winterfell: z.B. Hirsch, Reh, Fuchs, Dachs, Wiesel, Schneehase. In diesem Fell kann nun noch mehr Luft zwischen und in den Haaren gespeichert werden als im Som-merfell, so dass es die idealen Voraussetzungen für einen kalten Winter mitbringt.

- Sie wandern in den Süden: Zugvögel, z.B. Wildgänse, Störche.

Sind die Vorbereitungen der Tiere, die im Winter bei uns verweilen, getroffen, ziehen sie sich zum Winterschlaf oder zur Winterruhe zurück. Dabei stellt die Ruhe die leichtere Schlafversion dar, die auch häufiger unterbrochen wird als der eigentliche Winterschlaf. Winterruher (z.B. Dachs, Bär, Eichhörnchen) sammeln weniger Vorräte, und ihre Körperleistungen (Puls, Tem-peratur) sind fast unverändert.
Zu den Winterschläfern gehören u.a. Siebenschläfer, Murmeltier, Igel, Hamster und Feldmäu-se, bei ihnen sind die Körperleistungen und der Stoffwechsel herabgesetzt.

Sowohl für wechselwarme als auch für gleichwarme Tiere kann die Überwinterung mit Gefahren verbunden sein. Bei den wechselwarmen Tieren erfolgt das Erwachen erst bei ansteigenden Temperaturen. Fallen diese allerdings über einen längeren Zeitraum zu weit ab, können diese Tiere sterben, wenn ihr Schutzplatz nicht ausreicht.

Bei den gleichwarmen Tieren erfolgt das Erwachen bei ansteigenden und bei stark fallenden Temperaturen. Dazu ist ein hoher Energieaufwand nötig, der die Körperreserven nach und nach aufzehrt. Jetzt muss sofort Nahrung aufgenommen werden. Erfolgt das Erwachen zu oft (z.B. bei häufigen Temperaturschwankungen), droht somit die Gefahr des Verhungerns.

Mit etwas Sachverstand können wir z.B. Vögeln helfen, durch die harten Winter zu kommen. Während die Gegner der Fütterung einen unkontrollierten Eingriff in die Natur fürchten, argumentieren die Befürworter einer Winterfütterung, dass die Umweltbedingungen für unsere Vögel schon schlecht genug seien, so dass es auf den Schutz jedes einzelnen Tieres ankommt.

Erst wenn die Witterungsbedingungen extreme Ausmaße angenommen haben (z.B. bei starkem Frost), in jedem Fall aber bei einer geschlossenen Schneedecke, ist Winterfütterung notwendig. Vorher können die Vögel mit geringen Futtermengen angefüttert und so an die Futterstellen gewöhnt werden. Sobald die Temperaturen ansteigen, spätestens Anfang März, ist die Fütterung der Vögel einzustellen.

Das Futterangebot, das der Mensch bereitstellt, muss den unterschiedlichen Anforderungen der verschiedenen Vogelarten gerecht werden. Die folgende Übersicht soll dabei als Orientierungshilfe dienen.

- **Singvögel**

- Körnerfresser wie Meise, Fink, Spatz: Sonnenblumenkerne, Hanfsamen, eingefettete Haferflocken, Getreidekörner, Mohn, Leinsamen, zerkleinerte ungesalzene Erdnüsse – vermischt mit Talg oder Schmalz – ergeben eine Futtermischung, die in Schalen, umgestülpte Blumentöpfe oder in die Zwischenräume von Zapfen gefüllt werden kann.

- Weichfutterfresser wie Amsel, Drossel, Star, Rotkehlchen, Zaunkönig: Beeren (Holunder-, Eberesche-, Liguster-, wilde Wein-, Weißdornbeeren), Obststücke. Wenn sie durch Frost gefrieren, können sie zu Erkrankungen der Vögel führen.

- **Wasservögel** wie Gans, Ente, Schwan, Teichhuhn: Getreide, Kleie, Hühnerfutter, weiche Kartoffeln, Rübenstückchen, Eicheln, Brot sollten erst bei gefrorenen Seen gegeben werden. Auf Speisereste muss unbedingt verzichtet werden.

- **Greifvögel** wie Bussard, Eule, Falke, Sperber: aufgehängte Fleischbrocken, die allerdings auch Füchse und Marder anlocken. Auch hier gilt: Vorsicht bei Frostgefahr!

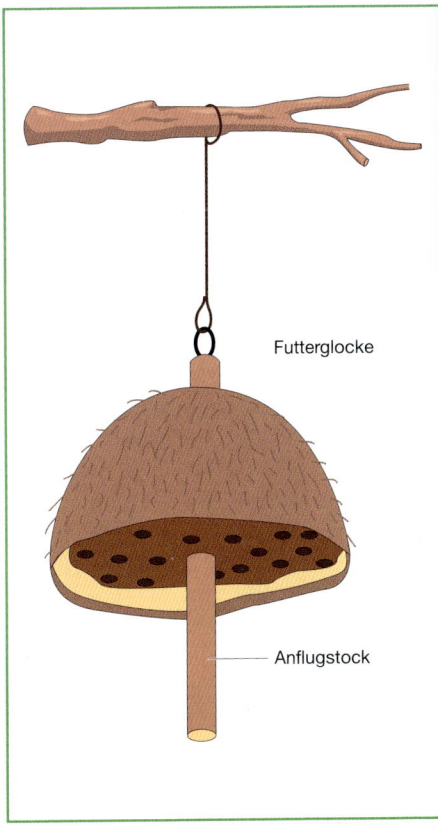

Futterglocke

Anflugstock

7

Folgende allgemeine Merksätze sollten bei der Fütterung beachtet werden:

1. Speisereste sind aufgrund der Gewürze nicht geeignet.

2. Salz im Fett, das zur Herstellung eines Futterbreis benutzt wird, ist schädlich.

3. Futter, das Feuchtigkeit enthält, kann gefrieren.

4. Futterplätze unbedingt sauber halten.

5. Futterplätze geschützt und verschiedenartig anlegen.

6. Regelmäßig füttern.

1. Erstellen Sie in Kleingruppen (vier bis fünf Teilnehmer) eine Klausur für 45 Minuten (mit Lösungsangaben) zum Thema „Überwinterung von Tieren".
Tauschen Sie die Klausuren in den Gruppen aus und bearbeiten Sie sie in Ihrer jeweiligen Kleingruppe.

HA 9, 10

Führen Sie im Anschluss eine Korrektur nach dem jeweils gültigen Bewertungsschlüssel durch.
Dabei sollte die Gruppe korrigieren, die auch die entsprechenden Fragen gestellt hat.
Geben Sie sich nach der Rückgabe ein konstruktives Feedback.

2. Erstellen Sie in Partnerarbeit zu Kapitel 7.4 eine Gliederung.

■ **Präferenzverhalten** ■ **gleichwarm** ■ **wechselwarm** ■ **Kältestarre** ■ **Winterruhe** ■ **Winterschlaf** ■ **Fell/Federn** ■ **Vorräte** ■ **Nestbau** ■ **Vogelfütterung**

7.5 Tierhaltung in sozialpädagogischen Einrichtungen

Tiere üben auf Kinder eine Faszination aus, die durchaus ambivalent ist. Viele Vertreter des Tierreiches sehen „süß" aus, ihr Fell ist kuschelig weich, sie sind eher ungewöhnliche Spielkameraden. Andere Tiere scheinen eher hässlich zu sein, bellen laut, haben bedrohlich wirkende Zähne und lösen mit ihrer Erscheinung Angst aus. Der Umgang mit Tieren von klein auf hat seine Vor- und Nachteile. Kinder lernen, Verantwortung zu übernehmen, erfahren im eigenen Tun, was das Tier braucht und was ihm nicht gut tut. Sie haben in dem Tier einen neuen Spielkameraden, der ihnen zuhört, wenn sie ihm etwas erzählen.

Durch diesen dauerhaften, verantwortungsbewussten Umgang mit dem Tier erfährt das Kind ein sensibles Miteinander mit dieser Spezies und wird mit anderen Augen auf Tiere zugehen, wenn es älter wird.

Andererseits dürfen Tiere in diesem Umgang nicht vermenschlicht werden, brauchen ihre Ruhephasen und eine artgerechte Haltung, die gelernt werden muss.

Für die Tierhaltung in sozialpädagogischen Einrichtungen kommen neben diesen angeschnittenen Problemen noch mögliche Erkrankungen hinzu, die übertragen werden können.

Die folgende Tabelle informiert Sie über gesundheitliche Gefährdungen, die Eignung für den Kindergarten und über Hinweise für die Tierhaltung.

Neben möglichen allergischen Reaktionen, v.a. bei Felltieren, liegen die Hauptgefahrenquellen bei folgenden Erkrankungen:

Nr. Tierart	Besondere gesundheitliche Gefährdung*)	Eignung für den Kindergarten	Hinweise für die Tierhaltung	Bemerkungen
1 Fische / Aquarien	keine	sehr gut	die Regeln für die Aquarienhaltung und die jeweilige Fischart besonders beachten	–
2 Vögel	Übertragung der Psittakose, Salmonellose	geeignet	wenn durch den beamteten Tierarzt festgestellt wurde, dass keine Erkrankung vorliegt	–
3 Meerschweinchen Kaninchen	Fadenpilzerkrankungen, Tuberkulose	Weniger geeignet	dürfen nur in geeigneten, dafür eingerichteten Stallungen gehalten werden und nicht frei herumlaufen	vermeiden, dass sich Kinder von Tieren belecken lassen, und dafür sorgen, dass sie sich nach einer Berührung die Hände waschen
4 Siam- und Perserkatzen, Katzen, Hunde	Toxoplasmose Leptospirose Tollwut	ungeeignet	sie benötigen eine eigene Bezugsperson und einen regelmäßig gesicherten Auslauf	erhöhte Gefahr von Tierquälereien
5 Goldhamster	ausgeschiedener Virus kann zur Hirnhautentzündung führen; außerdem besondere Infektionsgefahr für schwangere weibliche Bedienstete, die zur Missbildung ihres Kindes führen kann	ungeeignet	–	keinesfalls neue Tiere anschaffen; bei Bedenken vom Tierarzt untersuchen lassen
6 Schildkröten	sind häufig Salmonellenausscheider	ungeeignet	–	s. Nr. 5

7

Folgende Anmerkungen dienen der Ergänzung:

- **Psittakose** (= Papageienkrankheit): Es handelt sich um eine Viruserkrankung, die Lungenentzündung und Kreislaufzusammenbruch zur Folge hat. Sie endet meistens tödlich. Der Erreger wird über die Ausscheidungen übertragen.

- **Salmonellose:** Bakterien verursachen hier schwerste Darmreaktionen.

- **Tuberkulose:** Sie ist eine Infektionskrankheit, bei der die Bakterien Lungen, Lymphknoten und den Darm befallen.

- **Toxoplasmose:** Diese bakterielle Allgemeinerkrankung verläuft eher harmlos, bei Schwangeren bedeutet sie Gefahr für das ungeborene Kind im Hinblick auf schwerste Behinderungen.

- **Leptospirose:** Bakterien verursachen diese Infektionskrankheit, die v.a. durch hohes Fieber gekennzeichnet ist.

- **Tollwut:** Die bakteriellen Erreger der Tollwut greifen in besonderem Maß das Nervensystem an.

Zur detaillierteren Beschreibung dieser Erkrankungen sei auf Kapitel 2.2 „Infektionskrankheiten" und die weiterführende Fachliteratur verwiesen.

1. *Übertragen Sie die dargestellten Inhalte auf das Thema „Tierhaltung im Heim". Beziehen Sie dabei Stellung. Überprüfen Sie daraufhin, wie Sie selbst in Bezug auf Tiere groß geworden sind.*

2. *Diskutieren Sie in Ihrer Gruppe „Pro und Contra Tierhaltung in sozialpädagogischen Einrichtungen". Halten Sie Ihre Ergebnisse schriftlich fest.*

■ **Faszination Tier** ■ **Verantwortung** ■ **Spielkamerad** ■ **Vermenschlichung** ■ **allergische Reaktionen** ■ **übertragbare Erkrankungen**

Handlungsauftrag 1
Beschaffen Sie sich verschiedene Honigsorten (u.a. von Imkern der Umgebung) und führen Sie ein von Ihnen organisiertes Angebot zur sinnlichen Wahrnehmung von Honigsorten durch.

Handlungsauftrag 2
Wählen Sie sich eine Bienenart eines Stockes (Königin, Arbeiterin, Drohne) aus und schreiben Sie in Partnerarbeit eine Geschichte aus dem Leben dieser Biene. Wählen Sie Ihren Adressatenkreis selber aus und schreiben Sie dementsprechend.

Handlungsauftrag 3
Spielen Sie das unten beschriebene Spiel „Ein Schiff im Nebel" in Ihrer Gruppe. Entwickeln Sie weitere Variationen. (Beachten Sie den Bezug zur Spielerziehung im Hinblick auf eine mögliche Spielanalyse.)

Ein Schiff im Nebel

Es herrscht dichter Nebel. Ein Schiff versucht sicher den Hafen zu erreichen. Dazu muss es durch die enge Hafeneinfahrt gelotst werden. Nebelhörner treten in Aktion: Das laute bzw. leise Tuten der Hörner signalisiert dem Schiffsführer, ob er weit oder nah an den Hindernissen vorbei kommt. Hat er den Liegeplatz für sein Schiff erreicht, tuten alle Nebelhörner mit lang andauerndem Ton.

Alternativen:

● Unterschiedlich schwierige bzw. lange Fahrwege nutzen,
● Tiere und deren entsprechende Tierlaute verwenden.

Handlungsauftrag 4

Erarbeiten Sie in Anlehnung an die Tanzsprache der Bienen andere Kommunikationsformen des Tierreichs.

Handlungsauftrag 5

Versuchen Sie, Parallelen zwischen Rangordnungen der Tiere und menschlichen Verhaltensweisen zu ziehen. (Erkundigen Sie sich auch bei Ihrem Fachlehrer für Erziehungswissenschaften bzw. DMP, z.B. im Hinblick auf Aggressionsverhalten.)

Handlungsauftrag 6

Nehmen Sie Kontakt zu einem in Ihrer Umgebung arbeitenden Förster auf. Erkunden Sie den derzeitigen Stand der dargestellten Fuchsproblematik. Erweitern Sie Ihren Wissensstand, z.B. durch eine angeleitete Waldbegehung.

Handlungsauftrag 7

Ziehen Sie Querverbindungen zu Deutsch, Jugendliteratur und DMP: Die Bedeutung des Fuchses in der Kinder- und Jugendliteratur im Vergleich zu unserem Verständnis heute. Welche Schlussfolgerungen ziehen Sie daraus für Ihre sozialpädagogische Arbeit?

Handlungsauftrag 8

Bilden Sie Kleingruppen und machen Sie eine Bestandsaufnahme der Lebensraumbedingungen für Tiere in Ihrem Umfeld (z.B. Einrichtungen, Stadtanlagen, Parks, Waldgebiete, Vorgärten). Erstellen Sie Kriterien, nach denen Sie einheitlich vorgehen wollen.

Handlungsauftrag 9

Erstellen Sie in Kleingruppen Angebote für verschiedene Altersstufen, durch die der Bau von Futtergeräten und die Zubereitung des entsprechenden Futters sinnvoll durchgeführt werden. Erproben Sie Ihre Angebote untereinander! Reflektieren Sie Ihre Aktionen.

Handlungsauftrag 10

Entwickeln Sie in Kleingruppen ein Spiel, das sich mit der Überwinterung von Tieren beschäftigt. Sprechen Sie sich untereinander ab, damit eine möglichst große Variation an Spielformen entwickelt wird (Karten-, Brett-, Würfelspiel usw.). Legen Sie Ihre Zielgruppe jeweils vorher fest.

7

Literatur

Bausteine Kindergarten:	Vom Bär, der sich zum Winterschlaf legt ..., Bergmoser + Höller Verlag, Aachen, Heft 4, 1993
Deutscher Jagdschutzverband e.V.:	Unterrichtsreihe Wildlebende Fleischfresser unserer Heimat, Bonn, 1991
Hecker, Frank/Hecker, Katrin:	Treffpunkt Wald, Kosmos, Stuttgart, 2004
Naturschutzjugend:	Erlebter Frühling, Stuttgart, 1993
Der große Ravensberger Naturführer:	Ravensberger Buchverlag, Ravensburg, 2005
Woodward, Johu u. a:	Tiere und ihre Bauten – zum Greifen nah, Tessloff, Nürnberg 2005

Bilder-, Sach-, Jugendbücher

Kästner, Erich:	Die Konferenz der Tiere, Cecilie Dressler Verlag, Hamburg, 1992
Lucht, Irmgard:	Die Vogel-Uhr, Ellermann, München, 2000
Wichtige Adressen (Stand: Mai 2005)	BUNDjugend, Im Rheingarten 7, 53225 Bonn
	Deutscher Bund für Vogelschutz, Postfach 141345, 47051 Duisburg
	Deutscher Tierschutzbund e.V., Baumschulallee 15, 53115 Bonn
	Greenpeace e.V., Vorsetzen 53, 20459 Hamburg
	Robin Wood, Nernstweg 32, 22765 Hamburg
	World Wide Fund for Nature (WWF), Hedderichstr. 110, 60596 Frankfurt/M.

Anschlussthemen

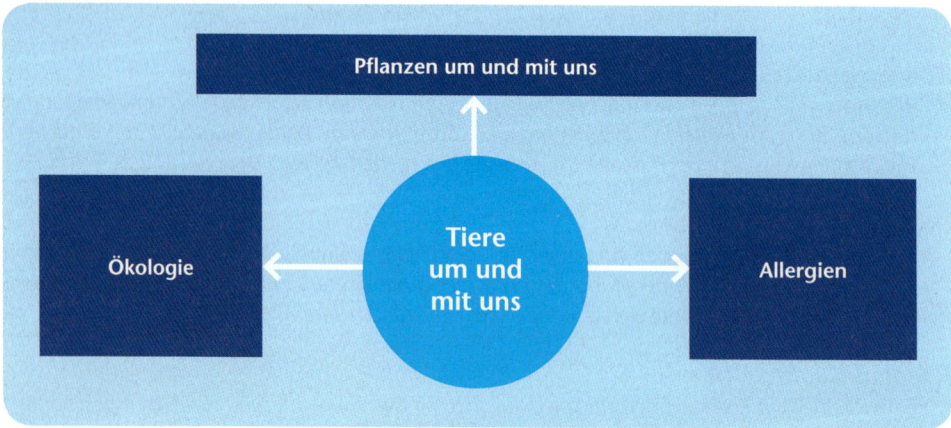

> „Gott schuf die Pflanzen, erst die Menschen erfanden das Unkraut."
>
> *(T. R. Bökelmann)*

Im Herbst ist es bereits Winter
Der Obstgarten orientiert sich nach drei Perioden:
Vorruhe – Hauptruhe – Nachruhe

Eigentlich ist es schon viel später als man glaubt – zumindest trifft dies für den Obstgarten und sichtbar für die heimischen Laubbäume zu. Es ist Herbst und damit die Zeit der größten gärtnerischen Geschäftigkeit: die Ernte läuft auf vollen Touren. Mithin sollte man glauben, dass dies auch für die Bäume zutrifft. Dies ist nicht so. Während wir die meiste Erntearbeit im September und Oktober haben, sind die Pflanzen bereits in der Phase der tiefsten Ruhe (Hauptruhe). Der beste Beweis dafür ist die Tatsache, dass die Blätter abfallen (Verdunstungsschutz im Winter) und dass es viel schwieriger ist, Pflanzen in dieser Phase künstlich zum Austreiben zu bringen als in den Monaten November oder Dezember, wenn der erste Frost überstanden ist und die Pflanzen bereits entwicklungsfähige Knospen angesetzt haben (Nachruhe). Im oftmals kältesten Monat Januar, in dem für uns Menschen augenscheinlich die größte Pflanzenruhe „zu sehen" ist, bereiten sich die Pflanzen bereits auf den Frühling vor – er beginnt bereits im kalendarischen Winter. Dem genauen Beobachter erschließt sich dieses Phänomen bei genauer Betrachtung und Begreifen der Knospengröße und -festigkeit der Frühblüher (z.B. Haselnuss, Zaubernuss, Forsythie).

In unseren Breiten werden die mehrjährigen Pflanzen durch zwei Umweltfaktoren beeinflusst: die Temperatur und die Belichtungsdauer. Dabei hat die Dauer der Helligkeit den größten Einfluss auf die Pflanzenentwicklung im jahreszeitlichen Ablauf. Am 21. Juni ist bereits die größtmögliche Tageslänge erreicht, danach flacht die Bahn der Sonne schon wieder ab. Das registrieren die Pflanzen sehr genau. Bis Ende Juni sind alle wesentlichen Aufgaben wie Ernährung der reifenden Früchte und die Knospenneuanlage für das kommende Jahr abgeschlossen. Dies geschieht somit nicht erst im Frühjahr, sondern bereits im Vorjahr. Zwischen Juni und August schließt der Vorgang mit dem Triebabschluss ab (Zeit der Vorruhe). Mit den kürzer werdenden Tagen geht auch die Temperatur merklich zurück. Die Tageslänge im September entspricht etwa der im April. Am 22. Dezember beginnt der kalendarische Winter und die Tage werden wieder länger. Das bedeutet für die Pflanzen das Startsignal, um ihre Frühlingstätigkeiten zu entfalten. Die Pflanzen sind uns damit eine Jahreszeit voraus: Im Herbst ist es bereits Winter oder der Frühling beginnt im Winter.

Übertragen Sie die Zeiten der drei Pflanzenperioden auf die kalendarischen Jahreszeiten. Stellen Sie Ihre Ergebnisse und die inhaltlichen Unterschiede, die sich bei einem Vergleich ergeben, in einer Tabelle gegenüber.
Begründen Sie abschließend, warum bei den Pflanzen der Frühling tatsächlich im Winter beginnt.

HA 1

8

8.1   Winter

Im Winter zeigen die abiotischen Umwelteinflüsse folgende Veränderungen:

- Die Sonnenstrahlen fallen flacher und mit weniger Kraft auf die Erde. Daraus ergibt sich eine kürzere Strahlungsdauer mit geringer Erwärmungsmöglichkeit.

- Die Luft ist mit Eis und Schnee gefüllt. Bei stärkerer Kälte gefrieren die Regentropfen bereits in den Wolken. Die entstehenden Eiskristalle sind so schwer, dass sie sich in den Wolken nicht mehr halten können; sie fallen als Schneeflocken zur Erde und bedecken sie. Da Schnee und Eis schlechte Wärmeleiter sind, bleibt die im Boden vorhandene Wärme als Schutz für Pflanzen und Tiere erhalten. Da Schnee außerdem etwa 80 % der Sonnenstrahlen reflektiert, schmilzt er bei ausreichender Kälte nicht. Die schützende Decke bleibt somit zunächst bestehen.

- Im Boden enthaltenes Porenwasser gefriert bei Temperaturen von unter 0 °C. Das entstehende Eis dehnt sich aus und führt zu einer mechanischen Zerkleinerung von Erde und Gestein. Dadurch wird der Boden gelockert, er kann im Jahresverlauf Wasser besser aufnehmen und erleidet somit weniger Mineralstoffverluste.
  Gefriert der Boden allerdings bis in Wurzeltiefe durch, ist für die Pflanzen keine H_2O-Aufnahme mehr möglich. Dauert dieser Zustand zu lange an, können Pflanzen (je nach ihrem Gesundheitszustand) vertrocknen. Diesen Vorgang bezeichnet man als „physiologische Trockenheit", da Wasser zwar vorhanden, aber für die Pflanzen nicht nutzbar ist.

- Eisschichten auf der Wasseroberfläche, z.B. auf Seen, bedeuten ebenfalls einen Wärmeschutz. Da das Wasser von oben her friert, ist bei ausreichender Tiefe (ungefähr 80 bis 100 cm) ein Leben am Boden weiter möglich. Aufgrund der physikalischen Eigenschaften des Wassers herrschen in tieferen Regionen immer konstant 4 °C (= Anomalie des Wassers).

Alle Lebewesen – hier insbesondere die Pflanzen – stehen vor dem Problem, diese lebensfeindliche, aber notwendige Ruhephase der Natur zu überstehen.

> *Erstellen Sie in Kleingruppen einen Wetterkalender für sozialpädagogische Einrichtungen Ihrer Wahl, in den die beschriebenen Phänomene anschaulich und zielgruppenorientiert eingetragen werden können.*

Erstellen Sie in Kleingruppen einen Wetterkalender für sozialpädagogische Einrichtungen Ihrer Wahl, in den die beschriebenen Phänomene anschaulich und zielgruppenorientiert eingetragen werden können.

Die Vorbereitungen der Pflanzen auf den Winter laufen bereits im Sommer und Herbst ab. Daher sollen sie hier der Übersichtlichkeit wegen nur aufgelistet werden. Die genaue Beschreibung der Vorgänge erfolgt in den jeweiligen kalendarischen Jahreszeiten.

- Speicherung von Reservestoffen in Samen und Früchten,

- Anlegen von Winterknospen,

- Laubfall und Reduktion krautiger, kälteempfindlicher, oberirdischer Pflanzenteile.

8

Bei der Überwinterung von Pflanzen sind zwei Gesichtspunkte deutlich zu unterscheiden: Entweder überwintert die Pflanze selbst (dafür sind spezielle Anpassungen erforderlich) oder die Samen/Früchte überwintern, um den Fortbestand der Art zu sichern. Diese zuletzt genannte Variante trifft auf die einjährigen Pflanzen zu, die im Winter absterben. Dazu gehören z.B. Lein, Sonnenblume, Erbsen, Bohnen, Sesam und Springkraut.
Bei den zwei- und mehrjährigen Pflanzen überwintern entweder besondere Pflanzenteile oder sogar die gesamte Pflanze. Aus der Gruppe der Pflanzen, bei denen nur Teile überwintern, sollen die folgenden Beispiele stellvertretend erwähnt werden.

Taubnessel, Spargel, Buschwindröschen, Maiglöckchen

Überwinterungsorgan:
Erdspross oder Rhizom in der Erde (es handelt sich dabei um einen waagerecht wachsenden, verdickten Spross mit Knospenanlagen).

Dahlie, Scharbockskraut, Herbstzeitlose

Überwinterungsorgan:
Wurzelknolle, bei der sich die Wurzel zum Speicherorgan verdickt hat.

Kartoffel, Krokus, Kohlrabi

Überwinterungsorgan:
Verdickte Sprossteile (Sprossknolle), die ober- oder unterirdisch angelegt sind.

Schneeglöckchen, Märzenbecher, Küchenzwiebel, Tulpe

Überwinterungsorgan:
Zwiebel aus einem stark verkürzten, gestauchten Spross mit fleischigen Blättern, in deren Mitte der Keim liegt.

Wilde Möhre, Möhre, Rettich, Kohlrübe

Überwinterungsorgan:
Rübe als Speicherorgan aus verdickter Hauptwurzel und Teilen des Sprosses.

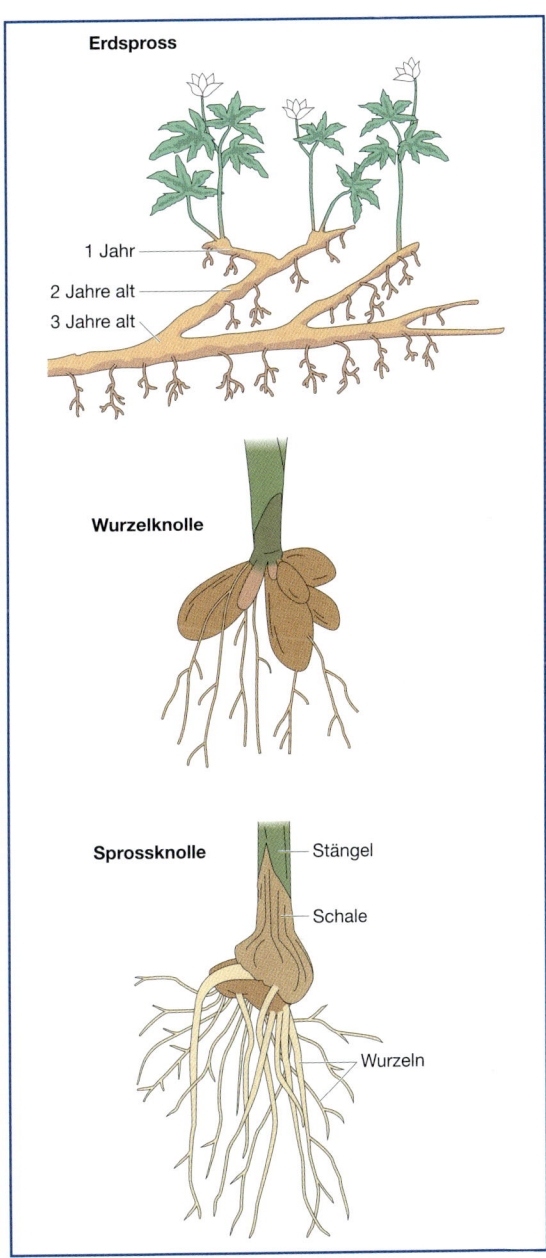

Erdspross

1 Jahr
2 Jahre alt
3 Jahre alt

Wurzelknolle

Sprossknolle — Stängel
— Schale
— Wurzeln

8

Je größer die Pflanzen in ihrem Leben werden, desto mehr sind sie der Kälte ausgesetzt. Bei Gartensträuchern, wie z.B. Hasel, Hainbuche, Weißdorn, bei Laubbäumen und Nadelbäumen überwintert die gesamte Pflanze. Sie tragen ihre Erneuerungsknospen hoch über dem Erdboden und haben sie durch Winterknospen geschützt. Ihre weiteren Anpassungen (z.B. Laubfall) sind bereits erwähnt worden. Bei den Nadelbäumen sind die Nadeln u.a. durch ihre geringe Oberfläche und die gewachste Außenschicht gut gegen Kälte geschützt.

Bestimmte Entwicklungsvorgänge wie Keimung, Knospenbeginn und Blütenbildung werden durch Kälte gefördert bzw. erst ermöglicht. Das betrifft z.B. die Keimung von Blumenzwiebeln im Frühjahr, die deshalb bereits im Herbst gesetzt werden müssen. Dabei spielen Wasser- und Nährstoffmangel und auch die Tageslänge eine entscheidende Rolle.

HA 2, 3, 4, 5

1. *Nehmen Sie Stellung zu der Aussage: „Der Winter ist nur kalt und ungemütlich. Wir können gut auf ihn verzichten."*

2. *Führen Sie im Winter einen Erkundungsgang durch, um Pflanzen und deren Frühjahrsvorbereitungen zu beachten. Notieren Sie Ihre Beobachtungen und vergleichen Sie sie im Anschluss.*

■ **abiotische Umwelteinflüsse** ■ **Wärmeleiter** ■ **Erdzerkleinerung** ■ **physiologische Trockenheit** ■ **Überwinterungsorgane** ■ **Samen/Früchte** ■ **Erdspross** ■ **Wurzelknolle** ■ **Sprossknolle** ■ **Rübe** ■ **Zwiebel**

8.2 Frühling

HA 6, 7, 8

Zeitlich lässt sich der Frühling nicht so ohne weiteres festlegen. Dennoch bezeichnet man allgemein den 21. März als Frühlingsanfang. Dabei handelt es sich um den „astronomischen" Frühling, der zur Zeit der Tag- und Nacht-Gleiche beginnt und am längsten Tag des Jahres (22. Juni) vom Sommer abgelöst wird. Der meteorologische Frühling liegt genau drei Wochen früher und umfasst die Monate März, April und Mai. Er wird meist mit dem Blühbeginn der Hasel gleichgesetzt. Je nach regionalen Unterschieden in Deutschland kann dies aber großen Schwankungen unterliegen. Unser frühester Strauchblüher ist die Zaubernuss, die bereits – je nach Witterung – im Februar die Blüten öffnet. Dies hat mit dem Frühlingsbeginn noch nichts zu tun.

Eine Besonderheit im Frühling sind die Spätfröste. Bei vielen Pflanzen, die durch milde Temperaturen bereits ihre Frosthärte verloren haben, sterben auf diese Art und Weise vielfach Triebe, Blätter oder sogar die ganze Pflanze ab. Die Blütenanlagen in den Knospen sind dabei besonders gefährdet.

Trotz einer großen Vielfalt zeigen die Pflanzen in ihrer Grundstruktur einen ähnlichen Aufbau. Die farbigen Blütenblätter dienen vor allem dem Anlocken der Insekten. Die Kelchblätter (zurückgebildete Blütenblätter) stützen sie ab. Der Stängel führt die Leitungsbahnen in sich, in denen Wasser und Nährstoffe zu den Orten des Verbrauchs transportiert werden. Am Stängel sitzen die Blätter, die die Fotosynthese durchführen und durch Wasserabgabe auch der Kühlung der Pflanze dienen. Stängel und Blätter zusammengenommen bezeichnet man als Spross. Die Wurzeln, die zu ihren Enden hin immer feiner und vielfältiger werden, nehmen Wasser und Nährstoffe auf, verankern die Pflanzen im Boden und können sich zur Nährstoffspeicherung verdicken (z. B. Rübe).

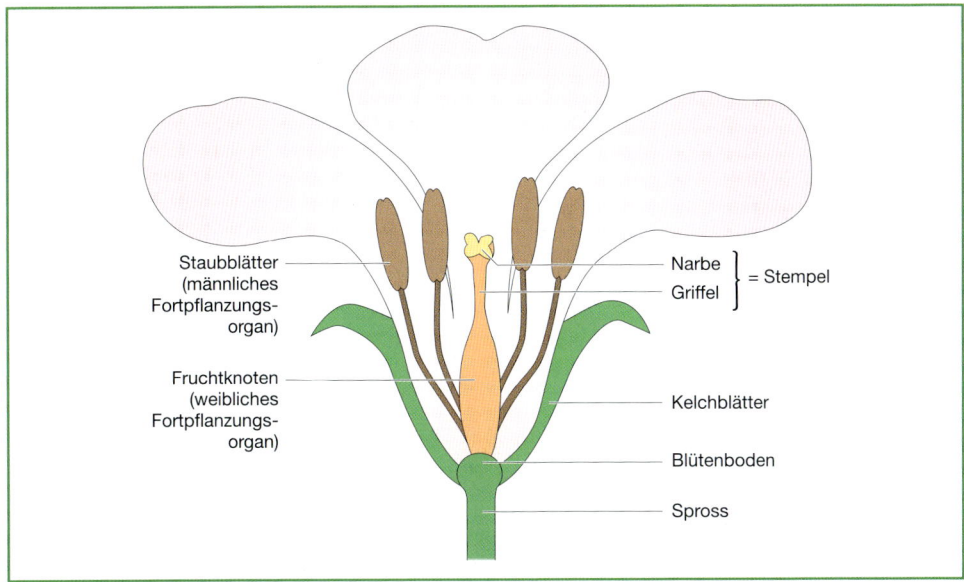

Bei der Abbildung handelt es sich um eine einhäusige Pflanze, die ein weibliches und ein männliches Fortpflanzungsorgan in einer Blüte trägt (im Gegensatz zu zweihäusigen Pflanzen wie der Weide).

Die klebrige Narbe ist der Berührungspunkt für Insekten. Der Griffel stellt das Verbindungsstück zum Fruchtknoten dar, in dem die Eizelle als weibliches Fortpflanzungsorgan sitzt. Die Staubblätter enthalten Pollensäcke mit dem Pollen (= männliches Fortpflanzungsorgan). Die Verbreitung des Pollens kann auf unterschiedliche Art geschehen. Bei Selbstbestäubern, wie Erbse und Sojabohne, hängen die Pollensäcke direkt über der Narbe, so dass der Pollen nur abfallen muss.

Die Windverbreitung, z. B. bei Getreide, Buche, Eiche und Birke, setzt sehr leichten und trockenen Pollen voraus. Da die Methode sehr unsicher ist, muss er in großer Menge produziert werden.

Insekten bestäuben 80 % unserer Obstbäume. An dieser Verbreitungsart der Tierbestäubung beteiligen sich auch Kolibris und Fledermäuse. Der Pollen ist zu diesem Zweck klebrig, so dass er gut am Fell oder an den Federn haften bleibt und weitergetragen werden kann. Bei den Wasserpflanzen wird ein schwimmfähiger Pollen produziert, so dass hier das Wasser selbst als Übertragungsmedium genutzt wird.
Diese Übertragungsarten werden uns bei der Samenverbreitung erneut begegnen.
Hat nun die Befruchtung stattgefunden (Pollen und Eizelle sind miteinander verschmolzen), entwickelt sich der Keimling. Er ist von Nährgewebe umschlossen und wird in dieser Form als Same bzw. Frucht bezeichnet.

Die unterschiedlichsten Fruchtarten ergeben sich je nach Menge des gebildeten Fruchtfleisches (z.B. Leinsamen, Mirabelle, Pfirsich) oder danach, ob das Fruchtfleisch in verholzter oder fleischiger Form vorliegt (z.B. Apfel, Haselnuss). Dadurch entsteht eine Vielfalt, die vom einfachen Samen als Frucht einer Pflanze (z.B. Leinsamen, Getreidekörner) über die Melone bis hin zur Kokosnuss reicht.

8

Die gebildeten Samen werden genauso verbreitet wie die Pollen. Die folgende Übersicht veranschaulicht Ihnen die Variationsvielfalt, die hier möglich ist:

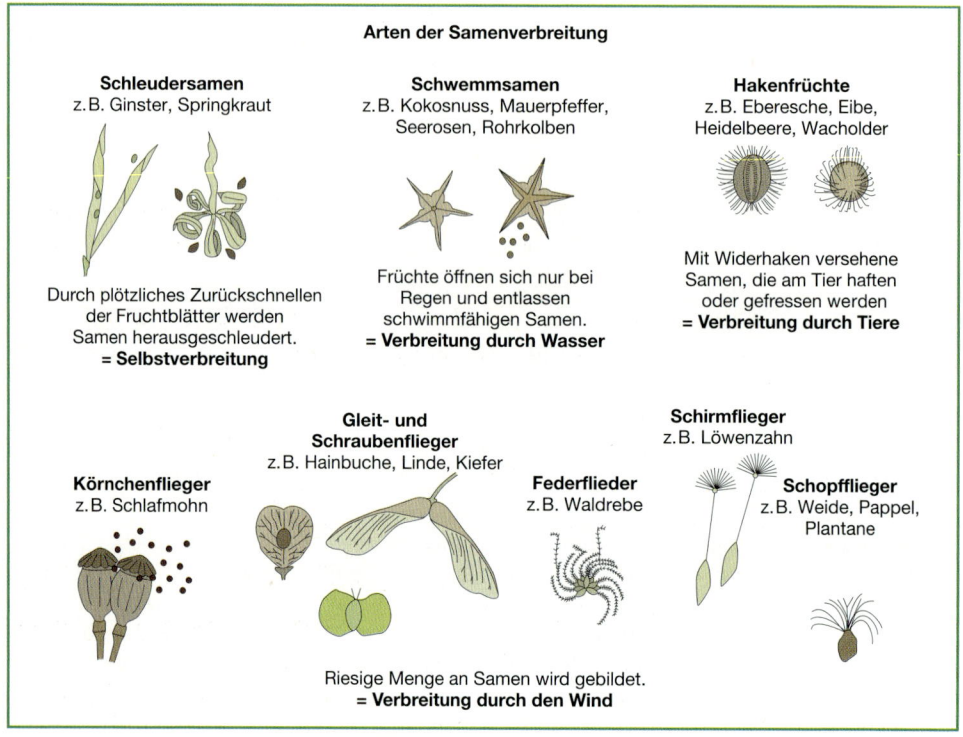

Erhält ein Same die geeigneten Keimbedingungen wie Feuchtigkeit, Wärme und Luft, so beginnt er zu keimen, sofern er genügend Platz hat.

Zum weiteren Wachsen und Gedeihen reichen diese Bedingungen nicht mehr aus. Neben Feuchtigkeit, Wärme und Luft werden jetzt Licht und Nahrung (Erde, Dünger) benötigt. Diese beiden Faktoren treten hinzu, da die Jungpflanze vom Nährgewebe unabhängig geworden ist und nun ihre eigene Nahrung durch Fotosynthese herstellen muss. Dazu benötigt sie Licht. Die noch fehlenden Nährstoffe liefern schließlich Erde und Dünger.

Ab jetzt gilt das Minimumgesetz, das besagt, dass der am geringsten vorhandene Faktor das Gedeihen der Pflanze begrenzt, egal in welchen Mengen die anderen Stoffe vorliegen.

1. *Führen Sie mit Kressesamen eine selbst entwickelte Versuchsreihe durch, die sowohl die Bedeutung der Keimbedingungen als auch die der Wachstumsbedingungen bestätigt.*

2. *Erläutern Sie das Minimumgesetz schriftlich mit Hilfe eines Beispiels Ihrer Wahl.*

8

Der Frühling ist die Zeit des Säens und Pflanzens. Die angegebenen Handlungsaufträge dienen dem eigenen Experimentieren und Ammeln von Erfahrungen.

Ab März zeigt die Natur, was sie an Pflanzenvielfalt zu bieten hat. Viele ihrer Vertreter sind weit verbreitet und zeigen Gemeinsamkeiten, z.B. in Blüten- und Blattform, Farbe, Größe und Standort. Wer sich in der Bezeichnung von Pflanzen nicht gut auskennt, kann Bestimmungs- *HA 9,* hilfen heranziehen. Zu empfehlen ist das übersichtlich gestaltete Bestimmungsbuch von Ai- *10, 11,* chele (2005). *12*

Fünf Pflanzenfamilien kommen bei uns häufig vor. Sie werden Ihnen in der folgenden Tabelle mit einer kurzen Beschreibung der Blütenform, die sie jeweils in der Pflanzenfamilie gemeinsam haben, vorgestellt.

Unterscheidungsmerkmal Blüte bei 5 Familien				
	Korbblütler	Kreuzblütler	Doldenblütler	Lippenblütler	Schmetter-lingsblütler
Bau der Blüte (Blüten-blätter)				Oberlippe Unterlippe	2 Flügel Fahne Schiffchen
	Blütenblätter im Körbchen angeordnet	Die 4 Blüten-blätter sind kreuzförmig angeordnet.	Alle Blüten gehen von einem Punkt aus.		

Daneben gibt es noch eine Vielzahl weiterer Pflanzenfamilien, auf die hier im Einzelnen nicht *HA 6* eingegangen werden kann.

- ▪ **Spätfröste** ▪ **Blütenblätter** ▪ **Kelchblätter** ▪ **Stängel** ▪ **Blätter**
- ▪ **Fotosynthese** ▪ **Wurzeln** ▪ **Fruchtknoten** ▪ **Pollen** ▪ **Samen**
- ▪ **Verbreitungsarten** ▪ **Keimbedingungen** ▪ **Wachstumsbedingungen**
- ▪ **Minimumgesetz** ▪ **Pflanzenfamilie** ▪ **Blütenfarbe** ▪ **Blütenform**
- ▪ **Standort** ▪ **Blattform**

8.3   Sommer

Mit dem längsten Tag startet am 22. Juni der astronomische Sommer. Bereits jetzt beginnt die *HA 1, 13* Anlage der Winterknospen, die unentbehrlich für den Neuaustrieb im Frühjahr sind. Mit kork-artigen Knospenschuppen versehen, sind sie für die kalte Jahreszeit winterfest gemacht.

Ein weiterer Vorgang zur Vorbereitung auf den Winter läuft ebenfalls schon ab, die Speicherung von Reservestoffen in Samen und Früchten. Von diesen eingelagerten Stoffen lebt der Keimling, bis er geeignete Keimbedingungen findet.

8

Die eingelagerten Stoffe sind: Stärke (z.B. in Zwiebeln, Knollen, Rhizomen und Rüben), Proteine (z.B. in den Samen der Hülsenfrüchte) oder Fett (v.a. bei Lein-, Sesamsamen oder Sonnenblumenkernen).

Sobald die Pflanzen genügend Chlorophyll (= Blattgrün) aufgebaut haben und die Temperaturen höher als ca. – 5 °C sind, können diese Reservestoffe im Rahmen der Fotosynthese und des Stoffwechsels gebildet werden.

Da der Sommer die Jahreszeit ist, in der Laub- und Nadelbäume in schönster Pracht stehen und gut zu unterscheiden sind, das Getreide noch auf den Feldern bewundert werden kann, sollen diese drei Pflanzengruppen im Rahmen des Sommers unsere besondere Beachtung finden. Im Verlauf des Sommers bilden alle drei Pflanzengruppen Früchte, die in ihrer Form und Ausprägung so faszinierend unterschiedlich sind, dass sich eine „Untersuchungsreise" in diesen Bereich lohnt. Nur wer wach und mit allen Sinnen die Erscheinungen der Natur (hier speziell die der drei Pflanzenarten) wahrnimmt, wird sie achten lernen. Sehen ist dabei nur ein Weg der Begegnung, allerdings ein sehr dominanter. Das Rauschen der Blätter muss man hören, die rissige Borke der Birke fühlen, die Blüten riechen und – wenn auch mit Vorsicht (s. Kapitel 7.2) – Waldbeeren schmecken, um mit ihnen vertraut zu werden. Erst im Zusammenspiel aller Sinne (das gilt für jedes Alter!) festigt sich ein vollständiger Sinneseindruck. Man braucht eine gewisse Zeit des Eingewöhnens, des Hineinhorchens, des Sich-Anpassens an den jeweiligen Lebensraum, um Dinge wahrzunehmen, die uns bei oberflächlicher Betrachtung abhanden gekommen wären.

Laubbäume

HA 14   Jeder Laubbaum besitzt eine für ihn charakteristische Wuchsform (Silhouette), Blattform, Rindenoberfläche und Frucht. Die folgende Bestimmungstabelle, die sich auf die wichtigsten Laubbäume beschränken muss, ist nach Blattform, Blüte/Frucht und Wuchsform gegliedert. Für vertiefendere Informationen muss die weiterführende Fachliteratur genutzt werden.

8

	Wuchsform	Blatt und Zweige	Blüte und Frucht
Stieleiche			
Rotbuche			
Moorbirke			
Erle			
Esche			

8

	Wuchsform	Blatt und Zweige	Blüte und Frucht
Salweide			
Sommerlinde			
Eberesche			
Ulme			
Bergahorn			

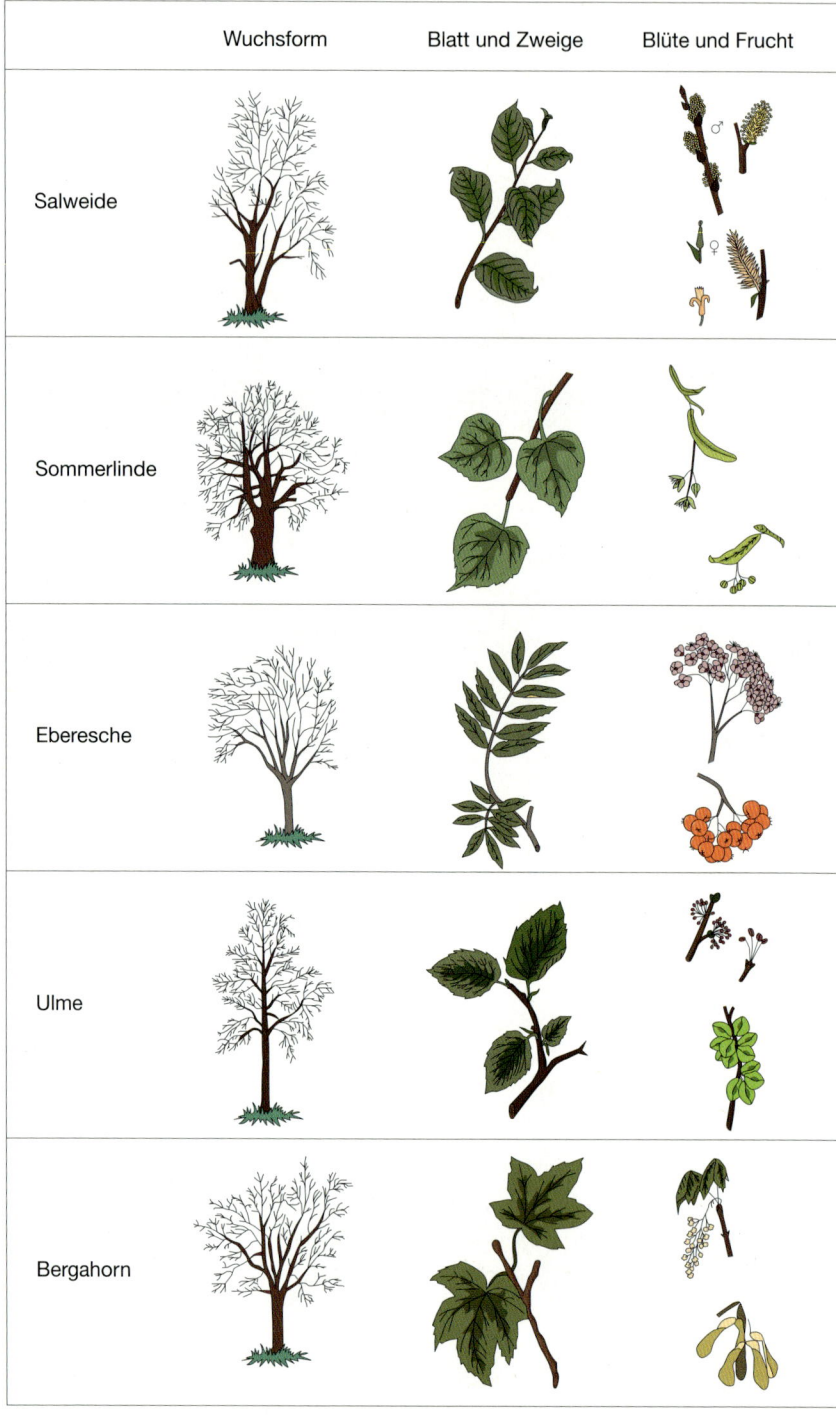

8

Beschreiben Sie zunächst die folgenden Baumsilhouetten mit eigenen Worten. Um welche Baumart handelt es sich jeweils? Nutzen Sie dazu Ihre Erfahrungen aus den Erkundungsgängen, die verwendeten Abbildungen und/oder die weiterführende Literatur.

HA 15

Nadelbäume

Sie verlieren im Gegensatz zu Laubbäumen im Winter nicht ihre Nadeln (Ausnahme: Lärche) und zeigen zu jeder Jahreszeit ein mehr oder weniger ähnliches Aussehen. Bis auf die Eibe (sie bildet rote, fleischige Beeren) zeigen die Nadelbäume als Fruchtstände Zapfen, in deren Schuppen die wertvollen Samen geschützt liegen.

Das Laub dieser Bäume wird durch längliche Nadeln gebildet, die sich gut gegen den Winter geschützt haben. Da sie nicht jedes Jahr ausgewechselt werden, sind sie einer dauerhafteren Umweltbelastung ausgesetzt als die Laubblätter. Diese Belastung zeigt sich häufig in einem vorzeitigen Absterben einer älteren Nadelgeneration, ohne dass bereits neue angelegt sind, die Zweige werden vom Stamm her kahl.

Jedes Jahr bilden die Nadeln an ihren Zweigspitzen eine neue Nadelgeneration aus, die durch ihre hellgrüne Farbe gut zu erkennen ist.

8

Die folgenden Abbildungen zeigen Ihnen erneut eine Bestimmungshilfe für einige wichtige Vertreter der Nadelbäume:

HA 16

	Wuchsform	Blatt und Zweige	Blüte und Frucht
Fichte			
Weißtanne			
Gemeine Kiefer			
Europäische Lärche			

8

Getreide

Die Bedeutung des Getreides und seiner Produkte im Rahmen unserer Ernährung ist groß (s. Kap. 4). Die bei uns vorrangig angebauten und im Handel erhältlichen Getreidesorten sind in der Abbildung dargestellt.

Weizen *Roggen* *Gerste*

Hirse *Mais* *Hafer*

Beim Blüten- bzw. Fruchtstand der Getreidesorten sind folgende Unterschiede zu erkennen:

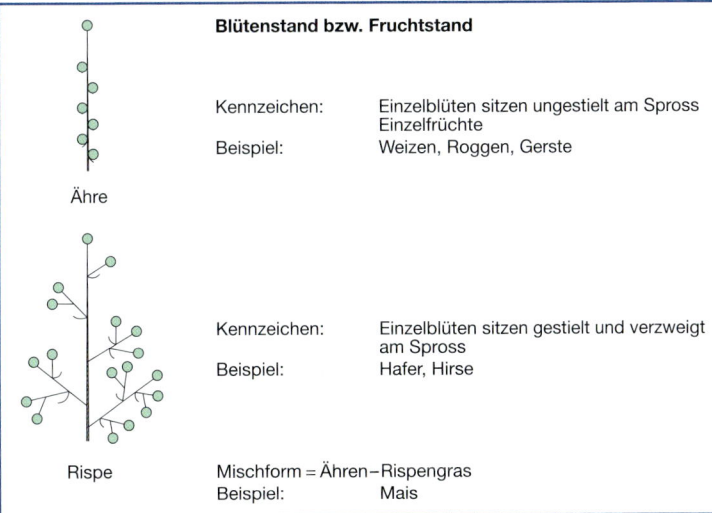

Blütenstand bzw. Fruchtstand

Ähre

Kennzeichen:	Einzelblüten sitzen ungestielt am Spross Einzelfrüchte
Beispiel:	Weizen, Roggen, Gerste

Rispe

Kennzeichen:	Einzelblüten sitzen gestielt und verzweigt am Spross
Beispiel:	Hafer, Hirse

Mischform = Ähren–Rispengras	
Beispiel:	Mais

8

Die Früchte des Getreides sind die Getreidekörner, die sich in Größe, Form und Farbe stark unterscheiden.

> *Beschaffen Sie sich zu den angegebenen Getreidesorten die jeweiligen Körner. Welche Unterschiede stellen Sie fest? Halten Sie Ihre Ergebnisse schriftlich fest.*

Der Querschnitt durch ein Getreidekorn zeigt Ihnen die Nährstoffverteilung in vereinfachter Form:

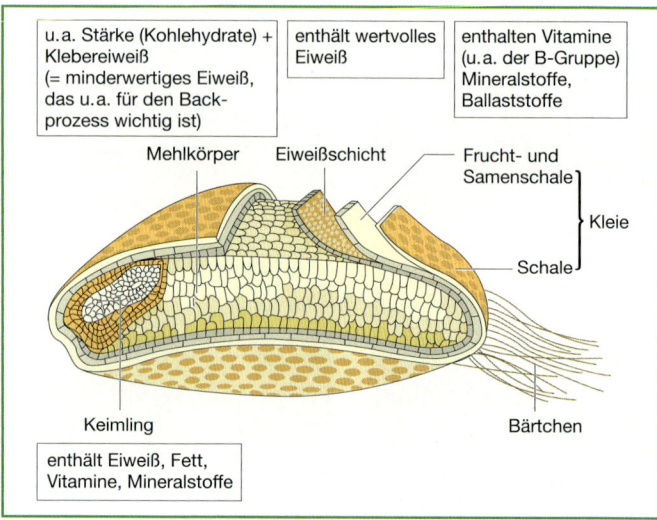

HA 17, 18, 19, 20

Je nach Höhe des Schalenanteils im Mehl steigt der Nährwert und damit auch die Typenzahl. Im Handel sind von Type 405 (= Auszugsmehl) bis Type 1600 (= Vollkornmehl) viele Mehlvarianten erhältlich. Die Typenzahl sagt aus, wie viel Milligramm Mineralstoffe in 100 g Mehl enthalten sind.

■ **Chlorophyll** ■ **Fotosynthese** ■ **Reservestoffe** ■ **Laubbäume** ■ **Nadelbäume**
■ **Getreide** ■ **Typenzahl** ■ **Ähre** ■ **Rispe** ■ **Auszugs-, Vollkornmehl**

8.4   Herbst

Für viele Menschen ist der Herbst die faszinierendste Jahreszeit, da sie ein Farbenspektrum zeigt, das vielfältiger kaum sein kann. Dies wird möglich, da sich speziell die Laubbäume und viele Sträucher auf den Winter vorbereiten, indem sie zunächst den Blättern ihre Nährstoffe entziehen. In einem zweiten Schritt wird zwischen Zweig und Blatt eine Trennschicht gebildet, so dass das Blatt von der weiteren Versorgung abgeschnitten ist. Da ab ungefähr – 5 °C eine Fotosynthese nicht mehr möglich ist, wird das Chlorophyll (= Blattgrün), da es nicht mehr benötigt wird, abgebaut. Dadurch treten die anderen Blattfarbstoffe, die durch das Chlorophyll überdeckt werden, hervor. Dazu gehören: Carotinoide, Xantophylle und Anthocyane. Eine Vielfalt an Farbnuancen entsteht. Schließlich fällt das Blatt bzw. fallen alle krautigen Teile über dem Boden vertrocknet ab.

HA 21, 22

HA 23, 24, 25, 26

Der Herbst ist die Jahreszeit der Ernte. Daran schließt sich die Einkellerung und/oder Verarbeitung der Früchte an (z.B. Einkochen, Marmeladenherstellung).

■ **Blattfall** ■ **Chlorophyll** ■ **Fotosynthese** ■ **Blattfarbstoffe** ■ **Absterben** ■ **Erntezeit**

8.5 Pflanzen in sozialpädagogischen Einrichtungen und ihrer Umgebung

Dieses Kapitel soll sich – jahreszeitlich übergreifend – mit gärtnerischen Aktivitäten und Umweltmaßnahmen im Freien und in den Innenräumen beschäftigen. Die Natur braucht vor dem Haus nicht Halt zu machen, denn Keimungen, Pflanzenvermehrung und -pflege können auch an Zimmerpflanzen erfahren werden.

Gerade für sozialpädagogische Einrichtungen des Elementarbereiches sollten Pflanzen angeschafft werden, die pflegeleicht sind und unserer Kultur entstammen (Exoten haben oftmals hohe Pflegeansprüche und entstammen nicht dem unmittelbaren Erfahrungsfeld der Kinder). Standortwechsel oder Pflegefehler müssten sie auch mal verzeihen können. Dazu gehören: Efeu, Grünlilie, Begonien, Philodendron, Usambaraveilchen, Geranien, Bogenhanf und Tradeskantie.

Tradeskantie

Philodendron

Grünlilie

Begonie

8

Bogenhanf

Efeu

Die folgenden Lebensbedingungen gelten generell für alle Pflanzen und können gerade von Kindern nur dann einsichtig erfahren werden, wenn sie von Anfang an in die Pflege mit einbezogen werden:

- Licht erhalten Pflanzen meist nur von einer Seite. Da sie in Richtung Licht wachsen, sollten sie von Zeit zu Zeit gedreht werden. Mit jedem Meter Abstand zur Lichtquelle halbiert sich die Menge, die die Pflanze noch erhält. Bei Südfenstern ohne Schutz droht ein Verbrennen an sonnigen Tagen, da die Wärmeentwicklung hinter der Glasscheibe zu hoch ist.

- Die Luft ist in Zeiten der Heizperiode zu trocken. Verdunstungsschalen, die ständig nachgefüllt werden, können hier Abhilfe schaffen. Zugluft kann für Zimmerpflanzen den Tod bedeuten. Bei notwendigem Lüften sollten sie daher geschützt werden.

- Durch regelmäßiges Gießen muss für ausreichende Feuchtigkeit gesorgt werden. Der Blumentopf kann nur wenig Wasser speichern. Häufig wird allerdings eher zu viel als zu wenig gegossen, dadurch können Wurzeln faulen. Für den Elementarbereich wäre ein Untersetzer, der das überschüssige Wasser auffängt, eine ideale Beobachtungsmöglichkeit. Nach etwa 20 Minuten kann das verbliebene Wasser aus dem Untersetzer weggeschüttet werden, die Pflanze ist gesättigt.

- Nährstoffe erhalten Pflanzen in frischer Erde, wenn sie gerade umgetopft oder gedüngt wurden. Dabei sollte man sich unbedingt an die Anwendungsvorschriften halten. Die Nährstoffzufuhr ist dabei nur in der Wachstumszeit (meist von März bis August) notwendig.

- Verwelkte, verblühte oder kranke Pflanzenteile müssen herausgeschnitten werden. Samenbildung, die nach der Blüte einsetzt, schwächt die Pflanze.

- Die meisten Zimmerpflanzen lieben es, außerhalb der unvermeidlichen Pflegemaßnahmen, in Ruhe gelassen zu werden. Das sollte uns nicht daran hindern, mit den Pflanzen zu sprechen.

Unumgänglich ist nach einiger Zeit das Umtopfen. Gesunde Pflanzen entwickeln einen kräftigen Wurzelballen, der Platz braucht. Der günstigste Zeitpunkt für diese Maßnahme ist das Ende der Ruhezeit vor dem Neuaustrieb (Frühjahr). Man topft aus, indem man durch kräftiges Klopfen an der Unterseite des Topfes den Ballen lockert. Die andere Hand hält den herausfallenden Ballen fest:

Aus- und Umtopfen

Lose Erde wird entfernt, beschädigte, angefaulte Wurzeln abgeschnitten. Der neue Topf (Ton oder Plastik – beide haben ihre Vor- und Nachteile) sollte zwei Nummern größer sein als der alte. Über das Abzugsloch werden Tonscherben oder Holzkohle gelegt. Dadurch bleibt das Abzugsloch frei für überschüssiges Wasser, und einer Schimmelbildung wird durch Holzkohle vorgebeugt. Als Trägermaterial kann nun Gartenerde oder Granulat (Hydrokultur) eingefüllt werden. Die Pflanze wird mittig so eingesetzt und angefüllt, dass ein Gießrand von ungefähr 2 cm entsteht. Die Pflanze wird angegossen und an ihren Standort gestellt. Jetzt kann mit dem Düngen einige Wochen gewartet werden.

Zimmerpflanzen zu vermehren und somit eine eigene Zucht großzuziehen ist gerade für Kinder ein aufregendes Erlebnis. Diese vegetative (= ungeschlechtliche) Vermehrung ermöglicht eine Vergrößerung des Pflanzenangebots einer Sorte, ohne zu einem besonderen Kostenfaktor zu werden. Buschige Pflanzen wie Efeu, Farne und Grünlilien lassen sich, sofern sie ausreichend Wurzeln gebildet haben, durch einfache Teilung vermehren. Dabei sollte beachtet werden, dass beide neuen Pflanzen ausreichend bewurzelt sind. Manche Pflanzen, wie z.B. die Grünlilie, bilden Ableger. Das sind fertige kleine Pflanzen, die zur Versorgung noch an der Mutterpflanze hängen. Nach dem Abschneiden werden sie für einige Tage in Wasser gestellt, damit sie Wurzeln ziehen können. Danach werden sie wie bereits beschrieben eingetopft.

Bei der Stecklingsvermehrung unterscheidet man verschiedene Arten. Kopf- und Blattstecklinge sind die bekanntesten, die leicht zu bewurzeln sind.

8

Beim Kopfsteckling werden etwa 10 cm lange Spitzen von kräftigen Haupt- oder Nebentrieben mit einem scharfen Messer abgeschnitten, und zwar einige Millimeter unterhalb des Blattknotens. Zwei bis vier Blätter bleiben bestehen, der Rest wird abgeschnitten. Nach ihrer Bewurzelung in Wasser werden sie eingetopft (z.B. Geranie, Efeu).

HA 27

Bei den Blattstecklingen verfährt man ähnlich, nur werden hier die Blätter einer Mutterpflanze mit oder ohne Stiel geschnitten und mit dem Stielende in die Erde gesteckt. Geeignete Pflanzen sind für diese Vermehrungsart Buntnessel, Begonien, Usambaraveilchen und Philodendron.

■ **Licht** ■ **Feuchtigkeit** ■ **Luft** ■ **Umtopfen** ■ **vegetative Vermehrung**
■ **Teilung** ■ **Stecklinge**

Friedrich Fröbel (1782–1852), Begründer des Kindergartens und der Kleinkindpädagogik forderte, „mit den Kindergärten auch einen Garten für Kinder zu verbinden". Dies war für ihn im Rahmen einer „allseitigen Erziehung" unverzichtbar. Wir sollten diesen Gedanken auf alle sozialpädagogischen Einrichtungen ausdehnen.

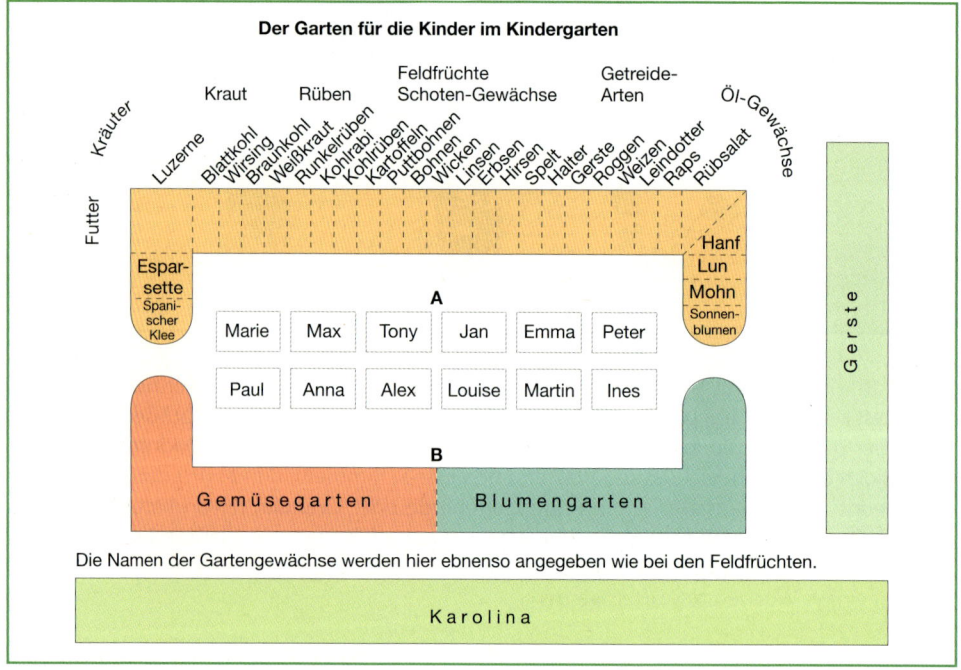

Fröbels Garten für Kinder

HA 28

Ausgehend von Fröbels Garten für Kinder, den die Abbildung zeigt, sollen Sie einen Garten für eine sozialpädagogische Einrichtung Ihrer Wahl entwerfen.

Diskutieren Sie in Ihrer Gruppe folgendes Zitat: „Unkraut nennt man Pflanzen, deren Vorzüge noch nicht erkannt worden sind." (R. W. Emerson)
Belegen Sie Ihre Argumente mit Pflanzenbeispielen. Überdenken Sie als mögliche begriffliche Alternative „Wildkräuter".

Das Kompostieren zeigt auf anschauliche Weise, wozu so genannter Abfall noch benötigt werden kann und wie ein Naturkreislauf funktioniert.

> *Entwickeln Sie in Ihrer Gruppe ein Plakat, das deutlich macht, was kompostierfähig ist und wie ein Komposthaufen entsteht. Beachten Sie dabei auch die Gefahrenquellen der Kompostierung. Ergänzen Sie im Anschluss Ihren Gartenentwurf um diese Position.*

Bei der Auswahl der Pflanzen im Außenbereich sollte bedacht werden, dass viele der uns umgebenden Gewächse giftig sind. Dabei ist die „Giftigkeit" ein relativer Begriff: „Allein die Dosis macht das Gift" (Paracelsus).

Unter Giftpflanzen sollen im Folgenden die Pflanzen verstanden sein, deren Inhaltsstoffe vor allem beim Menschen Gesundheitsstörungen hervorrufen können. Die folgende Liste informiert Sie über die Giftigkeit der wichtigsten/verbreitetsten Pflanzen.
Zu empfehlen sind außerdem die Naturtafeln von Schreiber, Ausgabe C, Einheimische Giftpflanzen, Klett-Perthes-Verlag.

Giftpflanzen im Überblick

Es werden die Pflanzen berücksichtigt, von denen Teile für den menschlichen Verzehr ungenießbar bzw. giftig sind. In den Rubriken A, B, und C wurden nur die hier im Handel befindlichen Gattungen erwähnt.

> Es werden die Pflanzen berücksichtigt, von denen Teile für den menschlichen Verzehr ungenießbar bzw. giftig sind. In den Rubriken A, B, und C wurden nur die hier im Handel befindlichen Gattungen erwähnt.
>
> * = giftig; Vergiftungen kamen vor.
> ** = gefährlich; z.T. auch wegen der lockenden Früchte.
> *** = größte Vorsicht geboten!

Botanischer Name	deutscher Name	Gefährlichkeit	enthalten im Pflanzenteil	kritischer Pflanzenteil	Bemerkungen
A. Nadelgehölze					
Juniperus sabina	gemeiner Sadebaum	**	Trieb, Frucht	Frucht (?)	auch äußerliche Reizwirkung,
Jun. communis	gemeiner Wacholder	**	Trieb, Frucht	Frucht	männliche und nicht fruchtende Formen erlaubt,
Taxus baccata	Eibe	**	Trieb, Samen	Samen	männliche Formen erlaubt,
Thuja-Arten	Lebensbaum	**	Trieb	Trieb (?)	Genuss bei Kindern nicht beobachtet

8

Bota-nischer Name	deutscher Name	Gefährlich-keit	enthalten im Pflan-zenteil	kritischer Pflanzen-teil	Bemerkungen
B. Laubgehölze					
Androme-da polifolia	Rosmarin-heide	*	Trieb, Frucht	Frucht	selten gepflanzt
Cytisus-Ar-ten	Ginster	* (?)	ganze Pflanze	Samen	
Daphne-Ar-ten	Seidelbast	***	ganze Pflanze	Frucht	alle Arten gefährlich!
Euonymus, z.T.	Pfaffenhüt-chen	**	ganze Pflanze	Frucht, Samen	alle Arten, außer nicht fruchtende fortunei-For-men: ‚Coloratus‘, ‚Graci-lis‘, ‚Kewensis‘ u.Ä.
Genista-Ar-ten	Ginster	* (?)	ganze Pflanze	Samen (?)	
Hedera h. ‚Arbore-scens‘	Efeu	**	Frucht	Beeren tragende Form	
Ilex-Arten	Stechpal-me, Hülse	**	Frucht	Frucht	weibliche Pflanzen kritisch
Kalmia-Ar-ten	Berglorbeer	*	Trieb	Samen	Genuss sehr unwahr-scheinlich
Laburnum-Arten	Goldregen	***	ganze Pflanze	Samen	
Ligustrum-Arten	Liguster	***	ganze Pflanze	Frucht	
Lonicera, Beeren tragend	Heckenkir-sche	***	vor allem:	Frucht	Lonicera pileate, L. nitida ‚Elegant‘ erlaubt
Lycium-Ar-ten	Bocksdorn	*	Frucht (?)	Wirkung unbekannt	
Pieris japo-nica	Pieris	*	ganze Pflanze	Samen (?)	Genuss sehr unwahr-scheinlich
Prunus Laurocera-sus	Kirsch-lorbeer	*	Blatt, Rinde	Samen	unverträglich
Rhamus, z.T.	Faulbaum/ Kreuzdorn	**	vor allem:	Frucht	unverträglich selten gepflanzt
Robina-Ar-ten	Robinie	**	Rinde u. a.	Samen	
Sambucus racemosa	Trauben-Holunder	**	Trieb	Frucht	selten gepflanzt
Sarotham-nus scopa-rius	Besen-ginster	*	s. Genista/ Cytisus		

8

Bota-nischer Name	deutscher Name	Gefährlich-keit	enthalten im Pflan-zenteil	kritischer Pflanzen-teil	Bemerkungen
Symphori-carpos-Ar-ten	Schnee-beere	*	Frucht	unverträg-lich	
Viburnum (Beeren tragend)	Schneeball	**	vor allem:	Frucht	sterile Formen erlaubt, wie V. o. ‚Sterile', ‚V. pli-catum' u. ‚Mariesii' u. Ä.
Wisteria sinenis	Glyzine	*	ganze Pflanze	Blüte (?)	
C. krautige Gartenpflanzen					
Aconitum-Arten	Eisenhut	**	ganze Pflanze	Samen	
Colchicum-Arten	Herbstzeit-lose	***	ganze Pflanze	Samen	selten gepflanzt
Convallaria majalis	Maiglöck-chen	**	ganze Pflanze	Frucht	selten gepflanzt
Digitalis-Ar-ten	Fingerhut	***	ganze Pflanze	Samen	Vergiftung durch die Pflanze selten
Helleborus-Arten	Nieswurz	**	ganze Pflanze	Samen	
Heracleum mantegaz-zianum	Herkules-kraut	Saft verurs-acht Ver-brennung		selten gepflanzt	
Phaseolus-Arten	Bohne	**	vor allem:	Frucht	ungekochte Bohnen sind giftig
Ruta grave-olens	Wein-Raute	*	Berührung kann Ver-bren-nungen verursa-chen		selten gepflanzt
Sambucus ebulus	Attich	**	vor allem:	Frucht	Pflanze hier nicht im Handel
Sedum acre	Mauerpfef-fer	*	Kraut	Kraut	Genuss unwahrscheinlich
D. Unkräuter					
Arum maculatum	gefleckter Aronstab	***	ganze Pflanze	Frucht	
Bryonia-Ar-ten	Zaunrübe	**	Wurzel, Beere		

8

Bota-nischer Name	deutscher Name	Gefährlich-keit	enthalten im Pflan-zenteil	kritischer Pflanzen-teil	Bemerkungen
Solanum nigrum	schwarzer Nacht-schatten	*	ganze Pflanze	Frucht	Giftigkeit unterschiedlich beurteilt
Taraxacum-Arten	Löwenzahn	*	Milchsaft	Milchsaft	
Solanum delcamara	bittersüßer Nacht-schatten	**	ganze Pflanze	Frucht	

Ungefähr 10 000 Kinder erleiden in Deutschland pro Jahr Vergiftungen, weil sie Beeren, Blätter oder andere giftige Pflanzenteile verzehrt haben.

Das Thema „Giftpflanzen in Kindernähe" wird durchaus kontrovers diskutiert. Die einen halten es für dringend notwendig, alle Pflanzen, die in irgendeiner Form einen giftigen Stoff enthalten, aus dem Umfeld sozialpädagogischer Einrichtungen zu entfernen. Gegner dieser radikalen Maßnahme sehen hier aus pädagogischen und ökologischen Gründen den Auftrag, eine Erziehung zum Umgang mit der Natur durchzuführen. Da es keine giftfreie Umwelt gibt, sollen Kinder rechtzeitig lernen, dass unbekannte Früchte und andere Pflanzenteile nicht einfach probiert werden dürfen. Obwohl sie vielfach verlockend aussehen, können sie gesundheitsschädlich sein. Unbestritten ist, dass die giftigsten Vertreter in Einrichtungsnähe nichts zu suchen haben. Dazu gehören vor allem vier Pflanzen, die zudem auffallende Früchte tragen: Goldregen, Pfaffenhütchen, Stechpalme und Seidelbast.

Goldregen

Gemeiner Seidelbast

Stechpalme

Europäisches Pfaffenhütchen

Sollte es trotz aller Vorsicht und aufklärenden Verhaltens zu einem Unfall gekommen sein, rufen Sie sofort die Giftinformationszentrale (GIZ) an (Stand: Mai 2007):

Koblenz: 02 61/4 99 26 45, Bonn: 02 28/2 87 32 11, Mainz: 0 61 31/1 92 40

Symptome und mögliche Verursacherpflanze sollten benannt werden können. Sollten Vergiftungserscheinungen auftreten, gehören Kinder in ärztliche Versorgung. Befolgen Sie die genauen Anweisungen der GIZ. Vermeiden Sie vorschnelle, oft nicht notwendige oder sogar gefährliche Hilfsmaßnahmen. Die Mehrzahl der Fälle, bei denen Kinder Pflanzenteile zu sich nehmen, ist harmlos und bedarf keiner Behandlung. Geben Sie zum Auslösen von Erbrechen niemals Salzwasser. Das kann für kleine Kinder lebensgefährlich sein. Das Gleiche gilt für Milch, denn die Aufnahme fettlöslicher Gifte wird durch Milch gefördert.

Falls Kinder nicht von alleine erbrechen, der schädliche Stoff aber entfernt werden muss, können Sie Folgendes veranlassen:

Erste-Hilfe-Maßnahmen bei Vergiftung

1. Geben Sie dem Kind ein bis zwei Gläser lauwarmes Wasser zu trinken.
2. Legen Sie das Kind in Bauchlage über Ihre Oberschenkel, den Kopf etwas nach unten hängend, damit das Erbrochene abfließen kann und nicht in die Luftröhre fließt.
3. Stecken Sie den Finger tief in den Hals und drücken Sie kräftig auf den Zungengrund.

1. *Diskutieren Sie in Ihrer Gruppe Pro und Contra von Giftpflanzen in Einrichtungsnähe. Berücksichtigen Sie die Sichtweisen als künftiger Erzieher und als Elternteil.*

2. *Bringen Sie sich auf einen aktuellen Stand: Welche Giftpflanzen würden Sie erkennen? Schließen Sie Ihre Lücken, indem Sie Giftpflanzenbestimmungen in Ihrem Umfeld durchführen (Bestimmungsbuch!). Nur wenn Sie die Pflanzen kennen, können Sie andere anleiten, sich vor ihnen zu schützen!*

3. *Erläutern Sie, warum Giftpflanzen für Kinder eine große Versuchung darstellen. Leiten Sie daraus Ansatzpunkte für einen aufklärenden Umgang mit diesen Pflanzen ab. Erläutern Sie den Stellenwert der Elternarbeit in diesem Zusammenhang. Tauschen Sie Ihre Ergebnisse im Plenum aus.*

■ **Giftpflanzen** ■ **Giftdosis** ■ **Giftinformationszentrale** ■ **Umgang mit Giftpflanzen** ■ **Erste Hilfe**

Handlungsauftrag 1
Gehen Sie mit Ihrer Gruppe im Sommer/Herbst, wenn alle Bäume in ihrer schönsten Pracht stehen, auf einen Baum-Erkundungsgang. Am Ende dieses Ganges sollten Sie sich jeweils mit einem Partner für einen Baum entscheiden, den Sie durch alle Jahreszeiten begleiten. Achten Sie bei Ihrer Wahl auch auf mögliche Auswahlkriterien wie Größe, Form usw. Nehmen Sie nun schriftlich/zeichnerisch/fotografisch eine aktuelle Zustandsbeschreibung vor. Sie sollte so exakt wie möglich sein und mindestens folgende Informationen enthalten: Zeitpunkt der Auswahl (Tag, Monat, Jahr), Standort, Name, Laub- oder Nadelbaum, Größe, direkte Nachbarn, Zustand (Rinde, Laub/Nadeln), Rindenabdruck. Dokumentieren Sie Ihre erste Bestandsaufnahme. Führen Sie dies in allen Jahreszeiten eigenverantwortlich durch.

Handlungsauftrag 2

Organisieren Sie, z.B. aus Gärtnereien, die erwähnten Überwinterungsorgane Rhizom, Knolle, Zwiebel und Rübe. Untersuchen Sie sie auf ihre genannten Unterschiede.

Handlungsauftrag 3

Eignen Sie sich das folgende Fingerspiel „Schneeglöckchen" an und kreieren Sie die entsprechenden Handbewegungen selbst.

Schaut ein Knösplein aus der Erde,
ob es nicht bald Frühling werde.
Sonne warm am Himmel scheint,
Regen über's Knösplein weint.

Knösplein wächst ein ganzes Stück,
Knösplein wird bald grün und dick.
Seine Blätter öffnet's dann,
fröhlich fängt's zu blühen an.

Handlungsauftrag 4

Entwickeln Sie in Kleingruppen für eine sozialpädagogische Einrichtung Ihrer Wahl ein „Schneeglöckchen-Angebot". Ihr Ausgangspunkt sollte die Pflanze selber sein. Formulieren Sie dazu Ziele, die Sie erreichen wollen. Führen Sie Ihre Angebote jeweils mit Ihrer Gesamtgruppe durch.

Handlungsauftrag 5

Führen Sie mit Ihrem Partner – entsprechend dem Beobachtungsgang im Handlungsauftrag 1 – eine Winterbeobachtung an Ihrem Baum durch. Dokumentieren Sie diesen wie bereits durchgeführt.

Handlungsauftrag 6

Führen Sie die folgenden Bestimmungsaufträge durch. Dabei erlernen Sie den Umgang mit einem Bestimmungsbuch.

1. *Pflücken Sie in Kleingruppen (maximal vier Personen) vier Wiesenpflanzen, die sie bereits von Namen und Aussehen her kennen, und stellen Sie sie zunächst in Wasser.*
   Schlagen Sie nun nacheinander unter den Ihnen bekannten Namen nach, und überprüfen Sie an den Pflanzen jeweils die angegebenen Kennzeichen.
   Notieren Sie zu jeder Pflanze die Fakten, die ein erneutes Bestimmen erleichtern.

2. *Pflücken Sie vier Wiesenblumen, die Sie noch nicht mit Namen kennen. Stellen Sie sie ebenfalls ins Wasser. Gehen Sie nun zunächst nach Blütenfarbe und Standort vor und grenzen Sie so die in Frage kommende Pflanze ein. Vergleichen Sie in einem nächsten Schritt die zu bestimmende Blume mit den Abbildungen. Lesen Sie danach die entsprechenden Bestimmungshinweise durch und kontrollieren Sie sie am Original.*
   Nutzen Sie bei begrifflichen Schwierigkeiten die vorangestellten Hinweise im Buch und/oder befragen Sie Ihren Fachlehrer.

3. *Pflücken Sie nun mit Hilfe des Bestimmungsbuches die folgenden Pflanzen: Wilde Möhre, Roter Wiesenklee, Wiesenschaumkraut und Gundermann. Falls Sie die Pflanzen nicht finden sollten, ergänzen Sie selber mögliche Alternativen. Halten Sie Ihre Schritte bei der Bestimmung schriftlich fest.*

Handlungsauftrag 7

a) *Unternehmen Sie mit Ihrer Gruppe einen Erkundungsgang, und sammeln Sie Eindrücke, Hinweise, Naturerscheinungen, die Ihnen zeigen, dass der Frühling eingekehrt ist. Tauschen Sie sich im Anschluss daran aus.*
b) *Bereiten Sie einen derartigen Erkundungsgang inhaltlich für unterschiedliche sozialpädagogische Einrichtungen auf. Beachten Sie dabei auch regionale Unterschiede, z.B. Seegebiete, Gebirge, Stadt, Land.*

Handlungsauftrag 8

Führen Sie mit einem Partner einen Frühlingsbaumbesuch analog zu den letzten beiden Besu-chen durch (s. Handlungsauftrag 1 und 5).

Handlungsauftrag 9

Führen Sie den folgenden Versuch „Wunder in der Erde" in Kleingruppen durch:

Wunder in der Erde

Immer wieder staunen die Kinder über das Naturwunder, wie aus Sa-men, Kernen und Früchten kleine Pflanzen entstehen und wachsen.

Das Wunder passiert

So können die Kinder ganz genau beobachten, wie sich aus einem Samenkorn ein Keimling entwickelt:

- Ein Glas, z.B. ein Marmeladeglas, ein Vier-tel mit Wasser auffüllen.
- Ein Löschpapierblatt einrollen und die Rolle so in das Glas stellen, dass das Papier an der Glaswand anliegt.
- Eine Bohne, z.B. eine Feuerbohne (sie wächst am schnellsten), einen Tag in Was-ser legen, danach zwischen Glaswand und Löschpapier stecken, und zwar so, dass sie 3 bis 4 cm oberhalb des Glasrandes fest-klemmt.
- Das Glas an einen hellen Ort stellen, immer wieder Wasser nachgießen.

Das können die Kinder beobachten:

Die Samenschale öffnet sich, ein helles Würzelchen kommt heraus, wird länger und länger und wächst in Richtung Wasser. Die Kinder können jeden Morgen am Glasrand mit einem Filzstiftstrich die Länge der Wurzel markieren.

Wer genau hinschaut, wird auch die feinen Wurzelhärchen erkennen.

Bald schaut aus der Bohne auch der kleine Spross heraus, die Keimblättchen ent-falten sich, und ein kleiner Pflanzenstängel wächst nach oben, genau in die ent-gegengesetzte Richtung der Wurzeln. Langsam färbt sich der helle Sprössling grün, wird größer und kräftiger und wächst aus dem Glas heraus. Jetzt ist es Zeit, dass die kleine Pflanze in einen Topf mit Blumenerde umgesetzt wird.

Pflanzenkinder

Am besten ist es, wenn jedes Kind einen Bohnenkeimling ziehen kann. Es wird eifrig „sein Pflanzenkind" versorgen und täglich genauestens beobachten. Schrei-ben Sie die Namen der Kinder auf die Gläser, damit Besitzerstreit vermieden wird. Lassen Sie die Kinder ihre Pflänzchen selbst eintopfen. Dabei fühlen die Kinder, wie weich und zart der Pflanzenkeimling ist. Bei dieser Arbeit sind alle sehr behut-sam, denn es ist „ihr Pflanzenkind", das sie großziehen.

(Quelle: Gisela Walter, Erde, S. 38, 2004, Illustrationen von Hans-Dieter Sumpf, © Verlag Herder, Freiburg im Breisgau, 2005)

8

Handlungsauftrag 10

Zur Osterzeit eignet sich das Säen von Kresse in Eierschalenhälften. Schreiben Sie dazu ein Angebot für eine selbst bestimmte Zielgruppe mit methodisch-didaktischen Hinweisen zur Vorbereitung und Durchführung. Erproben Sie es mit Ihrer Gesamtgruppe. Reflektieren Sie im Anschluss Ihr Angebot kritisch.

Handlungsauftrag 11

Entwickeln Sie in Kleingruppen Ihren eigenen Kräutergarten als Modell. Benutzen Sie dafür z.B. mit Folie und Zeitungspapier ausgelegte Sperrholzkisten mit hohem Rand. Gehen Sie dabei planerisch/gestalterisch so vor, als würden Sie ihn im Freien anlegen (Grundriss, Kräuterauswahl, Wege, Kompostanlage, Teich usw.). Sprechen Sie sich untereinander ab.

Thymian
Basilikum
Pfefferminze
Lorbeerblatt
Rosmarin
Salbei
Petersilie

Bedecken Sie ihn nach der Aussaat mit Folie, um ein Treibhausklima zu schaffen. Beachten Sie die bereits erwähnten Keim- und Wachstumsbedingungen. Beobachten Sie in den nächsten Wochen die Weiterentwicklung. Nutzen Sie eine gemeinsame erste Ernte der Kräuter für die Herstellung eines Kräuterquarks.

Handlungsauftrag 12

Erbsen, Bohnen (v.a. die Feuerbohne) und Linsen sind schnell wachsende Samen. Führen Sie eine Hülsenfruchtolympiade durch. Wer keimt am schnellsten, wer wächst am schnellsten? Sorgen Sie für gleiche Bedingungen. Pflanzen Sie rechtzeitig in größere Töpfe um und geben Sie einen Stab als Kletterhilfe dazu.

Handlungsauftrag 13

Besuchen Sie mit Ihrem Partner Ihren Baum. Welche Anzeichen für den Sommer können Sie finden? Erweitern Sie Ihre Dokumentation aus den Handlungsaufträgen 1, 5 und 8 mit Bild und Schriftmaterial.

Handlungsauftrag 14

Untersuchen Sie vier verschiedene Laubbäume in Ihrem Umfeld. Beschreiben Sie alle genannten Größen so exakt wie möglich nach den im Handlungsauftrag 1 genannten Kriterien.

Handlungsauftrag 15

Sammeln Sie mit einem Partner von den vier ausgewählten Bäumen Blätter und Früchte. (Achten Sie auf bereits am Boden liegendes Material; schneiden Sie nur das vom Baum, was Sie unbedingt brauchen). Legen Sie alle in Ihrer Gruppe gesammelten Materialien möglichst unsor-

tiert in einen großen Kreis. Wandern Sie nun von Position zu Position und notieren Sie, von welchem Baum die jeweiligen Blätter und Früchte stammen. Treten Sie im Anschluss in einen offenen Austausch.

Handlungsauftrag 16

Sammeln Sie im Rahmen eines Erkundungsganges Früchte und Zweige von den vier ausgewählten Bäumen. Achten Sie auch hier wieder auf heruntergefallenes Material. Bestimmen Sie Ihr Material. Entwickeln Sie weiter gehend Kriterien für Ihre berufliche Praxis, die es ermöglichen, die Unterschiede zwischen den Bäumen ganzheitlich zu erfahren.

Handlungsauftrag 17

Führen Sie mit Mehlsorten unterschiedlicher Ausmahlungsgrade eine Sinnesübung durch, die Sie selbst gestalten. Tauschen Sie Ihre Erfahrungen danach aus.

Handlungsauftrag 18

Erstellen Sie in Kleingruppen aus dem Bereich „Getreide" ein Angebot für eine sozial-pädagogische Einrichtung Ihrer Wahl, das den Schwerpunkt der ganzheitlichen Förderung berücksichtigt.

Handlungsauftrag 19

Sammeln Sie Brot-, Brötchen- und Nudelrezepte, die für ihre Umsetzung im Kinder- und Jugendbereich geeignet sind. Organisieren Sie mit Ihrer Gruppe die Möglichkeit, einige dieser Rezepte auszuprobieren.
Legen Sie sich im Anschluss aus allen geeigneten Vorschlägen eine Sammlung für Ihre Arbeit an.

Handlungsauftrag 20

Führen Sie eine Sinnesübung mit geschlossenen Augen durch. Organisieren Sie das dazu benötigte Material (Früchte, Getreidehalme, Blätter usw.) von allen drei behandelten Pflanzengruppen. Legen Sie Ihre Vorgehensweise vorher fest. Achten Sie auf die nötige Ruhe während der Durchführung.

Handlungsauftrag 21

Besuchen Sie mit Ihrem Partner Ihren nunmehr herbstlichen Baum. Welche Veränderungen zeigt er in dieser Jahreszeit? Ergänzen Sie Ihre Dokumentation erneut durch Text- und Bildmaterial (s. Handlungsauftrag 1, 5, 8 und 13).

Handlungsauftrag 22

Schreiben Sie das folgende Gedicht „Der Herbst" von Peter Hacks nach Ihren eigenen Ideen weiter:

> „Der Herbst steht auf der Leiter
> und malt die Blätter an,
> ein lustiger Waldarbeiter,
> ein froher Malersmann."

Nehmen Sie Ihre Werke mit in den Deutschunterricht.

Handlungsauftrag 23

Gehen Sie mit einem Partner auf Farbexkursion. Sammeln Sie z.B. Grün-, Rot- oder Brauntöne. Kleben Sie sie der Reihe nach oder durcheinander auf. Zeigen Sie sich Ihre Ergebnisse im Plenum, indem Sie eine Farbgalerie aufbauen.

8

Handlungsauftrag 24

Tragen Sie mit Ihrer Gruppe einen Laubhaufen zusammen. Tiere rascheln je nach ihrer Größe, ihrem Gewicht und ihrer Fortbewegung unterschiedlich. Führen Sie danach ein Tierquiz mit Raschelvariationen durch. Erweitern Sie das Angebot durch neue Varianten, die Ihnen beim Spiel einfallen. Genießen Sie zum Abschluss die Faszination einer Laubschlacht.
Erstellen Sie dieses Angebot mit methodisch-didaktischen Hinweisen für eine sozialpädagogische Einrichtung Ihrer Wahl.

Handlungsauftrag 25

Sammeln Sie für unterschiedliche Zeiträume (Mai bis Oktober) Rezepte für geeignete Marmeladenherstellungen in sozialpädagogischen Einrichtungen.
Erweitern Sie dadurch Ihre bereits angelegte Rezeptesammlung.

Handlungsauftrag 26

Die Erfahrung der intensiven Veränderung der Natur im Herbst muss mit sinnlichen Wahrnehmungen in der Natur verbunden sein. Entwickeln Sie in Kleingruppen für verschiedene Sinnesbereiche (auditiv, visuell, taktil, vestibulär, olfaktorisch und gustatorisch) Angebote, die auf sozialpädagogische Einrichtungen übertragbar sind. Sie sollten in bzw. mit der Natur unter dem Motto „Er-leben und begreifen der Natur" durchgeführt werden. Führen Sie Ihre Angebote in Ihrer Gruppe durch, wobei Sie beachten sollten, dass ein „isoliertes Training" einzelner Sinnesbereiche vermieden wird (Einbinden in eine Geschichte, Erlebnisspaziergang durch die Sinne/ mit den Sinnen ...). Reflektieren Sie Ihre Aktionen kritisch.

Handlungsauftrag 27

Führen Sie an Zimmerpflanzen in Ihrer Einrichtung sowohl Umtopfaktionen als auch Vermehrungen durch. Welche didaktisch-methodischen Hinweise ergeben sich hieraus für Ihre praktische Arbeit?

Handlungsauftrag 28

Beachten Sie bei Ihrem Gartenentwurf nicht nur mögliche Beeteinteilungen, sondern auch Frei- und Spielräume. Hilfen finden Sie in der angeführten Literatur.

8

Literatur

Aichele, Dietmar:	Was blüht denn da?, Kosmos Naturführer, Stuttgart, 2005
Höhere Forstbehörde Westfalen-Lippe (Hrsg.):	Gestatten, Eichel, Verlag an der Ruhr, Mülheim a. d. R., 1995
Lohmann, Michael:	Bäume und Sträucher, BLV-Verlagsgesellschaft, München, 2005
Müller, Thomas/Henle, Christine:	Die Heil- und Giftpflanzen-Uhr, Ellermann, München, 2002
Schubert, Margot:	Wohnen mit Blumen, BLV, München, 2003
Spark, Peter:	Das Uhrwerk der Natur, Rowohlt, Reinbek b. Hamburg, 2004
Stichmann, Wilfried (Hrsg.):	Frühling, Erhard Friedrich Verlag, Seelze, Februar 1995
Walter, Gisela:	Erde, Herder Verlag, Freiburg, 2004

Sach-, Jugend-, Bilderbücher

Björk, Christina/Anderson, Lena:	Die schnellste Bohne der Stadt, Bertelsmann, München, 1992
Blech, Dietlind/Spangenberg, Chista:	Die Garten-Uhr, Ellermann, München, 2001
Lucht, Irmgard/Spangenberg, Christa:	Die Grüne Uhr, Ellermann, München, 2000
Rocard, Ann/Nadaud, Claire:	Gärtnern für Kinder, Tessloff, Nürnberg, 2005

Anschlussthemen

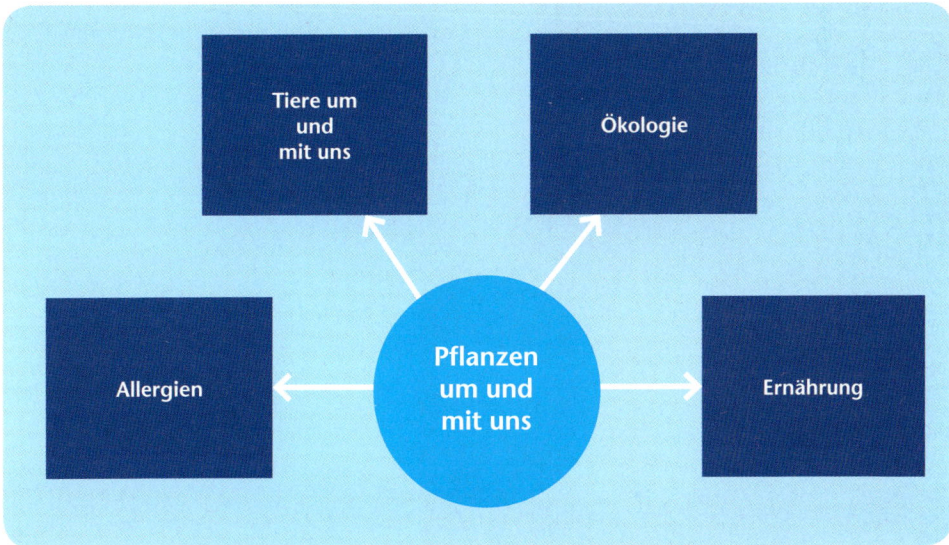

Farbtafeln Kinderkrankheiten

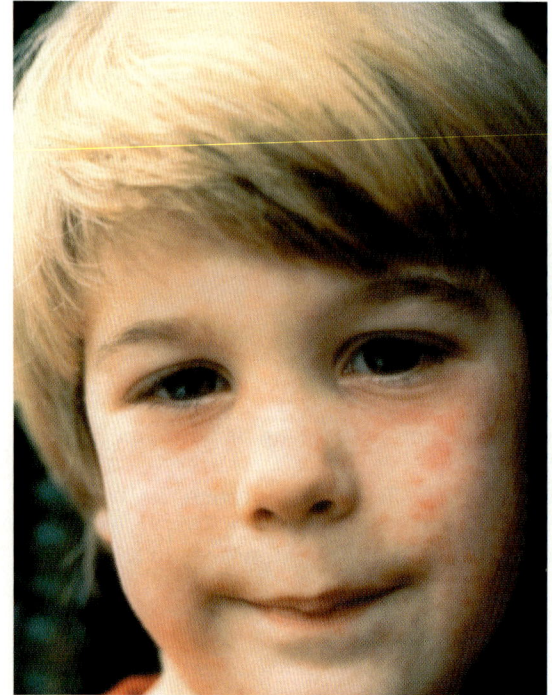

Masern

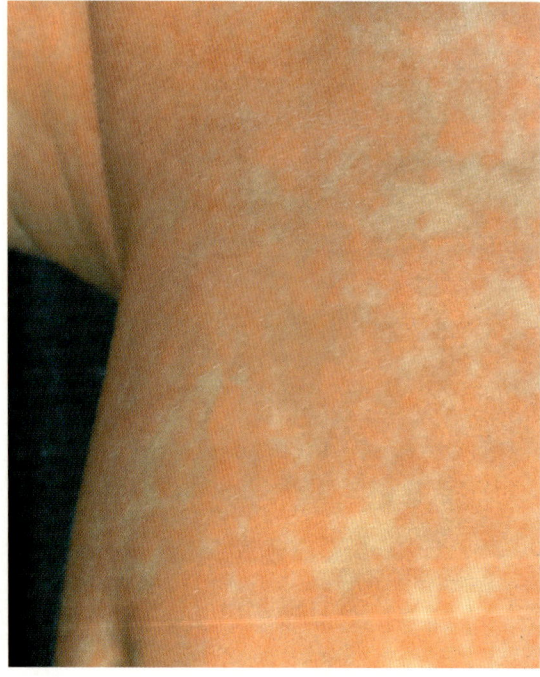

Masern-
exanthem
am Oberkörper

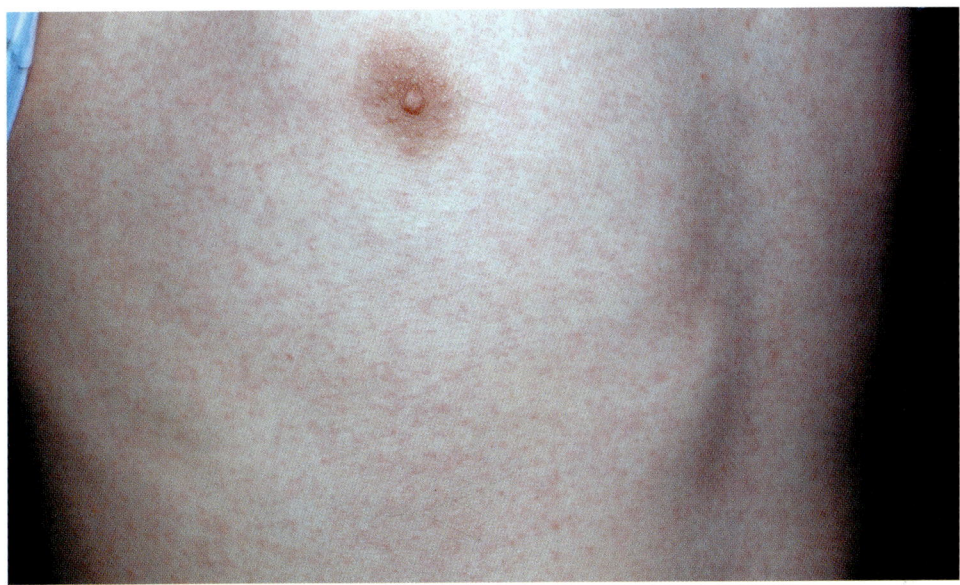

Röteln

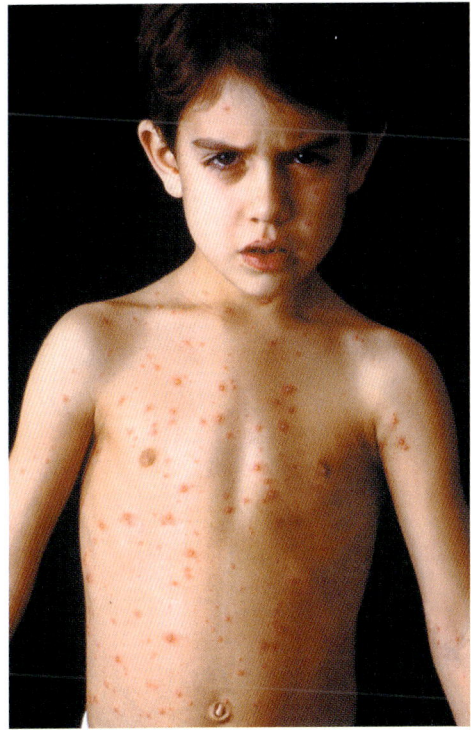

Windpocken

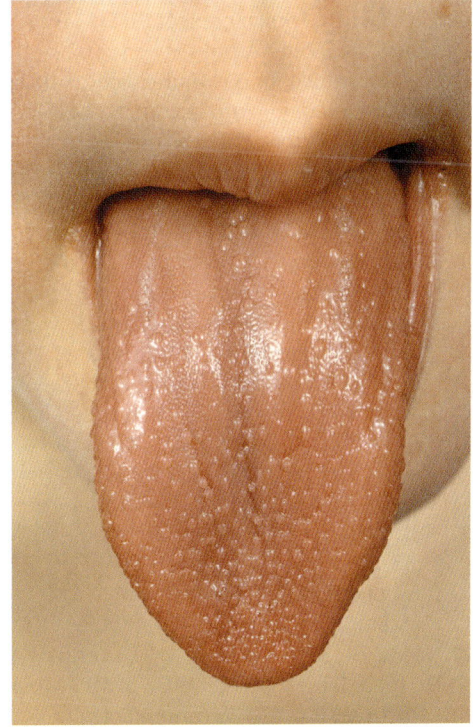

Scharlachzunge

Bildquellenverzeichnis

Sachwortverzeichnis